寧靜的力量

孤獨與人終生為伴
淡定才能找到答案

社會太冷漠、內心好空虛、生活很無趣？

憶雲，馬銀春 著

愛面子、不願意吃虧、過度執著，這些是你的症狀嗎？
一本書教你怎麼用「淡定」的平穩心態看人生，
停止計較、抱怨和鑽牛角尖，人生就應該「難得糊塗」！

目錄

目錄

第4章　你的人生是否禁得起誘惑？

第5章　天寬地寬不如心寬

目錄

第7章　不抱怨的人生

第8章　做自己情緒的主人

目錄

第10章　享受寂寞的樂趣

前言

唐代詩人王維用「行到水窮處，坐看雲起時」，詮釋出一種隨性隨心的從容。

宋代詞人蘇軾用「一蓑煙雨任平生」，詮釋出了一種蒼莽於世、豪放灑脫的無為。

明代詩人唐寅用「半醒半醉日復日，花落花開年復年」，詮釋出了一種回歸田野、不問世事的灑脫。

清代詩人鄭燮用「千磨萬擊還堅勁，任爾東西南北風」，詮釋出了一種臨危不懼、心穩不偏的成熟。

或許朝代的更替帶來了時代的改變，但是唯一不曾改變的依然是那種人淡如菊的精神。但凡擁有這樣一種品格的人，他的心絕對不會被世間一切凡俗之事所侵擾，因為他已經擁有了一份澄明清澈，一份淡然從容，他的人生也定會幸福。

然而，我們越來越忙，但也越來越盲。我們看不清人生路，不知幸福在何方，在糾結的隨波逐流中或不亦樂乎的爭名逐利中身心俱疲，慢慢的對生活失去了熱情，與幸福漸行漸遠。金錢的誘惑、權力的紛爭、宦海的沉浮讓人殫精竭慮。是非、成敗、得失讓人或喜、或悲、或驚、或詫、或憂、或懼，一旦所欲難以實現，一旦所想難以成功，一旦希望落空成了幻影，就會失落、失意乃至失志。

我輩俱是凡夫俗子，紅塵的多姿、世界的多彩令大家怦然心動，名利皆你我所欲，又怎能做到心如止水呢？

在重重生存的壓力之下，在層層欲望的包裹之下，想要輕輕鬆鬆的做到淡然實屬不易，但也並非無法實現。只要能夠保持一份善良、率真、坦蕩的心境，放下所有的滄桑、功利和愛恨情仇，不張揚、不虛榮、不苛求、不盲從，就能盡情的享受生活，享受隨遇而安的美麗。

那麼，是不是學會了對凡事漠然處之、絲毫不在乎，甘願平庸、碌碌無為的生活，就可以了呢？有人說，我沒有追求，命運給予什麼，我就接受什麼，順其自然的發展，得到就得到，失去就失去。但事實上，什麼都不做，什麼都不去爭取的人，只能算是平庸。

本書圍繞人們該以何種心態面對生活中的無奈為主題，用通俗、充滿哲理的語言剖析在社會環境、人際關係等影響下的種種心態，將人們的心理脈絡抽絲剝繭，清晰的展現於眼前。

第1章　因為自信

古代有位哲人說：「自知者明，自信者強。」自信心是淡定的原動力，是一切偉人、一切事業成功的第一條件。只有獲得充分的自信，才能淡定的把自己的優勢表達出來，更好的去開創一番偉大而光榮的事業。

每個生命從不卑微

常聽到別人說：「我很沒自信，我常覺得自卑。」此話一出，就已顯得底氣不足，如果再面臨強大的對手，只有落荒而逃的份。相反，一個自信的人，他是不會承認對手的強大的，他更不會說：「我沒自信！」相反，他常會說：「我是最好的！我是最棒的！我是最優秀的！」久而久之，他就真的成了最好、最棒、最優秀的了！因為他以此為目標，不斷的朝著這個目標前進，所以不會回頭，不會猶豫和退縮！

儘管你職位不高，薪水不多，可是，離開了工作職位，你和別人一樣，都是平等的，沒有什麼不同。對任何人，都用一樣的態度，而不必諂媚，不必刻意討好。對任何人都不卑不亢，你就是你，你不比任何人矮一截，大家在人格上都是平等的。絕不能自以卑微。

一個人貧窮點沒關係，地位低些也沒關係，這些都是外在的，是可以憑自己的努力改變的。或者說得極端些，不改變又怎麼樣呢？各人有各人的生活，只要不妨礙別人，不對不起別人，窮些苦些又怎麼樣呢？但如果一個人自輕自賤，那就麻煩了，那就沒有救了。一個自輕自賤的人，就算他的地位再高，財富再多，人家仍會覺得他有缺陷，仍會覺得他需要改變。當我們說一個人沒有出息的時候，主要的不是說他沒有做出成就、沒有成家立業什麼的，而是指那個人自輕自賤，看不起自己，自己打自己耳光，不給自己面子。

而自輕自賤的孿生兄弟，就是自卑。奧地利心理學家奧威爾在《自卑與人生》中說：「自輕自賤的人，必定是自卑的人。或者說，自卑的人，必定是自輕自賤的人。」自卑就是拿別人的優點和自己的缺點作比較時得到的那種感覺，是一種自己感覺低人一等的慚愧、羞怯、畏縮，甚至灰心喪氣的情緒。有自卑感的人，常常輕視自己，總認為自己無法趕上別人，並因此而苦惱。

其實，在現實生活中，我們也常看到這樣的人，他們常因自己角色的卑微而否定自己的智慧，因自己地位的低下而放棄兒時的夢想，有時甚至為被人歧視而意志消沉，為不被人賞識而苦惱。其實，生命從不卑微，每一個生命都有其存在的獨特價值。

一位考試失利的青年，感到十分失意，就騎著自行車在大堤上亂逛，一不留神，車子歪了下去，險些撞著一個坐在堤下的老人。在向老人表示了歉意後，他坐在了老人身邊。那是一個春天的上午，陽光明媚，清風徐來。草綠了，花開了，那些花兒，在遠遠近近的綠草間像星星一樣閃爍。無數老人、孩子在草裡徜徉，在花裡漫步，他們也像春天的陽光一樣燦爛。只有這位青年是個例外。

那時候，失意就像春天的草一樣在他的思想裡蓬蓬勃勃。很久以來，他看見一片落葉便傷感，覺得自己也是一片落葉；他看見一片落花也傷感，覺得自己是一片落花；看見流水還是傷感，覺得自己的生命就在這平平淡淡中像水一樣流逝了。

老人看了看身邊的青年，跟他說起話來。老人說：「年輕人，怎麼這樣無精打采呢？」年輕人當時手裡正纏著一根草，在老人問過後，他舉了舉那根草說：「我這輩子將像這根草一樣平凡。」老人沒作聲，只是靜靜的看著他。在老人的注視下他說了起來，他說：「我是一個很不幸的人，國中時因一場病休學一年。此後，學業成績一直很差，勉強讀了高中後，最後也沒考上大學。」他又說：「一個人連大學都沒上過，毫無疑問是一個平凡的人，我這一輩子將在平凡中度過。但我不甘心，也不想成為一個平凡的人，我從小就立下志願，一定要讓自己的人生輝煌。」說到這裡，他淚流滿面，他心裡裝了太多的失意，那些失意像洶湧的洪水，終於找到了決口。

這時老人開口說道：「你知道你手裡拿的是什麼草嗎？」「不知道。」「它是蒲公英。」「這就是蒲公英嗎？我常在詩人筆下見到它，可是它也很普通呀。」他說。「你沒看見它開著花嗎？」「看見了，一種小花，毫不起眼。」「是不起眼，但它也可以輝煌。」「在詩人的筆下？」「不。」老人搖了搖頭，注視著他。

少頃，老人站了起來，跟他說：「我帶你去一個地方吧。」他聽從了老人的話，也站了起來，跟著老人沿著那條堤往遠處走去。大約二十幾分鐘後，他看見了一個足以讓他一生都為之震撼的景致：那是一塊很大很大的河灘，有幾十畝甚至上百畝大，整個河灘上全是蒲公英，無邊無際。蒲公英開花了，那些毫不起眼的黃黃白白的小花，在陽光下泛著粼粼波光，那樣美，那樣爛漫，那樣妖嬈，那樣蔚為壯觀，炫目輝煌。一朵小花，也可以這樣輝煌嗎？他們再沒說話，就那樣佇立著、佇立著。起風了，花兒輕輕的向他湧來。他心裡一下子飄滿了那些美麗的蒲公英，忽然覺得自己也是一朵蒲公英了！

從那以後，那漫無邊際的蒲公英一直在他眼裡爛漫著，他彷彿從那裡看見了自己。他同時也深深懂得了平凡的人生也可能充滿著不平凡這個道理。

也許你很平凡，也很普通，沒有做出驚天動地的偉業，也不會在史冊上永垂不朽，但是，你作為一個生命來到這世上，就注定了在你個人的歷史上也將是一片輝煌。因為，對你的父母來說，對你的愛人來說，對你的子女來說，對你的友人來說，對你的事業來說，你都是不可或缺的，都是別人無法替代的，你確實很重要。

活著是種恩賜，每個人都是唯一，是不可複製、不可再生更不容褻瀆的。我們不需要仰視別人，因為我們擁有自己生命的海拔！

在這個世界上誰也不至於活得一無是處，誰也不能活得了無遺憾。一個人不必太在乎自己的平凡，平凡可以使生命更加真實；一個人不必太在乎未來會如何，只要我們努力，未來一定不會讓我們失望；一個人不必太在乎別人如何看自己，只要自己堂堂正正，別人一定會對我們尊重；一個人不必太在乎得失，人生本來就是得得失失。

戰勝心靈深處的恐懼

大多數人的一生，是風雨交加，坎坷不平的。我們會遇到無數的對手和敵人，但是很多時候，最強大的敵人不是別人，而是我們自己。正如哲人羅蘭所說：「最強大的對手，不一定是別人，而可能是我們自己！在戰勝別人之前，先得戰勝自己。」

是啊，當一個人內心沒有恐懼時，他會對世界都無所畏懼。可是很多時候我們自己偏偏會誇大遇到的困難，並且小看自己的實力和潛力，從而產生恐懼，於是就有了困難這一說。是的，困難是客觀存在的，可是很多時候並不是困難本身把我們打倒的，而是我們在面對它時自己把自己嚇倒的。

從前，在杞國有一個膽子很小，而且有點神經質的人，他常會想到一些奇怪的問題，讓人覺得莫名其妙。

有一天，他吃過晚餐後，拿了一把大蒲扇，坐在門前乘涼，並且自言自語的說：「假如有一天天塌了下來，那該怎麼辦呢？我們豈不是無路可逃，要活活的被壓死，這不是太冤枉了嗎？」

從此以後，他幾乎每天都為這個問題煩惱。朋友見他終日精神恍惚，臉色憔悴，很替他擔心。後來，當大家知道原因後，都跑來勸他說：「老兄啊！你何必為這件事自尋煩惱呢？天怎麼會塌下來呢？再說即使真的塌下來，那也不是你一個人憂慮煩惱就可以解決問題的啊。想開點吧！」

可是，無論人家怎麼說，他都不相信，仍然為這個不必要的問題擔憂。

後人根據上面這個故事，引申成「杞人憂天」這個成語，它的主要意義在於喚醒人們不要為一些不切實際的事情而憂愁。

面對生活，每個人都會產生某種恐懼。恐懼沒有錢，恐懼沒有出路，恐懼沒有人理解，總之恐懼有很多，但最可怕的是對貧窮和衰老的恐懼。我們把自己的身體當做奴隸一般來使喚，因為我們對貧窮十分恐懼，所以，我們希望積聚金錢以備年老之需。這種普遍的恐懼給我們造成很大的壓力，促使身體過度勞累，反而給我們帶來了我們所極力要避免的困惑。

當一個人剛剛走到生命旅程中的第四十個年頭——到這個年齡之後，他才算剛剛心理成熟——但卻又不斷壓迫自己，這真是一大悲劇。一個人到四十歲時，只是剛剛進入一個能夠看清楚、了解及吸收大自然奧祕的年齡而已。大自然的奧祕是寫在森林、潺潺小溪及男女老少的臉孔上的。然而，這種懼怕的恐懼感卻對他壓迫得如此厲害，以致於使他變得盲目並迷失在各種衝突與欲望的糾纏中。

恐懼是一種全球性的消極心理，它到處壓迫著人們。因此，我們要拒絕恐懼，不要讓恐懼深入你的心底，不要總想使你恐懼的東西，一旦產生了恐懼心理，應當迫使自己拿出勇氣來與之對抗。

從前，在美國馬里蘭州的一座種植園裡住著一家黑人。一天，黑人家裡的一個十歲的小女孩被派到種植園主那裡索取他們的五十美分工錢。

園主放下自己的工作，看著那個黑人小女孩敬而遠之的站在那裡，似乎若有所求。問道：「你有什麼事嗎？」

黑人小女孩怯聲聲的回答：「媽媽說想要五十美分！」

園主用一種可怕的聲音和斥責的臉色回答：「快滾回家去吧，不然我用鎖鎖住你。」說完便繼續做自己的工作。

過了一會，他抬頭看到黑人小女孩仍然站在原地等著，便抓起一塊木板向她揮舞道：「如果你再不滾開的話，我就用這木板教訓你。趁現在我還……」誰知，他的話還沒有說完，那黑人小女孩突然飛快的衝到他面前，揚起臉來用盡全身的氣力向他大喊：「我媽媽需要五十美分。」

慢慢的，園主將木板放了下來，手伸向口袋，摸出五十美分給了那個小女孩……

這就是勇氣的力量！因此，如果你擔心自己的事業，就不應當想到自己是怎樣的弱小無能、怎樣的不堪重任，否則，你終將會失敗。應當盡量發揮自己的優勢，利用過去的經驗應付現在的問題。只要有勇氣與信心，再加上以下三種方法，你就能從心態上戰勝恐懼。

首先，你要進行自我激勵，不斷的在內心對自己說：沒什麼好恐懼的，我一定可以做好。自我激勵就是鼓舞自己作出抉擇並且付諸行動。激勵能夠提供內在動力，例如本能、熱情、情緒、習慣、態度或者想法，能夠使人行動起來。

其次，行動起來，用事實克服恐懼。很多事情沒有做的時候，常常會感到恐懼，一旦做起來，就不會恐懼了。特別是事情做成功了，就可以克服恐懼，樹立起信心。

再次，把事情的最壞結果想像出來，如果最壞的結果你都能夠承受，那麼就沒有必要恐懼了。比如：離職了，又能怎麼樣？我還可以有基本生活保障，不至於活不下去，我還可以做自己能夠做的事情等等。

勇敢做自己的上帝

美國著名的成功學家拿破崙・希爾說，信心是「不可能」這一毒素的解藥。透過百萬成功人士的經歷，我們可以感受到：信念的力量在成功者的足跡中具有決定性的作用，要想事業有成，無堅不摧的理想和信念是不可或缺的。

環視世界上的成功例子，我們不難發現：一切勝利皆始於個人求勝的意志與信心。美國總統羅奈爾得・雷根的成功就是最好的證明。

信心不但能給人帶來財富，還可使人在政治上大獲成功，美國總統羅奈爾得・雷根就深知其中的訣竅。

從二十二歲到五十四歲，羅奈爾得・雷根從電臺體育播音員到好萊塢電影明星，整個青年到中年的歲月都陷在娛樂圈內，他從來沒想過要從政，更沒有什麼經驗可談。這一現實，幾乎成為雷根涉足政壇的一大攔路虎。然而，共和黨內保守派和一些富豪們看中了雷根的從政潛力，竭力慫恿他競選加州州長，於是雷根毅然決定放棄大半輩子賴以為生的影視職業，開始了他的政治生涯。

當然，雷根要改變自己的生活道路，並非突發奇想，而是與他的知識、能力、經歷、膽識分不開的。因為信心畢竟只是一種自我激勵的精神力量，若離開了自己本身所具有的條件，信心也就失去了依託，難以變希望為現實。但凡想大有作為的人，都須腳踏實地，從自己的腳下走出一條遠行的路來。下面兩件事的發生，讓雷根堅定了角逐政界的信心。

第一件事是他受聘擔任奇異電氣公司的電視節目主持人。這使得他有大量機會認識社會各界人士，全面了解社會的政治、經濟情況，他從中獲得了大量資訊，從工廠生產、職工收入、社會福利到政府與企業關係、稅收政策等等。雷根把這些話題吸收消化後，以節目主持人的身分反映出來，立刻引起了強烈的共鳴。為此，該公司一位董事長曾意味深長的對雷根說：「認真總結一下這方面的經驗體會，為自己立下幾條哲理，然後身體力行的去做，將來必有收穫。」這番話對雷根產生棄影從政的信心功不可沒。

第二件事是他加入共和黨後，為幫助保守派頭目競選議員、募集資金，他利用演員身分在電視上發表了一篇題為〈可供選擇的時代〉的演講。專業化的表演才能使他大獲成功，演說後立即募集到一百萬美元，之後又陸續收到不少捐款，總數達六百萬美元。《紐約時報》稱他的演說為美國競選史上籌款最多的一篇演說。雷根一夜之間成為共和黨保守派心目中的代言人，得到了黨內大多數人的支持。

又一個令人振奮的消息傳來了，雷根在好萊塢的好友喬治・墨菲，這個地道的電影明星，與擔任過甘迺迪和詹森總統新聞祕書的老牌政治家塞林格競選加州議員。在政治實力懸殊巨大的情況下，喬治・墨菲憑著三十八年的舞臺經驗，喚起了早已熟悉他形象的老觀眾們的支持，從而大獲成功。

結果表明，演員的經歷不但不是從政的障礙，而且如果運用得當，還能為爭取選票、贏得民眾發揮作用。雷根發現了這一祕密，決定在塑造形象上做文章，充分利用自己的優勢——五官端正、輪廓分明的好萊塢「典型美男子」的風度和魅力，還邀約了一群著名的大影星、歌星、畫家等藝術名流來助陣，使共和黨的競選活動別開生面、大放異彩，得到了眾多選民的支持。但雷根的對手、多年來一直連任加州州長的老政治家布朗卻對雷根的表現不以為然，認為這只不過是「二流戲子」的滑稽表演。

他認為無論雷根的外部形象怎樣光輝，其政治形象畢竟還只是一個稚嫩的嬰兒。於是他抓住這一點，以毫無政壇工作經驗為由進行攻擊。

而雷根卻因勢利導，乾脆扮演一個樸實無華、誠實熱心的「平民政治家」。雷根固然沒有從政的經歷，但有從政經歷的布朗卻恰恰有更多的失誤，並給人留下把柄。二者形象的對比是如此的鮮明，雷根再一次清除了障礙。

雷根在競選過程中，曾與另一位競爭對手進行過長達幾十分鐘的電視辯論。面對攝影機，雷根淋漓盡致的發揮出表演才能，妙語如珠、揮灑自如。在億萬選民面前完全憑著當演員的本領，占盡上風。相比之下，從政時間長、但缺少表演經驗的對手卻顯得黯然失色。

雷根成功的根源是自信，自信使他超越了障礙本身——沒有資本就是最大的資本。經歷固然是人生寶貴的財富，但有時也會成為成功的障礙。只是有的人將經歷視為追求未來的障礙，有的人則將經歷視為實現目標的法寶。雷根選擇了後者。

其實，成功者也同樣遭遇過失敗，但堅定的信心使他們能夠透過搜尋薄弱環節和隱藏的

「門」，或透過吸取教訓來獲得成功。鴻運高照其實是他們堅定信心的結果。

雷根的成功經驗表明：信心對於立志成功者具有重要意義。信心的力量在戰鬥者的鬥爭過程中起決定作用，事業有成之人必定擁有無堅不摧的信心。

有人說：成功的欲望是造就財富的源泉。這種自我暗示和潛意識被激發後會形成一種信心，轉化為「積極的情感」，它會激發人們無窮的熱情、精力和智慧，幫人成就事業，所以信心常常能改變人的命運。事實上，每個人成功的背後都具備一種巨大的力量——信心，在支援並推動他們不斷前進。

守住希望，永不放棄

希望是人生道路上的一盞明燈，它給了我們活下去的勇氣！希望是我們人生的精神支柱，有了它，我們才有動力努力向前邁出每一步。希望在人們的心中，是長久乾旱過後的雨露，每一滴都能滋潤我們精神的幼苗，讓其在適合的土壤中茁壯成長。

在黑暗中，每個人的心裡都是害怕的，但這不妨礙我們等待光明的到來。記得曾在網路上看到這樣一句話，「人之所以有黑眼球，就是要透過黑暗看到光明」。希望是黑暗中最強有力的支持。有了希望，黑暗便會漸漸消散；有了希望，我們才能看清未來；有了希望，才看不到絕望。

在物欲橫流的世界，人們看到了很多太陽後的陰影，這讓人們感到失望，這種失望作用到自己身上，就會對自己的未來喪失信心。這種時候，我們更需要用希望來支援我們渡過難關，邁過這條人生的河流。

康倪氏是一個很不幸的女人，由於命運的安排，她幾乎經歷了一個女人所能遭遇到的一切不幸，然而她卻用一顆盛滿著希望的心靈演繹了一個幸福美麗的人生。希望讓她在不幸中安然度過一生。十八歲時，她嫁給了鄰村的一個生意人，可剛結婚不久，丈夫外出做生意，便如同飛出的黃鶴，一去不返。有人說他死在了響馬的槍下，有人說他病死他鄉了，還有人說他被一家有錢人招了養老女婿。無論怎樣，事實就是他的丈夫與她失去了聯繫。更不幸的是，當時她已經懷上了孩子，雪上加霜並沒有打垮這個女人，她始終懷著一顆充滿希望的心去迎接生活。

在她的丈夫不見蹤影幾年以後，村裡人都勸她改嫁。沒有了男人，孩子又小，這寡居生活到什麼時候？她沒有走。她說丈夫生死不明，也許在很遠的地方做了大生意，說不定哪一天發了大財就回來了。她以這個念頭支撐著，帶著兒子頑強的生活著，把家裡打理得更加井井有條。她想，假如丈夫發了大財回來，不能讓他覺得家裡這麼寒酸。

這樣過了十幾年，在她的兒子十七歲那一年，一支部隊從村裡經過，她的兒子跟部隊走了。兒子說，他到外面去尋找父親。不料兒子走後又是音信全無。有人告訴她說她兒子在一次戰役中戰死了，她不信。一個大活人怎麼能說死就死呢？她甚至想，兒子沒有死，而且做了軍官了，等打完仗，天下太平了，就會衣錦還鄉。她還想，也許兒子已經娶了老婆，給她生了孫子，回來的時候就是一家人了。

儘管兒子還是杳無音信，但這個想法給了她無窮的希望。她是一個小腳女人，不能下田種地，她就做繡花線的小生意，勤奮的奔走四鄉，累積錢財。她告訴人們，她賺些錢把房子翻新了，等丈夫和兒子回來的時候住。

有一年她得了大病，醫生已經判了她死刑，但她最後竟奇蹟般的活了過來。她說，她不能死，她死了，兒子回來到哪裡找家呢？這位老人一直在村裡健康的生活著，直到滿百歲了。她還做著她的繡花生意，天天期盼著丈夫和兒子的歸來。

一個在世人看來十分可笑的希望，卻一直滋養著她的人生，支持著這樣一個脆弱的生命在蒼茫的人間走了幾十個春秋。可見，要活著就應該有希望，沒有什麼能比希望更能改變我們的處境的。

那些整天陰著臉，弓著腰的人是無法看到生命的美景的。用希望點亮自己命運的火把，用希望替我們創造奇蹟，用希望為我們的人生掙一個輝煌的未來！

可能你會說，我很勤奮，但就是對自己缺乏信心，不相信自己能夠成功。的確，這是一種消極的力量。當你心裡出現懷疑時，就會想出各種理由來支持你的「不相信」。懷疑、不相信是潛意識要失敗的心理傾向，以及不是很想成功的心態，這都是失敗的主要原因。

那麼，在生活中，如何培養你的自信心呢？

1　摒棄藉口症

社會中因各種藉口造成的消極心態，就像瘟疫一樣毒害著我們的靈魂，並且互相感染和影響，極大的阻礙著人們正常潛能的發揮，使許多人未老先衰，喪失鬥志，消極處世。

然而，正像任何傳染病都可以治療一樣，「藉口症」這個心態病也是可以想辦法克服的。辦法之一就是用事實將藉口的理由一一反駁，使它沒有面子、沒有理由在我們心中立足。

如「我沒有資金，所以我不能成功……」事實是，有資金可以幫助我們成功，但沒有資金，只要想辦法，同樣可以創業賺錢，同樣可以成功。很多百萬富翁、億萬富翁，幾乎全是白手起家的。

下面舉一個利用大腦的聰明才智，僅用一萬元建起一座現代化的百貨中心的故事。

某公司年輕的盧總裁是如何建起「城市百貨中心」的呢？這座「中心」占地一千四百平方公尺，位於商業鬧市，有中央空調、扶手電梯，豪華裝飾。建成這麼一座現代化百貨中心，至少也得要數百萬甚至上千萬元的資金，一萬元建造起來，豈不是天方夜譚嗎？其實這裡的奧妙一揭便破：他將這座百貨中心劃分為兩百二十多個局部櫃位，每個櫃位一次收十年租金二十五萬元，每年退還其中的百分之十，還包括利息，另外每個櫃位每月收取比市價低三分之二的管理費。這樣優惠的條件，使得這座待建的百貨中心成為人們爭相租賃的搶手貨，兩百二十多個攤位二十幾天便全部租出去，獲得租金五千多萬元，而盧總裁只在報紙上花費了一萬元的招租廣告費而已。

失敗者大都喜歡找藉口，成功者卻大都拒絕找藉口，向一切可以作為藉口的原因或困難挑戰。

富蘭克林．羅斯福因患小兒麻痺症而下身癱瘓，他是最有資格找藉口的。可是他從來不找任何藉口，而是以信心、勇氣和頑強的意志向一切困難挑戰，居然衝破美國傳統束縛，連任四屆美國總統。他以病殘之軀在美國歷史上，也在人類歷史上寫下了光輝燦爛的成功篇章。

此外，還有「運氣」藉口、「健康」藉口、「出身」藉口、「人際關係」藉口等。拿破崙．希爾在他的《思考致富》裡將一位個性分析專家編的藉口表列出來，竟然有五十多個。希爾說：「找藉口解釋失敗是全人類的習慣。這個習慣同人類歷史一樣源遠流長，但對成功卻是致命的破壞。」

2　消除恐懼與憂慮

恐懼與憂慮，人人都或多或少有過。程度輕微，我們可能看不出它們的危害。實際上任何恐懼和憂慮都會侵蝕破壞我們的積極心態，妨礙我們的成功。只有當我們戰勝恐懼，戰勝憂慮，並利用它們為我們的成功服務時，恐懼和憂慮才會變害為利。比如我們擔心失敗，但我們有信心戰勝恐懼與憂慮，我們做更大的努力，採取更細緻妥善的規劃、謀略和行動去爭取成功，這樣我們就控制了恐懼和憂慮。

一個人若有消極思想作祟，內心就會沉寂畏縮，熱情被壓抑在心中，不再相信自己的能力，總是自怨自艾，這樣的人怎麼能成就一番事業呢？所以，我們必須認真審視自己，一旦發現有消極情緒就努力消除它，充實自己的內心，發揮自身的精神力量。這樣，你才能淡定的做成大事。

拋棄自卑，找回自信

保持積極樂觀心態的人就是把希望裝進心中的人。心中有希望，就能撥開人生道路上的重重陰霾。而那些稍遇困難就悲觀退卻的人，不是外力把他打敗，而是自己先把自己打敗了。

自卑是一個人成功的最大阻力，只要這種心態一直存在，那麼這個人就永遠無法成功。我們試想一下，一個人在事情還沒有開始前，便在人前矮了幾分氣勢，這種情形下，恐怕很難讓別人相信他有能力完成這件事。有些時候，能力並不是絕對的主導，信心才是關鍵。那麼，如何拋棄自卑，找回你的自信呢？

艾菲在〈我不再羨慕……〉這篇文章裡講述了一段自己的故事，對我們很有啟發。

艾菲十六歲那年從山溝裡跨進了大學，她渾身上下散發著土氣。也沒有學過英語，不知道安娜・卡列尼娜是誰；不會說國語，不敢在公共場合說一句話；不懂得燙髮能增加女性的嫵媚；第一次看到班上男同學摟著女同學跳舞，她嚇得臉紅心跳……她上鋪的麗娜是一個城市裡的女孩子，能講一口流利的國語，還會一口發音標準的英語。麗娜見多識廣，安娜・卡列尼娜當然不在話下，她還知道約翰・克里斯朵夫。麗娜用白手絹將柔軟的長髮往後一束，用工具把瀏海捲彎。麗娜只要在公開場合出現，男同學就會前呼後擁的爭獻殷勤。

渾身土氣的艾菲處處與洋氣十足的麗娜比較，比來比去，比得自己一無是處，比得自己只剩下了遺憾和自卑。艾菲就這樣被籠罩在自卑的陰影裡難以自拔，整天只會重複著對他人的羨慕。

然而，有一次，當麗娜不厭其煩的描述著她八歲那年如何勇敢從城西換一趟車到達城東時，艾菲突然想到，自己八歲那年曾獨自翻越幾座大山，把自己家養的一頭老黃牛從深山裡找回來的往事，她發現原來自己和麗娜並非有著那麼多的不同。

從此艾菲不再羨慕麗娜，遺憾、自卑的心理陰影也蕩然無存，於是，艾菲又恢復了往日在大山中的自信。

金無足赤，人無完人。任何人生來都不可能完美，即使透過努力仍然會有諸多遺憾。把任何一個人放在一群人中，群體中總會有人在某些方面強於他，相形之下，他的很多方面都會不如人願，使人不滿。成功者亦然。只是成功者卻懂得在群體中展示自己的優點，不斷增強自己成功的信念。平庸的人則把自己的缺點與別人的優點放在一起比長短，比來比去，只能強化自己的自卑感。

人和人之間只要相比較，總會發現自己有很多方面不如別人，和別人存在著差距，就像艾菲和麗娜一樣。兩個人生長在兩種截然不同、差異很大的環境中。麗娜具有的東西，艾菲未必會有。但反過來想，艾菲擁有的東西，麗娜也未必有。所以我們不必為自己的缺陷而遺憾、自卑。正確的心態就是既要了解自己的短處，更要了解自己的長處。不要讓自己的缺陷為自己製造自卑，要盡量多想想自己的優點，使自己充滿成功的信念。從別人的評價和價值觀裡走出來吧，不要總是讓別人蒙住你的雙眼。

生活是複雜的，人生路上處處有坎坷，對此，青年朋友應有充分的認識和準備。這種準備包括思想的、學識的、身體的等，但最要緊的則是自信心的培養。傑出的科學家居禮夫人曾這樣說過：「我們的生活都不容易，但是，那有什麼關係？我們必須有恆心，尤其要有自信力！我們必須相信我們的天賦是要用來做某種事情的，無論代價多麼大，這種事情必須做到。」是的，奮鬥不可沒有自信，自信伴隨著人們攀登事業的高峰，涉過生活的海洋；自信，永遠屬於不懈進取、不斷奮鬥的人。

有人說，自信的人才可愛，此話頗有道理。一個自信的男人，會使女人獲得安全感；一個自信的女人，會使男人感到溫暖安詳。而自卑的人，不由自主的會在別人面前，甚至是自己喜歡的人面前顯出一種不自在，他總在擔心別人會怎麼看自己。這種不自在會微妙的影響人與人之間的關係，使雙方經常「誤讀」對方的資訊，造成隔閡與衝突，而自信的人，與人交往時坦誠自然，能更多的流露出自己的本色，能更有效的與人溝通和交流，也就更容易建立起健康的人際關係，為自己贏得精彩的人生。拿出做人的自信，扔掉自卑的病態，就能改變命運，淡定的為自己的未來鋪出一條康莊大道。

用你的氣勢壓倒別人

人生像下棋，你首先要用氣勢壓倒別人。也就是說，在人生路上要堅強，要自信，只要不認輸，就還有希望。堅強的自信是獲得成功的源泉。無論才幹大小，天資高低，有了堅強的自信，就有了成功的可能。如果你去分析研究那些成就偉大事業的卓越人物的人格特質，就會發現：這些卓越人物在開始做事之前，總是具有充分而堅定的自信心，深信所從事的事業必能成功。這樣，在做事時他們就能付出全部的精力，克服一切艱難險阻，直到取得最終的成功。

美國學者查爾斯十二歲時，在一個細雨霏霏的星期天下午，在紙上胡亂畫，結果畫了一幅菲力貓出來，這是大家所喜歡的卡通的角色。他把畫拿給了父親。當時這樣做有點魯莽，因為每到星期天下午，父親就拿著一大堆閱讀材料和一袋無花果獨自躲到他們家所謂的客廳裡，關上門去忙他的事，並且不喜歡有人打擾。

但這個星期天下午，他卻把報紙放到一邊，仔細的看著這幅畫。「棒極了，查克，這畫是你徒手畫的嗎？」「是的。」父親認真打量著畫，點著頭表示讚賞，查爾斯在一邊激動得全身發抖。父親幾乎從沒說過表揚他的話，也很少鼓勵他們五兄妹。他把畫還給查爾斯，說：「在繪畫上你很有天賦，堅持下去！」從那天起，查爾斯看見什麼就畫什麼，把練習本都畫滿了，對老師所教的東西毫不在乎。

父親離家後，查爾斯只好自己想辦法過日子，並時常寄給父親一些認為能吸引他的素描畫並眼巴巴的等著他的回信。父親很少寫信，但當他回信時，其中的任何表揚都會讓查爾斯興奮幾個星期，他相信自己將來一定會有所成就。

在美國經濟大蕭條那段最困難時期，父親去世了，除了福利金，查爾斯沒有別的經濟收入，所以他十七歲時只好離開學校。受到父親生前話語的鼓勵，他畫了三幅畫，畫的都是多倫多楓葉曲棍球隊裡聲名大噪的「少年隊員」，其中有瓊・普里穆、哈爾維、「二流球手」傑克森和查克・康納徹。查爾斯並且在沒有約定的情況下把畫交給了當時多倫多《環球郵政報》的體育編輯邁克・洛登。第二天，邁克・洛登便雇用了查爾斯。在以後的四年裡，查爾斯每天都給《環球郵政報》體育版畫一幅畫。那是查爾斯的第一份工作。

查爾斯到了五十五歲時還沒寫過小說，也沒打算過這樣做。在向一個國際財團申請有線電視網執照時，他才有了這樣的想法。當時，一個在管理部門的朋友打電話來，說他的申請可能被拒絕，查爾斯突然面臨著這樣一個問題：「我今後怎麼辦？」查閱了一些卷宗後，查爾斯偶爾用十幾句潦草的字體，寫下一部電影的基本情節。他在辦公室裡靜靜的坐了一會兒，思索著是否該把這項工作繼續下去，最後他拿起話筒，給他的朋友、小說家阿瑟・黑利打了通電話。

「亞瑟，」查爾斯說，「我有一個自認為不尋常的想法，我準備把它寫成電影。那我怎樣才能把它交到某個經紀人或製片商，或是任何能使它拍成電影的人手裡？」「查爾斯，這條路成功的機會幾乎等於零。即使你找到某人採用你的想法並把它變為現實，我猜想你的這個故事大概所得的報酬也不會很大。你確信那真是個不同尋常的想法嗎？」「是的。」「那麼，如果你確信，哦，提醒你，你一定要確信，為它押上一年時間的賭注。把它寫成小說，如果你能做到這一點，你會從小說中得到收入，如果很成功，你就能把它賣給製片商，得到更多的錢，這是故事大概遠遠不能做到的。」查爾斯放下話筒，開始問自己：「我有寫小說的天賦和耐心嗎？」他沉思後，對自己越來越有信心。他開始自己進行調查、安排情節、描寫人物……為它賭上了一年還要多的時間。

一年又三個月後，小說完成了，在加拿大的麥克萊蘭和斯圖爾特公司，在美國的西蒙公司、舒斯特和艾瑪袖珍圖書公司，在大不列顛、義大利、荷蘭、日本和阿根廷，這部小說均得到出版。結果，它被拍成電影，由威廉・沙特納、哈爾・霍爾布魯克、阿瓦・加德納和凡・詹森主演。此後，查爾斯又寫了五部小說。

由查爾斯的例子我們可以看出，假如你有自信，你就會獲得比你的夢想多得多的成功。

我們常會見到這樣的人，他們總是對自己所在的環境不滿意，並由此產生了苦惱。例如：一個學生沒有考上理想的學校，就覺得自己比不上別人，很自卑。於是書也念不下，一天天心不在焉的混日子。

有的人對自己的工作不滿意，認為賺錢少、職位低，比不上別人，心裡又是自卑，又是消沉，天天懶洋洋的，做什麼也打不起精神來。於是工作常出錯，上司不喜歡他，同事也認為他沒出息。如此一來，他就越來越孤獨，越來越被公司的人排擠，越來越遠離快樂和成功。

其實，一個人如果對自己目前的環境不滿意，唯一的辦法就是讓自己戰勝這個環境。就拿走路來說，當你不得不走過一段狹窄艱險的路段時，你只能打起精神克服困難，戰勝險阻，把這段路走過去，而不是停在途中抱怨，或索性坐在那裡聽天由命。

成功者有一個顯著特徵，就是他們都對自己充滿了極大的信心，無不相信自己的力量。而那些沒有做出多少成績的人，其顯著特徵則是缺乏信心。正是這種信心的喪失，使得他們卑微怯懦、唯唯諾諾。

堅定的相信自己，絕不容許任何東西動搖自己有朝一日必定事業成功的信念，這是所有取得偉大成就人士的基本特質。許多極大的推進了人類文明進程的人開始時都落魄潦倒，並經歷了多年的黑暗歲月。在那些落魄潦倒的黑暗歲月裡，別人看不到他們事業有成的任何希望。但是他們卻毫不氣餒，始終如一、兢兢業業的刻苦努力，他們相信終有一天會柳暗花明。

想一想這種充滿希望和信心的心態，對世界上那些偉大的創造者的作用吧！在光明到來之前，他們在枯燥無味的苦苦求索中煎熬了多少年！

要不是他們的信心、希望和鍥而不捨的努力，成功的時刻也許永遠不會到來。信心是一種心靈感應，是一種思想上的先見之明。

曾經擔任過美國足聯主席的戴偉克・杜根，說過這樣一段話：「你認為自己被打倒了，那麼你是被打倒了；你認為自己屹立不倒，那你就屹立不倒；你想勝利，又認為自己不能，那你就不會勝利；你認為你會失敗，你就失敗。因為，環顧這個世界成功的例子，我發現一切勝利，皆始於個人求勝的意志與信心。你認為自己比對手優越，你就是比他們優越；你認為比對手低劣，你就是比他們低劣。因此，你必須往好處想，你必須對自己有信心，才能獲取勝利。在生活中，強者不一定是勝利者，但是，勝利遲早屬於有信心的人。」

信心是使人走向成功的第一要素。換句話說，當你真正建立了自信，那麼你就已開始淡定的步向事業的輝煌。

你是獨一無二的

自信是我們成就事業的一劑良方，沒有自信，就無法淡定的面向自己的未來，一切都將無從談起。自信是人生成功的第一心態，有了這個心態，我們才能更好的走完夢想之路。相信自己，是創造奇蹟的起點。沒有自信，成功就永遠只能是夢想，永遠也不可能變成現實。

Copy 這個詞無處不在，複製成為一種時尚的語言，但在現實生活中，你，是不可複製的。記住這一點，就可以更有效的發揮我們的潛能，為自己的成功打造一個好而淡定的心態。

世界上沒有兩片樹葉是相同的，指紋、聲音也是如此。因此可以肯定，每一個人都是獨一無二的。儘管在世上沒有與我們相同的人，但我們有時還是習慣與別人相提並論。

心理學家指出：我們對自己的認知，對自己的定位，以即將要實現的目標，決定著我們在這個世界上的獨特的位置。科學家認為，人們百分之五十的個性與能力來自基因的遺傳，這意味著另外的百分之五十不取決於遺傳，而取決於創造與發展。

也就是說，如果你認定了自己的獨特之處，你就會擁有獨一無二的形象：如果你有個清晰的自我認識，那麼就不會給自己貼很多消極、悲觀的標籤。不要被你所做的工作、所住的房子、所開的汽車或所穿的衣服而限定。因為這不是定位的最終目標，你也不是這些東西的總和。要知道我們取得成功的潛在動力來源於我們對成功獨一無二的完美詮釋，更主要的是對定位的深刻理解。

這是一則流傳於西方的故事：

由於世界大戰爆發，某人無法取得他的工廠所需要的原料，因此只好宣告破產。他大為沮喪，於是，離開妻子兒女，成為一名流浪漢。他對於這些損失無法忘懷，而且越來越難過，甚至想要跳湖自殺。一個偶然的機會，他看到了一本名為《自信心》的書。這本書給他帶來勇氣和希望，他決定找到這本書的作者，請作者幫助他重新站起來。

當他找到作者，說完他的故事後，那位作者卻對他說：「我已經以極大的興趣聽完了你的故事。我希望我能對你有所幫助，但事實上，我卻毫無能力幫助你。」

他的臉立刻變得蒼白。低下頭，喃喃的說道：「這下子完蛋了。」

作者停了幾秒鐘後說：「雖然我沒有辦法幫助你。但我可以介紹你去見一個人，他可以幫助你東山再起。」剛說完這幾句話，流浪漢就立刻跳了起來，一邊抓住作者的手，一邊說道：「看在老天爺的份上，請帶我去見這個人。」

於是，作者把他帶到一面高大的鏡子面前，用手指著鏡子說：「我介紹的就是這個人。在這個世界上，只有這個人能夠使你東山再起。除非坐下來，澈底認識這個人，否則，你只能跳到密西根湖裡。因為在你對這個人有充分的認識之前，對於你自己或這個世界來說，你都將是個沒有任何價值的廢物。」

他朝著鏡子向前走了幾步，用手摸摸他長滿鬍鬚的臉孔，對著鏡子裡的人從頭到腳打量了幾分鐘，然後退後低下頭，開始哭泣起來。幾天後，作者在街上碰見了這個人，幾乎認不出來了。他的步伐輕快有力，頭抬得高高的。

他從頭到腳打扮一新，一副很成功的樣子。「那一天我離開你的辦公室時，還只是一個流浪漢。我對著鏡子找到了我的自信。現在我找到了一份年薪三千美元的工作。我的老闆先預支一部分錢給我的家人。我現在又走上成功之路了。」他還風趣的對作者說：「我正要前去告訴你，將來有一天，我還要再去拜訪你一次。我將帶一張支票，簽好字，收款人是你，金額是空白的，由你填上數字。因為你讓我認識了自己，幸好你要我站在那面大鏡子前，把真正的我指給我看。」

從上面的事例中，我們可以清楚的認識到心靈的成熟過程是堅持不斷的自我發現、自我探尋的過程。除非我們先了解自己，否則我們很難獲得成功。根據蘇格拉底的說法，「了解你自己」是智慧的開端。那麼，「你是獨一無二的」說法，便是現代人對古老智慧的新詮釋了。所以，如果你想使自己變得更加自信、成熟、淡定，請相信，「你是獨一無二的」。

「我是獨一無二的造化」，「我是獨一無二的奇蹟」……這些話是什麼意思呢？它是正確評價自己，並對自己充滿信心的表現。自信是一條通往天堂的路，沒有自信，就沒有辦法走上成功的天堂，這是無數人經驗的總結，經得起任何風浪的考驗。

人生命運的選擇，其緊要處往往取決於自己。各種歸途與結果懸於一念！這個「念」，就是你的「觀念」。智慧的選擇比天生的才能更重要。淡定的心態比盲目的奮鬥更重要。生命沒有高低，任何時候都不要看輕自己。只有肯定自我價值，才能活得精彩。

自信會給你帶來好運

我們要想找到安全的避風港，就必須具有敢於承擔風險的自信。只有當我們敢於承擔風險時，我們的境遇才會在奮鬥中逐漸改變。一個人如果沒有冒險的勇氣，那他超越自己的機會就很渺茫。

堅定的相信自己，絕對不能因為任何東西而動搖，要堅定自己有朝一日必定能在事業上取得成功的信念，這就是所有取得偉大成就人士的基本特質。

二〇〇一年的一天，美國一位名叫喬治・赫伯特的推銷員，成功的將一把斧頭推銷給小布希總統。布魯金斯學會得知這一消息，把刻有「最偉大推銷員」的一隻金靴子贈予他。這是自一九七五年以來，該學會的一名學員成功的把一臺微型答錄機賣給尼克森以後，又一名學員成功登上如此高的領獎臺。

布魯金斯學會自創建以來，一直以培養世界上最傑出的推銷員著稱於世。它有一個傳統，在每期學員畢業時，設計一道最能展現推銷員能力的實習題，讓學生去完成。柯林頓當政期間，他們出了這麼一個題目：請把一條三角褲推銷給現任總統。八年間，有無數個學員為此絞盡腦汁，可是，最後都無功而返。柯林頓卸任後，布魯金斯學會把題目換成：請將一把斧頭推銷給小布希總統。

鑒於前八年的失敗與教訓，許多學員都知難而退，選擇放棄爭奪金靴子獎，個別學員甚至認為，這道畢業實習題和柯林頓當政期間一樣會毫無結果，因為現在的總統什麼都不缺少，再說即使缺少也用不著他親自購買。

然而，喬治・赫伯特卻做到了別人認為同樣不可能的事情，並且沒有花多少工夫。一位記者在採訪他的時候，他是這樣說的：「我認為，把一把斧頭推銷給小布希總統是完全可能的。因為布希總統在德克薩斯州有一座農場，裡面長著許多樹。於是，我給他寫了一封信，說，『有一次，我有幸參觀您的農場，發現裡面長著許多樹，有些已經死掉，木質已變得鬆軟。我想，您一定需要一把小斧頭，但是從您現在的體質來看，這種小斧頭顯然太輕，因此您仍然需要一把不甚鋒利的老斧頭。現在我這裡正好有一把這樣的斧頭，很適合砍伐枯樹。倘若您有興趣的話，請按這封信所留的信箱，給予回覆』……最後他就給我匯來了十五美元。」

喬治・赫伯特成功後，布魯金斯學會在表彰他的時候說：「金靴子獎已閒置了二十六年。二十六年間，布魯金斯學會培養了數以萬計的推銷員，造就了數以百計的百萬富翁，這只金靴子之所以沒有授予他們，是因為我們一直想尋找這麼一個人，這個人不因有人說某一目標不能實現而放棄，不因某件事情難以辦到而失去自信。」

事實上，不是因為有些事情難以做到我們才失去自信，而是因為我們失去了自信有些事情才顯得難以做到。

自信是人生成功的基石，人的成功之路必須踏著自信的石階一步一步的登高。有了自信，人才能達到自己所期望達到的境界，才能成為自己所希望成為的人，才能淡定地面對自己的人生。無論在任何情況下，自信者的格言都是：「我想我能夠的，現在不能夠，以後一定能夠的！」因此，我們每個人務必要把自信送給自己！讓自己變得更加從容、更加淡定。

不模仿，活出最好的自己

有人說，做任何一件事，都需要付出代價，天底下，是沒有白吃的午餐的。第一次聽到這個話時，覺得有些道理，但仔細一想，又不完全正確，至少我們常說的快樂，就是一種不需要付出代價，便能輕易獲得的東西，想要快樂只要保持本色就可以了，做自己應該會比戴上面具更舒適一些吧！

你只能唱你自己的歌，你只能畫你自己的畫，你只能做一個由你的經驗、你的環境和你的家庭所造成的你。不論好壞，你都得自己創造自己的小花園；不論好壞，你都得在生命的交響樂中，演奏你自己的小樂器，做自己才是生活當中最重要的課程。

在有些人的觀念中，想要快樂，就要改變，不斷的改變，讓別人滿意，自己才能快樂。其實，快樂是自己的事情，與他人無關，太過注重他人的眼光，有時只會讓自己陷入痛苦深淵，無法自拔。

伊笛絲・阿雷德太太從小就特別敏感、靦腆，她的身體一直很胖，而她的一張臉使她看起來比實際還要胖得多。伊笛絲有一個很古板的母親，她認為把衣服弄得漂亮是一件很愚蠢的事情。她總是對伊笛絲說：「寬衣好穿，窄衣易破。」而且母親總照這句話來幫伊笛絲穿衣服。所以，伊笛絲從來不和其他的孩子一起到戶外活動，甚至不上體育課。她非常害羞，覺得自己和其他人都「不一樣」，完全不討人喜歡。

長大之後，伊笛絲嫁給一個比她大好幾歲的男人，可是她並沒有改變。她丈夫一家人都很好，也充滿了自信。伊笛絲盡自己最大的努力要像他們一樣，可是她做不到。他們為了使伊笛絲開朗而做的每一件事情，都只是令她退縮到她更深的蝸殼裡去。伊笛絲開始變得緊張不安，不但躲開了所有的朋友，而且情形壞到她甚至怕聽到門鈴響。伊笛絲知道自己是一個失敗者，但又怕她的丈夫會發現這一點，所以每次他們出現在公共場合的時候，她都假裝很開心，結果常常做得太過度。事後，伊笛絲會為這個難過好幾天。最後不開心到使她覺得再活下去也沒有什麼道理了，伊笛絲開始想自殺。

後來，是什麼改變了這個不快樂的女人的生活呢？只是一句隨口說出的話。隨口說的一句話，改變了伊笛絲的整個生活，使她完全變成了另外一個人。

有一天，她的婆婆正在談她怎麼教養她的幾個孩子，她說：「不管事情怎麼樣，我總會要求他們保持本色。」

「保持本色！」就是這句話！在那一剎那間，伊笛絲才發現自己之所以那麼苦惱，就是因為她一直在試著讓自己適合於一個並不適合自己的模式。

伊笛絲後來回憶道：「在這一夜，我整個改變了。我開始保持本色。我試著研究自己的個性，自己的優點，盡我所能去學色彩和服飾知識，盡量以適合我的方式去穿衣服。主動的去交朋友，我參加了一個社團組織——起先是一個很小的社團——他們讓我參加活動，使我嚇壞了。可是我每一次發言，就增加了一點勇氣。今天我所有的快樂，是我從來沒有想到可能得到的。在教養我自己的孩子時，我也總是把我從痛苦的經驗中所學到的結果教給他們：『不管事情怎麼樣，總要保持本色。』」

我們知道，世界上的所有生物都有其自身的特點，正是依靠著這些特點，他們才得以在這個星球上生存。在現代社會，每一種知名的商品都講究「品牌策略」，有了品牌，這種商品才可以走得更遠。我們人自然也不例外。我們要在社會中生存、立足，要與別人相處、共事，就要發展自己，使自己也踏上成功之路，也要靠我們的特點、個性、風格和品牌。打造屬於我們自己的成功策略。

海倫，一位普普通通的美國女性，她和她的尼泊爾丈夫，連同他們的兩個孩子，一起生活在尼泊爾的一座城市裡。夫妻倆是在美國讀書的時候認識的，海倫放棄在美國的生活，來到了相對貧窮的尼泊爾。

海倫說：「在尼泊爾，我們只買生活的必需品。因為沒有廣告推銷，沒有大減價，沒有垃圾郵件，也沒有信用卡，所以人們想不到去買並不需要的東西，而且，人們一次只買能夠提得動的東西回家，用完了之後再買。」

海倫認為，在美國這樣的商品國家，人們面對購物的宣傳衝擊雖然有很大的餘地，但為了使生活簡單而又豐富多彩，人們必須在選擇方面花費很多的注意力和精力。

在尼泊爾這樣的國度裡，海倫和她的家人們過著簡單卻有個性的幸福生活。她的這種選擇，有助於我們了解個性的魅力。

個性是你的特點與你的外表個性的總和，也就是你所以成為你而區別於他人的地方。你所穿的衣服，你臉上經常的表情、你臉上的線條，你的聲調、語氣，乃至於你的思想，以及你由這些思想所發展出來的品德，所有的這一切就構成了你的個性，而你的個性在生活中較穩定的表現出你自己的風格。當然，最重要的還在於你的生活方式！

顯然，你個性中的絕大部分，同時也是你個性中最重要的部分，你的風格所代表的那一部分，從外表上是無法看出來的。我們平時說某個人的個性如何如何，其實更多的來自於他的外表，來自於他性格中外在的東西。

所以，你的風格或者個性，即使是你自己也很難用語言來概括。你的風格展現於你生命的整體，從你做人、做事、行為舉止等等各個部分都能展現出來，但又不是特指某個部分。

你的衣著式樣，以及它們對你來說是否得體，構成了你風格中的一個重要組成部分，因為別人大多都是從你的外表中獲得對你的第一印象。

你與別人握手的態度，也密切關係到你是否排斥或吸引跟你握手的人，它也表現著你的個性，展現著你的風格。

你眼中的神情也是你個性中的一個重要組成部分，眼睛是心靈的窗戶，有些人就能透過這扇窗戶看穿你的內心世界，看出你內心深處的思想，看出你最隱祕的心思。

你身體洋溢著的活力，或者說透過你的言談舉止所展現出的個人魅力，也是你個性的一個組成部分。

當然，最重要的是，你可以透過某種方式將你的個性或者個人風格盡情的展現出來，而且，能夠使你的個性永遠受人歡迎。

這種方式就是對其他人的生活、工作表示深切的關心與興趣。你需要做一個無私、大度、熱忱、寬容的人。

我們很難想像一個極端自私自利、狹隘、冷酷無情的人的個性能討人喜歡。這樣的人，即使他衣冠楚楚、長相英俊，也難有什麼個人魅力。

你的內心世界決定了你的個性，你的思想品德高尚與否決定了你的風格。要活出自己的風格，表現出你受人歡迎的個性，還得從加強你的文化修養、豐富你的精神世界做起。

要活出自己的風格，而且別人也會接受、欣賞你的風格，首先要求你的風格不能變壞。如果你自己的「風格」十惡不赦、人見人厭，那還是別要這種「風格」會好一些。再就是你要強化自己的風格，一旦發現你的某種行為深受眾人喜愛，你不妨將其加強突出。越是突出，就越是簡單，而越是簡單，就越是突出。

第2章　要拿得起，放得下

做人要當提起時提起，當放下時放下。放下，是為了騰出更多的空間裝其他必須的東西。放不下功名富貴，生命就在功名富貴裡；放不下悲歡離合，生命就在悲歡離合裡痛苦掙扎；放不下是非，放不下得失，放不下善惡，你就在是非、善惡、得失裡面，不得安寧。放得下，才能再提起。

放棄計較才能解放自己

生活中，我們經常會見到「永不言敗」的人，他們悲情、他們堅定，即使自己原本的選擇已「病入膏肓」，卻依舊不選擇放棄。的確，在這種人身上，我們看到了一種堅持的力量。可是，生活不是電影，一味且盲目的堅持，不僅對成功沒有幫助，反而會讓整個人的心態出現失衡，嚴重影響身心健康。

這裡所謂的「失衡」，即為固執——這種不健康心態的出現，就會導致禍患的到來。

小麗和小霞從小就是好朋友，不過小麗長得漂亮，加上畢業於國立大學，這讓小霞有些眼紅。私底下，小霞總會這麼想：「哼，等著吧，早晚有一天我會比你強！」

幾年後，小麗和小霞到了結婚的年紀。小麗的丈夫是一個私企老闆，家資非常豐厚，因此婚禮非常奢華，一時間被很多人羨慕。看到這裡，小霞自然氣不打一處來，對未婚夫說：「我也要和小麗一樣，也要辦那樣的婚禮！她老公買了個別墅，我不說讓你買別墅了，你最起碼也要買套六十坪的大房子！」

小霞的話，讓未婚夫嚇了一大跳。他哭笑不得的說：「老婆大人，你和人家小麗爭這個做什麼？他老公是富翁，我只是個普通公務員，我們怎麼可能達到那樣的規模？」

可是，未婚夫的解釋並沒有令小霞釋懷，她依舊糾纏不清，非要和小麗一較高低。不得已，未婚夫也盡量滿足她的這種「爭勝欲望」，今天給她買一條一萬元的項鍊，明天給她買一臺三萬元的液晶電視……就這樣，未婚夫的資金漸漸捉襟見肘，可是小霞依舊沒有放棄，非要一切都和小麗不相上下。

終於，在一次對某個價值不菲的冰箱進行爭論時，未婚夫忍無可忍，主動解除了婚約。這下，小霞可算傻眼了。可是無論她如何解釋，未婚夫也沒有回頭，毅然離開了她。看著曾經甜蜜的照片，小霞流著淚痛苦的說：「都是我的錯，讓我的未婚夫離我而去，讓我失去了所有的幸福！」

堅持沒錯，但是真正的「堅持」應該是這個樣子：當你確定了目標以後，下一步便是實踐自己的目標，或者說實踐自己所希望達到的目標。如果你決心做一下改變，就必須考慮到改變後是什麼樣子；如果你決定解決某一問題，就必須考慮到解決過程中可能遇到的困難是什麼。實在不行，一定要果斷的放棄無意義的固執，因為那是惡性競爭、爭中制勝的先兆。所以說，恰當的放棄是一種淡定的大智慧。

羅伯特是美國加州的一個水泥商，生意經營得很好。不過，另一位水泥商萊特也進入加州進行銷售。萊特在羅伯特的經銷區內定期走訪建築師、承包商，並告訴他們：「羅伯特公司的水泥品質不好，公司也不可靠，面臨著倒閉。」

萊特的造謠，自然傳到了羅伯特的耳朵裡。不過，他並不認為萊特這樣四處造謠能夠嚴重損害他的生意。只是，這樣的造謠，畢竟會使自己心生無名之火。為了排解自己的煩悶，一天早上，羅伯特來到了教堂。

牧師講道的主題是「放棄計較才能解放自己」。這個內容讓羅伯特很感興趣，於是他將每一個字都記了下來。

就在當天下午，羅伯特得知，萊特使自己失去了九份五萬噸水泥的訂單。當他憤怒的把這件事告訴牧師時，牧師卻叫他以德報怨，放棄心中的計較，和萊特成為朋友。

第二天下午，羅伯特接待了一名顧客。他發現，這位客戶所需要的水泥型號不是自己公司生產的，卻與萊特生產出售的水泥型號相同。

當員工發現了這個情況後，以為羅伯特會借此報復萊特，誰知，他居然拿起電話，撥通了萊特辦公室的號碼。

很快，那名客戶被萊特接走了。就在所有員工都感到不可理解時，萊特又出現在了公司。不過，這一次他一掃那種囂張的嘴臉，而是帶了好多禮物，徑直來到羅伯特的辦公室。後來，萊特不但停止散布有關羅伯特的謠言，而且也把他無法處理的生意交給羅伯特做。現在，加州所有的水泥生意已被這兩個人的公司壟斷。

看到這樣的情形，羅伯特很慶幸當時放棄了計較，否則，他現在的事業不可能如此成功。

可見，在這個世界上，放棄才是永恆不變的真理。小溪放棄平坦，是為了回歸大海的豪邁；黃葉放棄樹幹，是為了期待春天的翠綠；蠟燭放棄完美的軀體，才能擁有一世的光明；心情放棄凡俗的喧囂，才能擁有一片寧靜。

所以，別以為不放棄才能得到人生的快樂。想要得到野花的清香，就必須放棄城市的舒適；想要得到永久的掌聲，就必須放棄眼前的虛榮。總之，你想得到內心的幸福，那麼就必須放棄本不屬於自己的一切，做到有所為而有所不為。

捨棄執著，靈活變通

用「放」的態度看待人生，你會發現可以把事情看得更清楚。在你心靈疲憊的今天，選擇放下是一種明智的做法，只有放下才能讓心靈得到淨化，才能充分享受屬於心靈的愉悅。

當一個人把位置站高、眼光放遠之後，自然而然就可以把事情看得更透澈，不會陷在原地繼續打轉。

有一個聰明的年輕人，很想在一切方面都比他身邊的人強，他尤其想成為一名大學問家。可是，許多年過去了，他的其他方面都不錯，學業卻沒有長進。他很苦惱，就去向一個大師求教。

大師說：「我們登山吧，到山頂你就知道該如何做了。」

那山上有許多晶瑩的小石頭，煞是迷人。每見到年輕人喜歡的石頭，大師就讓他裝進袋子裡背著，很快，他就吃不消了。

「大師，再背，別說到山頂了，恐怕連動也不能動了。」他疑惑的望著大師。「是呀，那該怎麼辦呢？」大師微微一笑：「該放下，不放下背著石頭怎能登山呢？」

年輕人一愣，忽覺心中一亮，向大師道了謝走了。之後，他一心做學問，進步飛快……

其實，人要有所得必要有所失，只有學會放棄，才有可能登上人生的極致高峰。

在人生路上，每個人不都是在不斷的累積東西嗎？這些東西包括你的名譽、地位、財富、親情、人際、健康、知識等等。另外，當然也包括了煩惱、憂悶、挫折、沮喪、壓力等等。這些東西，有的早該丟棄而未丟棄，有的則是早該儲存而未儲存。只有在受到壓迫之後才會懂得放棄並善於放棄，只有在懂得並善於放棄之後才會斂集無盡的財富。

比爾蓋茲高中畢業的時候，父母對他說：「哈佛大學是美國高等學府中歷史悠久的大學之一，是一個充滿魅力的地方，是成功、權力、影響、偉大等等的象徵和集中展現。你必須讀一所大學，而哈佛是最好的選擇。它對你的一生都會有好處。」

蓋茲聽從了父母的勸告，進了美國最著名的哈佛大學。他當時填的專業是法律，但他其實並不想繼承父業去當一名律師。

蓋茲在哈佛既讀大學又讀研究生課程（這是哈佛學生的特權），但他真正的興趣依然在電腦上。他曾和朋友一起認真的討論過創辦自己的軟體公司。他認定「電腦很快就會像電視機一樣進入千家萬戶，而這些不計其數的電腦都會需要軟體」。

大學二年級的時候，比爾蓋茲終於向父母說了他一直想說的話：「我想退學。」

他的父母聽了非常吃驚，也非常傷心。但他們無法說服蓋茲改變主意。於是，他們請了一位受人尊敬的商業界領袖去說服蓋茲。

蓋茲在與這位商業巨頭會面的過程中像個布道者一樣滔滔不絕向他講述自己的夢想、希望和正在著手做的一切。這位商業巨頭不知不覺的被感染了，彷彿又回到自己當年白手起家的創業時代。他忘記了自己的使命，反而鼓勵蓋茲：「你已經看到了一個新紀元的開始，而且正在開創這個偉大的時刻。好好做吧，年輕人。」

父母無奈，只得同意了蓋茲的要求。

從此，蓋茲一心一意投身於自己的電腦軟體領域中，他真的在夢想之路上開創了讓世界矚目的業績。

蓋茲為了使自己的計畫實現，權衡利弊，勇於放棄讀完哈佛大學的機會，而選擇自己有興趣的軟體。如果他聽取了父母的意見，讀完大學再來創業，他現在又如何能聲響滿全球，成為世界上最聲名顯赫的「軟體大王」比爾蓋茲呢?

漢代司馬相如《諫獵疏》中云：「明者遠見於未萌，而智者避危於未形。」只有學會放棄，才能使自己更寬容、更睿智、更淡定。放棄不是噩夢方醒，不是六月飛雪，也不是優柔寡斷，更不是偃旗息鼓，而是一種拾階而上的從容、閒庭信步的淡然。

非洲土著人抓狒狒有一絕招：故意讓躲在遠處的狒狒看見，將其喜歡吃的食物放進一個口小腹大的洞中。等人走遠，狒狒就蹦蹦跳跳的來了，牠將爪子伸進洞裡，緊緊抓住食物，但由於洞口很小，牠的爪子握成拳頭後就無法從洞中伸出來了。這時，獵人只要不慌不忙的來收穫獵物，根本不用擔心牠會跑掉。因為狒狒捨不得那些可口的食物，越是驚慌和急躁，就將食物抓得越緊，爪子就越無法從洞中伸出。

此招妙就妙在人將自己的心理推及到了類人的動物身上。其實，狒狒們只要稍一撒手就可以溜之大吉，可牠們偏偏不！在這一點上，說狒狒類人，亦可說人類狒狒。狒狒的舉止大都是無意識的本能，而人如果像狒狒一般只見利而不見害的死不撒手，那只能怪他利令智昏或執迷不悟了。

人生亦應如此，當生活強迫我們必須付出慘痛的代價時，主動放棄局部利益保全整體利益是最明智的選擇。正所謂拿得起放得下。

選擇其實就是一個「放」與「取」的過程。該放什麼，該取什麼，說到底是一種人生藝術。放棄就是為了更好的選擇。只要你在自己的人生道路上，找到適合自己的人生座標，你才能夠充分發揮自己的聰明才智，改變自己的命運，從而到達成功的彼岸。

得到未必幸福，失去未必痛苦

一個聰明的人，絕不會因為得到而狂喜，亦不會因為失去而沮喪。所謂「不以物喜，不以己悲」，范仲淹的這句話，正是做人的大智慧。能做到這一點，你才會以淡定的心態收穫人生路上甜美的果實。

有一個國王，他共有七個女兒，這七位美麗的公主都是國王的掌上明珠。她們都有一頭烏黑亮麗的長髮，所以，國王就送給她們每個人十個一模一樣的漂亮的髮夾。

有一天早上，大公主醒來後，一如既往的用髮夾整理她的秀髮，卻發現自己的髮夾丟了一個，她四處尋找後也沒有找到。於是，她就偷偷的跑到二公主的房間裡，拿走了一個髮夾。

二公主起床後發現自己的髮夾少了一個，也是因為沒找到便跑到三公主的房間中拿走了一個髮夾；同樣，三公主發現自己少了一個髮夾，也偷偷的將四公主的一個髮夾拿走；四公主則拿走了五公主的髮夾；五公主一樣也如法炮製，拿走了六公主的髮夾；六公主只好拿走了七公主的一個髮夾。這樣，七公主的十個髮夾便只剩下了九個。

事隔一天，鄰國一位十分英俊的王子忽然來拜見國王，在閒聊中對國王說：「我養的白鵰鳥昨天叼回了一個十分美麗的髮夾，我看了一下，想這一定是宮中哪位公主的。這也是一個極為奇妙的緣分，但是不曉得是哪位公主掉的髮夾？」

國王看到髮夾確定了是公主們的，便將七個公主找來。七個公主聽到了這件事，都在心裡想：這是我掉的，這是我掉的。但是自己的頭上明明別著完整的十個髮夾，所以內心都極為懊惱自己的做法，但是又不能把真相說出來。只有七公主走出來說：「我掉了一個髮夾，這兩天都找遍了，但是沒有將它找出來。」

話剛說完，七公主因為少了一個髮夾，漂亮的長髮都散落了下來。王子不由得看呆了，當即就決定娶七公主。不久以後，兩人舉辦了隆重的婚禮。從此兩人過上了幸福、快樂的日子。

七公主正是「失去」了一個髮夾，才得到了王子的青睞和喜愛，過上幸福的生活。其餘的幾個公主得到了美麗的髮夾，卻失去了更為珍貴的東西——愛情。由此可見，失去也意味著獲得。

在漫長的歲月裡，順境與逆境，得意與失意，快樂與痛苦，無處不在，無時不困擾著我們。於是，生命裡留下了許許多多的遺憾的事跡，生活裡有了無數聲長吁短歎。遭遇坎坷，面對困境，我們總是在利與弊之間取捨，在失去與得到的交替之中成長。

俗話說得好：金無足赤，人無完人。當你遇到遺憾和失敗時，重要的是看你怎樣去面對和接受這個現實，而不是低頭歎息任由自己意志消沉。我們要想走好人生的每一步，就必須要有堅強的意志，腳踏實地的精神。如果你只會一味的感傷失去，那麼你將一無所有，只有有能力去享受失去的「樂趣」的人，才能真正品嘗到人生的幸福。讓自己承受失去的東西，也許你會感到很痛苦，那也要自己去承受，別人是代替不了你的。傷和痛都有了，這就證明你已經長大了，成熟了。失去的時候，你可以哭，可以發洩，可以找朋友傾訴……然後，你的世界就會充滿了陽光。

生活中，我們既要享受收穫的喜悅，也要享受「失去」的樂趣。失去是一種痛苦，也是一種幸福。因為失去的同時你也在得到。失去了太陽，我們可以欣賞到滿天的繁星；失去了綠色，我們可以得到豐碩的金秋；失去了青春歲月，我們走進了成熟的人生…… 朋友，別因為失去而感到遺憾，勇敢去面對，做生活的強者！

失望有限，希望無限

人的一生，難免會有沉沉浮浮。每個人的一生都注定要跋涉許多溝溝坎坎，品嘗生命帶給我們的苦澀與辛酸，經歷挫折與失意。生活中有太多的無奈，但是只要我們每天給自己一個希望，讓陽光照進自己的心房，再大的苦難也會被踩在腳下。希望一旦萌生，就會久久縈繞心頭，雖說她是一個可望不可及的天使，但卻能時時給人以欣慰。

傑米曾是一個電動機廠的經理，在法院通知他破產的時候，太太與他離婚了……面對這突如其來的打擊，傑米並沒有放棄，他選擇以撿破爛為生。每天他給自己一個希望：每天背著一大袋可樂空瓶去賣，並且每天都要總結這一天的成功之處，分析失敗的原因，久而久之就養成了很好的工作習慣。今天的傑米已成為澳洲首富之一的工業鉅子——JAAT 集團的頭號人物。

朗費羅說：「當你的希望一個個落空，你也要堅定，要沉著！」上帝是公平的，命運在關閉一扇門的同時，又會為我們打開另一扇窗。世上的任何事都是多面的，我們看到的只是其中的一個側面，也許這個側面讓人痛苦，但是痛苦卻往往可以轉化。任何不幸、失敗與損失，都有可能變為對我們有利的因素。

在漫漫旅途中，失意並不可怕。艱難是人生對你的另一種形式的饋贈，坎坎坷坷也是對你意志的磨礪和考驗。就像落英在晚春凋零，來年又燦爛一片；黃葉在秋風中飄落，春天又煥發出生機勃勃。就像劉德華在《今天》中唱的那樣：「走過歲月我才發現世界多不完美，成功或失敗都有一些錯覺，滄海有多廣，江湖有多深，居中人才了解。生命開始情不情願總要過完一生，交出一片心，不怕被你誤解，誰沒受過傷誰沒流過淚，何必要躲在黑暗裡自苦又自憐，我不斷失望不斷希望。」

人生不能沒有希望，沒有希望的人生是蒼白的。希望是我們前進道路上的一面旗幟，它能給我們力量、勇氣，指引我們去克服人生旅途中的千辛萬苦。本田宗一郎創辦本田汽車公司的事蹟就證明了這一點。

在本田還是一名學生時，他就變賣了所有的家當，全心投入研究心目中所認為的理想的汽車活塞環。他夜以繼日的工作，與油污為伍。累了，倒頭就睡在工廠裡。一心一意期望早日把產品製造出來，以賣給豐田汽車公司。為了繼續這項工作，他甚至變賣妻子的首飾，最後產品終於出來了，並送到豐田去，但是被認為品質不合格而打了回來。為了求取更多的知識，他重回學校苦修兩年，這期間，他經常因為自己的設計而被老師或同學嘲笑，被認為不切實際。

但他無視這一切痛苦，仍然咬緊牙關朝目標前進，終於在兩年之後得到了豐田公司的購買合約，完成了他長久以來的心願。然而，此後的一切並沒有一帆風順，他又碰上了新問題。當時正值第二次世界大戰，一切物資吃緊，政府禁賣水泥給他建造工廠。

面對這些他沒有放棄，也沒有怨天尤人，而是另謀他途，和工作夥伴研究出新的水泥製造方法，建好了他們的工廠。戰爭期間，這座工廠遭到美國空軍兩次轟炸，並且毀掉了大部分的製造設備，本田先生是怎麼做的呢？他立即召集了一些工人，去撿美軍飛機所丟棄的汽油桶，作為本田工廠製造用的材料。

在此之後，他們又碰上了地震，整個工廠被夷平。這時，本田先生不得不把製造活塞環的技術賣給豐田公司。

本田先生實在是個了不起的人，他清楚的知道邁向成功該怎麼走，除了要有好的製造技術，還得對所做的事深具信心與毅力，不斷嘗試並多次調整方向，雖然目標還不見蹤影，但他始終不屈不撓。

第二次世界大戰結束後，日本遭遇嚴重的汽油短缺，本田先生根本無法開著車子出門買家裡所需的食物。在極度沮喪下，他不得不試著把馬達裝在腳踏車上。他知道如果成功，鄰居們一定會央求他給他們裝部摩托腳踏車。果不其然，他裝了一部又一部，直到手中的馬達都用光了。他想到，何不開一家工廠，專門生產自己所發明的摩托車？可惜的是他欠缺資金。

他決定無論如何要想出個辦法來，最後決定求助於日本全國一萬八千家腳踏車店。他給每一家腳踏車店用心寫了封言辭懇切的信，告訴他們如何借著他發明的產品，在振興日本經濟上扮演一個角色。結果說服了其中的五千家，湊齊了所需的資金。然而當時他所生產的摩托車既大且笨重，只能賣給少數的摩托車迷。為了擴大市場，本田先生動手把摩托車改得更加輕巧，一經推出便贏得滿堂彩，因而獲頒「天皇賞」。

今天，本田公司已是一個跨國汽車、摩托車生產銷售集團，是世界上最大的摩托車生產廠商，汽車產量和規模名列世界十大汽車廠商之列。

如果說本田在面對一次次的失望時放棄了希望，那麼就不會有本田今日的輝煌。

本田的經歷向我們昭示：命運在於搏擊，奮鬥就是希望。失敗只有一種，那就是放棄希望。

一個人沒有希望，那麼他的心裡一定是灰暗的，沒有色彩的。換言之，一個對人生不抱希望的人，他的心情肯定是憂鬱的，沒有絲毫快樂可言。所以，無論什麼時候，我們都不能放棄希望。希望是催促人們前進的動力，也是生命存在的最主要的激發因素。只要活著，就有希望；只要抱有希望，生命便不會枯竭。希望，不一定是多麼偉大的目標，它可以縮小到平淡生活中的一些小快樂、小滿足、小盼望、小期待。

命運一直掌握在自己手裡，唯一能讓你放棄的人，只有你自己，只要你堅持到底，扼住命運的咽喉，一切不幸都會畏懼你、逃離你。只要你的信念不倒，心中的希望不滅，總會等到雲破日出的一天。因此，不要再對生活自暴自棄，要對它充滿信心、充滿希望，只有這樣，它才會對你微笑。

明智的捨棄是進取的前提

人生遇到挫折並不可怕，可怕的是我們沒有選擇面對和重新開始的勇氣。其實，失敗就像你從一座已經攀爬了好久的山上下來，雖然前功盡棄，但要知道，我們下山就是為了再次登上更高的山。這完全可以被看成是一種人生的選擇策略。

選擇「下山」，其實是很平常的事情，關鍵是你看待失敗的角度。有時候，我們現在的失敗或者挫折，反倒給自己提供了走向另一個成功的契機，我們落入谷底，其實是為了更好的登上另一個峰頂。只有選擇面對，才能找到解決問題的辦法。

陸濤大學畢業後，進入一家大型公司工作，由於踏實肯做，能力突出，沒幾年就做到了市場部經理的位置。他的前途一片光明，自己也是春風得意。

天有不測風雲。沒過多久，公司出於策略調整的考慮，撤銷了市場部，他的經理一職自然也就沒有了。一夜之間淪為一個普通的業務員。陸濤面對如此狀況，對工作也沒了熱情，甚至有了得過且過的想法。

一天下班之後，他被總經理叫住。總經理要和他一起到郊外爬山。他們費了好大的精力才爬上山頂。正當陸濤迷惑不解的時候，總經理指著遠處的一座高山問道：「你說我們這座山和對面那座，哪個更高大？」他回答道：「當然是那座山了，全市第一嘛！」

總經理緩緩的點了點頭：「那麼我們現在怎麼才能到達那座山的山頂呢？」陸濤怔了一怔：「先從這座山下去，再上那座山。」

總經理回過頭來笑道：「你說得很對！有時候，選擇暫時的『下山』不完全是壞事。你一定很希望我把你直接放在銷售經理的職位上吧？就像我們剛才說的，銷售和市場也是兩座山，除非你是天才，能直接跳過去；我們這些凡人只有一步一步去做才比較實際。更何況，在你面前的，不僅僅只有這兩座山，遠處還有許多更高的山在等待你去選擇呢！」

陸濤明白了總經理的意圖，也懂得了取捨的意義。他也覺得自己在做銷售方面，確實有許多東西要學習和補充，例如經驗和知識。他又找回了以前的工作熱情，工作上開始積極主動。半年後，他又做到了經理的位子——銷售部經理。兩年後，他又成為總經理助理。現在擺在陸濤面前的是一座更高的山。

其實，人要有所得必要有所失，只有學會放棄，才有可能登上人生的極致高峰。

在電影《臥虎藏龍》中有這樣的一個場景：男女主角坐在一個涼亭之中，背景是一片翠綠的竹林，涼風徐徐的吹來，一番與世無爭的怡然自得。之中有一句對白是這樣說：「我的師父常說，把手握緊裡面什麼也沒有，把手放開，你得到的是一切！」

生活並不是一帆風順的，很多時候我們需要學會放手，放手不代表對生活的失職，它也是人生中的契機。只是學會放手要比學會緊握更難得，因為那需要更多的勇氣。

總體來說，放棄是一種睿智，是一種豁達；放棄是金，是一門學問；放棄是對美好事物發展的又一個開始，是新的起點，是錯誤的終結。它不盲目，不狹隘。放棄，對心境是一種寬鬆，對心靈是一種滋潤，它驅散了烏雲，它清掃了心房。有了它，人生才能有爽朗坦然的心境；有了它，生活才會陽光燦爛。所以，朋友們，把包袱卸下，放開你心裡的風箏線，不要讓風箏把心帶走，讓你的心和風箏一樣自由的翱翔！別忘了，在生活中還有一種智慧叫「放棄」！

看淡得失，減少痛苦

人生在世，有得必有失，這是人所共知的道理。可有些人總想不通這一點，凡是涉及個人得失，總少不了要去爭，要去鬥，而且要從爭鬥中得到更多。殊不知這種做法，會給人帶來莫名其妙的煩惱，難以言狀的痛苦，排解不掉的憂愁。

其實，一個擁有健康心態的人，會明白這樣的道理：生活中所擁有的，要珍惜，要知足；失去的東西，不要耿耿於懷，老是放不下；對於那些不該得到的東西，切勿不擇手段，一味奢求。對得失，尤其對功名利祿方面的得失，應該淡泊一些，豁達一些，千萬不可太介意、太看重。

「塞翁失馬」的故事我們幾乎都聽過，這個叫塞翁的人，將這層道理看得很深，悟得很透。

從前，在長城外面的地方，住著一個老頭，他有個酷愛騎馬的兒子。一天，他家的一匹馬逃到了塞外的大草原上。這時，鄉親們都替他惋惜，怕他受不了，都過來好言相勸：「你遺失一匹駿馬，這真是個大損失。但你千萬要想開點，保重身體要緊。」這時，老頭卻非常平靜的說：「不要緊的，遺失好馬雖然是一大損失，但說不定這會成為一件好事呢？」

真是「老馬識途」，沒過幾天，那匹馬奇蹟般的跑回來了，並且還帶來一匹北方少數民族的良馬。眾鄉親聞訊，紛紛前來道喜。這時，老頭又意味深長的說：「誰知道這不會變成一件壞事呢？」家裡又多了一匹良馬，老頭的兒子高興極了，天天騎馬出去玩。有一天，他騎得太快，不小心從馬背上掉下來，把大腿骨摔斷了。這時左鄰右舍又來探望他、安慰他。這時站在一旁的老頭慢條斯理的說：「誰知道這不會成為一件好事呢？」眾人聽了都不明白這句話是什麼意思。

一年後，北方的部落大舉入侵塞內，青年男子都被抓去當兵，這些被抓的人十個有九個死於戰場。而這個老頭的兒子卻因為跛腳未上前線，保全了一條性命。

從上面例子可以看出，得與失本就是一體兩面，如影隨形。「失」對每個人來說，都是一個非常痛苦的過程，因為要做出犧牲，而且「失」意味著永遠不再擁有，然而，把握住「得」與「失」的藝術與分寸對人們來說卻是至關重要的。如果不想「失」，想擁有一切，那麼你將一無所有，這就是生命的無奈之處。

生活給予我們每個人的都是一座豐富的寶庫，但你必須懂得正確把握住「得」與「失」的分寸和藝術，選擇適合你自己應該擁有的，否則，生命將難以承受！

一個決定可以改變一個人的命運，這個決定是對是錯，恐怕要用一生做賭注。實際上，有未必真得，無未必真失，有無隨緣、得失在心，人生的遭遇不可用「得失」二字草草定論。

當你想通這個道理，那麼對於名利問題上的得失，就大可不必斤斤計較了。看破了得與失相互轉化的關係，你就會覺得得到了固然好，失去了也無所謂。

這樣，自然會活得自在，活得安然，活得快樂，明智的生活態度正在於此。這就是人們常說的，「患得患失常戚戚，超然物外天地寬。」

西方哲學家、美學家尼采曾指出，「不患得患失是活得久、過得好的藝術」。在患得患失中度過一生的人，他的生活無時無刻都充滿憂慮，生命也因此衰老得更快；而不患得患失的人，他的生活時時刻刻充滿樂趣，因而他的生命力也強。所以，就讓活得長久、過得快樂的藝術成為每個人的座右銘吧！它可以使人生充滿快樂，可以讓你的心靈淨化，感受生活的美妙！

放棄是一種自由和覺悟

如果說，人生就如一份試卷，它有大量的選擇題，但不可不選，並且還不以分數計算。有時，A或B你都不想放棄，但它是一道單選題，它告訴你：你必須學會放棄。放棄一個選項，並不是放棄一個選題，更不是放棄整張試卷。所以，你不需要害怕放棄，要試著去學會放棄。因為，放棄不一定就是捨棄，而是默默的體驗、感悟、儲蓄、營造和追求。

智者曰：「兩弊相衡取其輕，兩利相權取其重。」趨吉避凶，這是放棄的實質。泰戈爾也說：「當鳥翼繫上黃金時，就飛不遠了。」放棄是一種更好的擁有；放棄是一種超脫；放棄是一種氣度；放棄是一種人格的昇華；放棄是一種人生的更高境界。

生活在五彩繽紛、充滿誘惑的世界上，每一個心智正常的人，都會有很多的理想、憧憬和追求。若把這些東西丟掉了，人生就會變得輕飄，沒有任何意義，可如果把所有的這些都背著，那麼最終有可能會累死在路上。這就要我們學會人生的另一課——放棄。

有一個老人在高速行駛的火車上不小心把新買的一隻鞋掉到了窗外。在周圍人的惋惜聲中，老人卻做了一個讓很多人都意想不到的舉動，他把另一隻鞋也從窗口扔了出去。面對眾人的疑惑老人說道：「這一隻鞋無論多麼昂貴，對我而言都沒有用了，如果有誰撿到一雙鞋，說不定他還能穿呢！」

是啊，很多人都知道拿在手裡的這一隻鞋對自己已失去意義，有的也僅是額外的負擔，可是真正能做到放棄的人又能有幾個呢？

有些人只知一門心思的升官發財，從不知停手，也不想停手。他們的貪欲很大，永不滿足，所以錯過了人生的幸福與快樂。像《紅樓夢》中的「好了歌」唱的那樣：「世人都曉神仙好，只有金銀忘不了，終朝只恨聚無多，及到多時眼閉了。」生命對我們來說只有一次，我們不能讓太多無關的人、事、功名來消耗我們的光陰和智慧；當然也不可能每個人都做到名利雙收事事如意；更不可能和那些消耗我們的人事來打持久戰，這就要我們學會放棄。

學會放棄，是放棄那種不切實際的幻想和難以實現的目標，而不是放棄為之奮鬥的過程和努力；是放棄那種毫無意義的拚爭和沒有價值的索取，而不是喪失奮鬥的動力和生命的活力；是放棄那種金錢地位的搏殺和奢侈生活的創造，而不是失去對美好生活的嚮往和追求。

也許放棄的當時是痛苦的，甚至是無奈的。但是，若干年後，當我們回首那段往事的時候，我們也許會為自己當時正確的選擇感到自豪，因為正是當年的放棄才成就了今天的輝煌和成功。

其實，生活就是這樣，並不需要太多的執著，沒有什麼是不能割捨的，也沒有什麼是可以永遠擁有的，有的只是我們心裡的一種認知。都說人生太苦，那是因為我們都把自己的人生複雜化了，但是只要我們願意，人生也可以很簡單，有時簡單到只有取得和放棄。當你放棄苦苦追求的權利隨遇而安時，得到的會是寧靜和淡泊；當你放棄對金錢無止境的掠奪時，得到的會是心安和快樂；當你放棄身邊如雲的美女時，得到的是家庭的溫馨和美滿……很多時候放棄是一種終結，但也是一種新的契機。可是人的天性是習慣於得到，而不習慣於失去。我們比較容易把得到的看作是應該的，而把失去的看作是不應該的、不正常的，這是一種錯誤的心理。

吳階平教授在談及精神養生時介紹的一條主要經驗就是「不把悲傷的事放在心上」。他認為「人生不如意的事十之八九，總要想得開，以理智克制感情」。著名學者季羨林的養生經驗是奉行「三不主義」，其中有一條就是「不計較」。這都展現了「放得下」的心態。

如果能對憂愁放得下，那就可稱是幸福的「放」，因為沒有憂愁確是一種幸福。

有一個人小時候因為發高燒救治不及時，導致雙眼視力急劇下降，到現在幾乎看不見東西了，但他是一個快樂的人，很少把這當成一個包袱。他從一所高中學校畢業後來到一家機械廠醫院工作，一段時間後，不滿足現狀的他又隻身來到一家按摩店工作。今年春節，他給朋友打電話拜年。朋友對他說，人們正過著一個白色的春節，大雪使這個春節更美麗了。他說：「這裡天氣很好，溫暖的陽光照在身上暖融融的……」掛掉電話，想像著他非常快樂的在這裡「闖天下」，朋友心中頓生羨慕，感受到了他身上的陽光味道。他充滿了快樂，人生也沒有絲毫欠缺。只要走出陰影的圈子，其實生活還是很美麗，你的天空不是灰色的，而是藍色的。

放棄是一種心態、一門學問、一套智慧，是生活與人生處處需要面對的關口。昨天的放棄決定今天的選擇，明天的生活取決於今天的選擇。人生如演戲，每個人都是自己的導演。只有學會選擇和懂得放棄的人，才能贏得精彩的生活，擁有海闊天空的人生境界。

放棄，對於心境是一種寬鬆，對心靈是一種滋養，它可以驅散烏雲清掃心房。有所放棄，人生才能有爽朗坦然的心境；有所放棄，生活才會陽光燦爛。所以，朋友們，別忘了，放棄也是一種智慧。

拿得起還要放得下

拿起容易放下難，這是人的一種本性。而成功的人之所以能夠成功，就是因為他們戰勝了人的這種本性，做到了勇於拿起，也懂得放下的境界。有了這種淡定的心態，成功也就不再是那麼遙不可及的事情。

「放得下」就是遇到「千斤重擔壓心頭」時能把心理上的重壓卸掉，使之輕鬆的過活。生活中不順心的事十有八九，要做到事事順心，就要拿得起放得下，不愉快的事讓它過去，不要放在心上。其實，放得下不僅是一種覺悟，更是一種解脫。

佛家的智慧告訴我們：捨得，捨得，有捨才有得。心地善良、胸襟開闊等良好的品性，才是健康長壽之本。有捨有得才能讓我們的生活處在一種輕鬆愜意的狀態下。貪圖小便宜，什麼事情都放不下，終究是要吃大虧的。

「做人要拿得起放得下」，可以看作是一個人立身於世所必備的基本能力和素養，也可以看成是關鍵時刻所表現出來的個性與態度。它大到可以決定一個人命運的策略舉措，小到關乎一個人日常生活的每一個細節。它既包括獲取物質財富的絕妙策略，也包括對自我精神的完美塑造。可以說無數成功人士都是精於做人之道的高手，他們紛紛將成就歸功於做人拿得起放得下的策略。沒有捨，就不會有得，這是他們獲得成功的最重要的經驗。從下面的這個故事中，我們可以看到捨得的重要性。

季羨林在中年的時候曾一度想過要自殺。那時候面對沉重的生活壓力，一時想不開，就為自己制定了自殺的計畫，他在衣袋裡裝滿了安眠藥，把僅有的一點錢交給了妻子和嬸嬸，希望她們能夠繼續活下去。當他將一切都準備妥當準備出門時，發生了一次事件，這卻救了他一命，使他與死亡擦肩而過，從此他再也沒有想到過自殺。他說：「我知道死前的感覺如何，我覺得沒有什麼了不起。因此，從那以後，我認為，死並不可怕，而我能活到今天，多活的這幾十年都是白撿的，多活一天，就是白撿一天。」這次經歷對他來說是因禍得福，他因此想通了許多事情，人生中還有許多事情等著他去做。這個時期，也正是他一生寫作、翻譯的高潮期。

直到後來，季老的名譽和地位得以恢復後，他身兼數職，待遇也逐漸得到好轉，對於以前經歷的痛苦，他都不過度在意，而是將心思更多的放在了研究學問上。他說自己以前因為內心充滿痛苦，所以浪費了太多時間，剩下的日子裡，要更加努力的工作才行。對於那些曾經欺辱和折磨過自己的人他也並沒有去打擊和報復。他說：「如果我真想報復的話，我會有一千種手段，得心應手，不費吹灰之力。可是我沒有這樣做。」

「我有愛、有恨、會妒忌、想報復，我的寬容心腸不比任何人高。可是，一動報復之念，我立即想到——要打人者和被打者，同是被害者，只是所處的地位不同而已。就由於這些想法，我才沒有進行報復。」他在這件事上想得透澈，也想得開，不在已經過去的事情上過多糾纏，他放下仇恨，給對方以寬容和理解，同時也使自己盡快的走出了陰霾，真正做到了「一笑泯恩仇」。

季老九十五歲時在接受記者採訪時，面對記者的詢問，他道出了人生的真諦：「人活著最重要的是想得開，內心要和諧」。

人生中總會有痛苦和不如意的時候，關鍵在於你是願做一杯水，還是一片湖。心靈的承載力有多大，世界就有多大。佛家常常告誡人們要學會「放下」，也就是要放下是非心、執著心和得失心。如果放不下，就會背上沉重的思想包袱，陷入是非、執著和名利得失之中而無法超脫。人心就那麼大，陷入其中就無法去關注其他，人生也就被束縛在對外物的患得患失之中。反之，放下就意味著心靈的超脫和自我救贖。

鄭鈞出生在一個知識分子家庭中，在他七歲時，父親因病辭世。幼年喪父，這是鄭鈞人生道路上遇到的第一次重大打擊。他的獨立生活能力與堅毅的個性，也就從這時開始形成。

鄭鈞考入電子工業學院後，就讀於工業專業。因為專業原因，使他有機會接觸大量的外來文化，其中讓他感受最深的就是音樂。他與音樂的「緣」就是從這時建立的。在校期間，他聽到了許多六一九七〇年代優秀的流行音樂和搖滾音樂，一些傑出的歌手、樂隊及其作品使他深為迷戀。

他用節省下來的錢買了一把木吉他，在沒有任何音樂基礎的前提下，開始如醉如痴、不知疲倦的練習。此時的他已深深愛上了音樂。

這時擺在他面前的是兩條路。一條是學好專業，將來做個出色的商人；一條是發展自己的愛好。當然這兩者無法兼得，選擇一條，就必將犧牲另一條。經過痛苦的思索，鄭鈞以犧牲專業為代價，毅然決然的離開了學校，全身心的投入到音樂練習當中。

這在當時絕對是一個大膽的行為。然而，隨之而來的兩年的冷落讓他飽嘗了絕望。冰冷的現實令他難以平靜的面對，於是他躲進了音樂的世界裡苦苦的追尋。

憑著一份堅韌和執著，鄭鈞終於等到了機會。他結識了著名音樂郭經紀人。那是一次非常偶然且戲劇性的相識，郭經紀人聽完鄭鈞的歌曲小樣後對他大加讚賞。郭經紀人當即把他推薦給唱片公司，唱片公司以敏銳的洞察力看出了鄭鈞的潛力，並鼓勵他繼續從事音樂創作。而唱片公司所表現出的對音樂人才的誠意與高水準的製作水準也吸引了這位熱愛音樂的年輕人，以致於鄭鈞決定放棄出國的打算。一九九二年七月，鄭鈞與唱片公司簽約，成為了一名職業創作歌手。

成功後的鄭鈞在音樂的殿堂裡，猶如一個朝聖的信徒，依然孜孜不倦的求索、奮進。而他今天的成就正是由於當時作出的正確選擇。

「拿得起放得下」蘊含千般哲理，運用得好，就會使複雜的生活回歸簡單，紛亂的思緒回歸明晰，浮躁的心境回歸淡然。

「拿得起放得下」作為生存之態，是化繁後的睿智，是畫龍後的點睛，是深刻後的平和。美國作家梭羅說：「一個人越是有很多事能夠放得下，他就越富有。」是啊！「拿得起」常被人稱道，「放得下」則更令人讚歎。

第3章　有一種淡然叫低調

淡定的人，不刻意爭強好勝，不刻意引人注目，懂得謙虛忍讓，淡泊名利，但這並不代表著要知道的裝作不知道，吃了虧也不吭一聲，不主動爭取機會。淡定的人懂得把握分寸，凡事把握恰當的尺度。

糊塗一下也無妨

自清朝文壇奇人鄭板橋寫下「難得糊塗」這一千古不朽的四字之後，「難得糊塗」便成了許多人的人生箴言、座右銘和行動指南。

歷史發展到今天，呈現出紛繁複雜、變幻萬千的萬花筒般的景象，在這光怪陸離的大千世界裡，很多人處在事業未竟的悲哀、愛情失敗的痛苦、人際關係複雜的苦惱與管理頭緒的混亂之中。世界雖未走到盡頭，但失望、沮喪的情緒卻籠罩在這個紛亂的世界中，於是乎，「難得糊塗」的書法作品四海氾濫，糊塗的學問五州尊奉。然而對於糊塗學這一古老命題的闡釋，正可謂「百家爭鳴、各有千秋。」

其實，糊塗學並非神祕而又高深莫測的學問，可以說，它是人生當中隨處可見的學問，回望古人所創造的燦爛的傳統文化，他們早已為我們解決了這個困惑，並提供了各有側重而又相互貫通的答案。

儒家說：「限我」是糊塗。

道家說：「無我」是糊塗。

佛家說：「忘我」是糊塗。

兵家說：「勝我」是糊塗。

每個人對於糊塗，都有不同的理解，所以每個人也會悟到不同的真諦。

糊塗是大智若愚、寬懷忍讓；是大勇若怯，以柔克剛；是處事不悖，達觀權變；是外亂內整，內精外純；是有所不為，而後有為；是寵辱不驚，是非心外；是得意淡然，失意泰然；是寬容忍讓，不計前嫌；是不為物喜，不為己悲；是樂天知命，順應自然；是淡泊名利，知足常樂；是與世無爭，寧靜致遠；是居安思危，未雨綢繆；是保靜養神，清心寡欲；是沉默是金，寡言鮮過；是謗我容之，侮我化之……

難得糊塗，人才會清醒，才會清靜，才會有大氣度，才會有寬容之心。說到這裡，你總明白了吧？我們說的「難得糊塗」就是不糊塗。所以，「難得糊塗」也是低調做人的一種智慧。

一天，某個寺廟中的師徒二人一起出遊，來到一個地方，二人感覺腹中飢餓，師傅就對徒弟說：「前面有一家飯館，你去化緣點飯來。」徒弟領命，隻身來到餐館，說明了來意。那飯館的主人說：「要飯吃可以啊，不過我有個要求。」徒弟問道：「什麼要求？」主人回答：「我寫一字，你若認識，我就請你們師徒吃飯，若不認識，亂棍打出。」

聽到主人這麼說，徒弟微微一笑：「主人家，恕我不才，可是我也跟師父多年，莫說一字，就是一篇文章又有何難？」主人冷笑了一聲，說：「先別誇口，認完再說。」說罷拿筆寫了一「真」字。

看完這個字，徒弟哈哈大笑：「主人家，你也太欺我無能了。我以為是什麼難認之字，此字我五歲就識。」主人微笑問：「此為何字？」徒弟回答說：「不就是認真的『真』字嘛。」店家冷笑一聲：「哼，無知之徒竟敢冒充大師門生。來人，亂棍打出！」

帶著一肚子抱怨，徒弟回來見了師父，講了經過後，說：「這人蠻不講理，好歹我跟師父練過這麼多年拳法，等下我就把他們的店拆了！」

師父聽罷，說：「不必這麼急躁，為師親自去一趟。」說完來到店前，說明來意。那店家一樣寫下「真」字。大師答曰：「此字念『直八』。」那店家笑到：「果是大師來到，請！」就這樣師徒二人吃完喝完沒付一分錢便離開了飯館。

離去後，徒弟非常不解，問道：「師父，你不是教我們那字念『真』嗎？什麼時候變『直八』了？」大師微微一笑：「有時候，有的事情的確認不得『真』啊！你看，我們裝裝糊塗，事情不就這麼過去了嗎？」

如果師父同意徒弟的請求，讓他與餐館「龍虎鬥」，那麼勢必會造成兩敗俱傷的局面。但是師父選擇了「裝糊塗」，選擇了寬容，這就讓事情順利得到解決。所以，蒙上自己報復的雙眼，低調一點，寬容他人的無禮，不與對方鬥氣，總有一天他們會為自己的「無禮之舉」無地自容，進而會以有禮的態度來面對你。

糊塗是一種淡定的心態，一種做人的智慧。世上許多事，沒有必要搞得那麼清楚，得過且過，偶爾糊塗一次又有什麼大礙呢？

世事風雲變幻莫測，該聰明時得聰明，該糊塗時得糊塗。該聰明時犯糊塗，就會失去機遇；該糊塗時卻聰明，就會引火焚身。做人者，聰明不如糊塗，守拙若愚，看似很木訥，實則勝過所有的聰明之舉。

然而讓精明的人糊塗，可不是一件容易的事情，除非他經歷了很多人和事，受過很多的挫折和磨難，否則他是不會糊塗的。鄭板橋不是已經說過了嗎？聰明難，糊塗難，由聰明而轉入糊塗更難。也只有進到這一境界，才能明白人生是怎麼一回事。

人生是個萬花筒，人們在變幻之中要用足夠的聰明智慧來權衡利弊，以防莫測。孔子認為，知者樂山，仁者樂水；知者動，仁者靜。動為聰明後的行為，靜為糊塗時的沉著。所以，人有時候不如以靜觀動，守拙若愚，這種做人的手段其實比聰明還要勝出一籌。

戒驕戒躁，不要逞英雄

所謂浮躁，就是心浮氣躁。可以說，浮躁是成功、幸福和快樂最大的敵人。但是，浮躁卻越來越成為社會的主流情緒。尤其是現在的一些年輕人，看到別人「發達」、「瀟灑」就坐不住了，渴望「一夜致富」、「一舉成名」，不能腳踏實地，耐住性子的想問題。往往在物質和精神都毫無準備的情況下披掛上陣，輕狂浮誇，好大喜功，情緒煩躁，手忙腳亂，倉促從事，草草收場。

正因為如此，有人說，浮躁是一種虛妄性、情緒性、盲動性相交織的情緒狀態，是一種病態的社會心理。它使人失去對自我的準確定位，任意妄為，行動盲目，其結果往往事與願違，乃至違法犯罪，害人害己。因此，古人對這點很注意，不論任何好事，都要守住自己的本分，知退讓之機，絕對不可以功高蓋主，否則輕則招致他人怨恨，重則惹來殺身之禍。自古以來，只有那些與人分享榮譽者甚至是把榮譽讓給別人的人，才會有一個好的結局。事實證明，只有像張良那樣功成身退，善於明哲保身的人才能防患於未然。同樣，對那些可能玷污行為和名譽的事，不應該全部推卸給別人，主動承擔一些過錯，引咎自責，只有具備這樣涵養德行的人才算是完善而清高的人。

漢時代晁錯自認為其才智超過文帝，更是遠遠在朝廷諸大臣之上，暗示自己是五伯時期的佐命大臣，想讓文帝把處理國家大事的權力全部委託給自己。這正是功高震主的表現。唐宣宗初即位，看到功高權重的李德裕，心裡忌憚，很不平衡，以至頭髮都被汗水浸透了，這與漢大將軍霍光為漢宣帝護衛車乘，而宣帝嚴憚心畏，像有芒刺在背有什麼區別？功勞高了，人主震懾，這樣的功臣當然會有自我矜傲的表現。

韓信可謂功高蓋世，但因為其聲名顯赫位高震主，最終也下場可悲。秦末韓信從項梁、項羽起義，為郎中。其獻策屢不被採用，投奔劉邦，被蕭何薦為大將。楚漢戰爭時期明修棧道，暗渡陳倉，出奇兵占領關中。後來，劉邦與項羽相持於滎陽、成皋間，他被委為左丞相，領兵破魏、代，平定趙、齊，被封為齊王。後與劉邦會於垓下，擊滅項羽。漢朝建立，改封楚王。因受人誣告謀反，降為淮陰侯。陳稀叛亂時，有人告韓信與其同謀，欲起兵長安，被呂后誘殺未央宮。

避免功高震主就要知進退之勢，要知進退以下幾條必須牢記在心：

一要守法。從歷史上看，循吏最易保全。《史記・循吏列傳》中，司馬遷所說的循吏，就是遵循法規，忠實執行命令，能知時務識大體的臣子。

後人以為只有慈愛仁惠、和善愉快，以仁義為準則的官吏，才稱得上「循吏」，那就大錯特錯了，首先應該是遵守法令，嚴格的約束自己，這才是循吏的作為。

二不參與。即不把自己的私利參與在自己所執掌的權力中去加以實現。《論語》中有「巍巍乎，舜禹之有天下也，而不與焉。」即舜和禹真是很崇高啊，貴為天子，富有四海，但一點也不為自己。把自己的私利參與在政事之中是很不廉潔的舉動，似乎可得一時之利，但最終為人們所厭惡，他的功勞再多、苦勞再大也終會抵消。

三不長久。古人說：「日慎一日，而恐其不終。」身居高位一天應比一天更謹慎，如同行走在危險的高崖之上，即使自己注意了，但能得到善終的人也太少了。所以，位置越高，權力越大，懷疑猜忌的人也越多，不可不防，不可不早做撤退的打算。

四不勝任。古人說：「懍乎若朽索之馭六馬，栗栗危懼，若將殞於深淵。」即身居高位所面臨的危險驚心動魄得就像以腐朽的韁繩駕馭著六匹烈馬，萬分危懼，所以千萬不要居功自傲，要時時謙讓，功成身退，可善始善終。

五不重兵。在古代，功高的臣子如果能夠主動交出兵權，那麼對君主的威脅也就減少了，所以「不重兵」，就是自我裁軍，以求自保的意思。

六多請教。古人說，三人行必有我師。作為你的上司，他必然有其獨到之處，所以在做事之前一定要主動向你的上司請教，探聽他的意見，這樣在做事時就有所憑藉。

這一套法則不僅適用於古代封建官場，也適用於我們的工作當中，尤其是在與主管的交涉衝突中，懂得進退才會求得發展。

保持謙恭態度，才能守住輝煌

不管是什麼人，也不管在什麼情況下，都要學會放下自己的身價，嚴格要求自己，在做事上向高標準看齊，在欲望上則低調處理，前者表現精明些，後者表現糊塗點，方為大智之人。

張廷玉是清朝有名的重臣，雍正初晉大學士，後兼任軍機大臣。張廷玉雖身居高官，卻從不為子女們謀求私利。他秉承其父張英的教誨，要求子女們以「知足為誡」，其代子謙讓一事即為突出的例子。

張廷玉的長子張若靄在經過鄉試、會試之後，於雍正十一年三月參加了殿試。諸大臣閱卷後，將密封的試卷進呈雍正帝親覽定奪——雍正帝在閱至第五本時，立即被那端正的字體所吸引，再看策內論「公忠體國」一條，有「善則相勸，過則相規，無詐無虞，必誠必信，則同官一體也，內外亦一體也」數語，更使他精神為之一振。雍正帝認為此論言辭懇切，「頗得古大臣之風」，遂將此考生拔置一甲三名，即探花。後來拆開卷子，方知此人即大學士張廷玉之子張若靄。雍正帝十分欣慰，他說：「大臣子弟能知忠君愛國之心，異日必能為國家抒誠宣力。大學士張廷玉立朝數十年，清忠和厚，始終不渝。張廷玉朝夕在朕左右，勤勞翊贊，時時以堯舜期朕，朕亦以皋、夔期之。張若靄察承家教，兼之世德所鐘，故能若此。」並指出，此事「非獨家瑞，亦國之慶也」。為了讓張廷玉盡快得到這個喜訊，雍正帝立即派人告知了張廷玉。

自從科舉制度興起之後，金榜題名便成了讀書應試者的奮鬥目標。按照常理，得到兒子考中一甲的喜訊，作為父親沒有不為之高興的。然而，張廷玉卻不然，他想到的是自己的兒子還年輕，一舉成名並非好事，應該讓兒子繼續努力奮進。於是，他沒有將喜訊通知家人，而是做了另一種安排。

張廷玉要求面見雍正帝。獲准進殿後，他懇切的向雍正帝表示，自己身為朝廷大臣，兒子又登一甲三名，實有不妥。沒容張廷玉多講，雍正帝即說：「朕實出至公，非以大臣之子而有意甄拔。」張廷玉聽罷，再三懇辭，他說：「天下人才眾多，三年大比，莫不望為鼎甲。臣蒙恩現居官府，而犬子張若靄登一甲三名，占寒士之先，於心實有不安，倘蒙皇恩，名列二甲，已為榮幸。」按照清代的科舉制度，殿試後按三甲取士，一甲只三人，即狀元、榜眼、探花，稱進士及第；二甲若干人，稱進士出身；三甲若干人，稱同進士出身。凡選中一、二、三甲者，可統稱為進士，但是一、二、三甲的待遇是不同的。一甲三人可立即授官，成為翰林院的修撰或編修，這是將來高升的重要臺階；而二、三甲則需選庶起士，數年後方能授官。也有二、三甲立即授官者，但只是做州縣等官。張廷玉深知一、二甲的這些差別，但是為了給兒子留個上進的機會，他還是提出了改為二甲的要求。雍正帝以為張廷玉只是一般的謙讓，便對他說：「伊家忠盡積德，有此佳子弟，中一鼎甲，亦人所共服，何必遜讓？」張廷玉見雍正帝沒有接受自己的意見，於是跪在皇帝面前，再次懇求：「皇上至公，以臣子一日之長，蒙拔鼎甲。但臣家已備沐恩榮，臣願讓與天下寒士，求皇上憐臣愚忠。若君恩祖德，佑庇臣子，留其福分，以為將來上進之階，更為美事。」張廷玉「陳奏之時，情詞懇至」，雍正帝「不得不勉從其請」，將張若靄改為二甲一名。不久，在張榜的同時，雍正帝為此事特頒諭旨，表彰張廷玉代子謙讓的美德，並讓普天下之士子共知之。

低調做人的心態，就是不把自己看得太高、太有本事、太有能力，這是一種謙遜之德，平易之美，這樣的人無論走到哪裡都會受歡迎。

謙虛是成功的要素，謙遜與內心的平靜是緊密相連的。內心的平靜是做人的一種高度的智慧。我們越不在眾人面前顯示自己，就越容易獲得內心的寧靜。這樣，就容易引起別人的認同，得到別人的支持。

真正有雄心壯志的人是絕不會濫用優點和榮譽的，他不會等待著去享受榮譽，而是繼續努力去做那些需要做的事。正如俄國科學家巴夫洛夫所諄諄告誡的：「絕不要陷於驕傲。因為一驕傲，你就會在應該同意的場合固執起來；因為一驕傲，你就會拒絕別人的忠告和友誼的幫助；因為一驕傲，你就會喪失客觀方面的準繩。」

況且，讓事情更糟的是，你越在得意時誇耀自己，別人越會迴避你，越在背後談論你的自誇，甚至可能因此而怨恨你。同時，驕傲的人必然妒忌，他喜歡那些依附他的人或諂媚他的人，對於那些以德性受人稱讚的人會心懷嫉恨，結果，他就會失去內心的寧靜，以至於由一個愚人變成一個狂人。

然而，具有諷刺意味的是，與此情況剛好相反，你越少刻意尋求贊同、越少刻意炫耀自己，你越會獲得更多的贊同和欣賞。要知道，在日常生活中，人們更留心那些內向、自信、不隨時隨地表現自己的正確與成績的人。大部分人都喜歡那些不自誇的而又謙遜的人，他們總把自己藏在內心，而不是表現為自我主義。

當然，真正學會謙遜是需要實踐的。這是件很美的事，因為你在平靜輕鬆的感覺中會立即獲得內心的充實。如果你的確有機會自誇，那麼，嘗試著去盡力抑制這一欲望吧，那將使你受益無窮。

低調是一種超然的淡定

喜歡玩鬥地主遊戲的人都知道，在遊戲中並不是任何人都可以當地主的。一種情況是：如果你手中的牌，沒有炸彈，大牌很少，也沒有大王，在這種情況之下，是萬萬不能做地主的。另一種情況是：雖然你抓到了一副好牌，但是，如果你是新手，或者牌技有限。在這種情況之下，仍然是不能做地主的。

為什麼這麼說呢？有一句俗話說「棒打出頭鳥」，在一場牌局中，一旦你當上了地主，那麼其他兩個人就會聯合起來攻擊你，此刻，如果你沒有嫻熟的牌技和良好的牌運，那麼悲劇可能就會在你身上上演。

其實，這也正如生活中的我們，在生活、工作、學習中，我們或多或少的都會嘗到「棒打出頭鳥」的滋味，恐怕很多人還是受害者。比如：在工作中，由於你的突出表現，業績穩步提升，得到上司的表揚，這對你來說本是一件很好的事情，但往往事與願違，有些同事看到你受到表揚，往往會想盡辦法來攻擊你，搞得你再也不願出頭。

這又是什麼原因？就是因為人的嫉妒心理。縱觀人類的發展，我們可以看出嫉妒是人的本性，因為生活中，能夠接受別人比自己強的人並不多，所以那些突出的人物往往因為出眾，常常受到人們的攻擊和暗算，自然，他們所經歷的坎坷要比低調之人多很多。這就告誡我們，如果你沒有一定的心計和能力，那麼，就請你低調點，別做出頭鳥，別做地主式的人物！吳王箭射靈猴的故事留給人們的啟迪正在於此。

吳王乘船在長江中遊玩，登上獼猴山。原來聚在一起戲耍的獼猴，看到吳王帶領一群人上來了，立即四散而逃，躲了起來。

但有一隻獼猴卻沒有像其餘獼猴那樣躲起來，而是在地上得意的戲耍，在樹上攀援騰盪。吳王看這獼猴如此逞能，很不舒服，就用箭射牠，但那獼猴看著箭射過來，卻十分敏捷的接住了。看到自己在眾人面前丟臉，吳王十分生氣，於是，命令身邊的人一起射箭，一定要把那隻狂傲的獼猴射中。結果，瞬間萬箭齊發，獼猴無處躲藏，最後被射死了。

吳王看到獼猴已死，於是對他身邊的人說，這獼猴誇耀自己的聰明，認為自己身手敏捷，傲視本王，結果命喪黃泉。你們千萬不要重蹈牠的覆轍，不要用你們的姿態聲色傲人傲世！

因此，在做事時，我們要謹記：不要總是把自己看得不可一世，還是收斂起你的鋒芒，低調做人，只有懂得低調的人，才能在社會的舞臺上演好每一個角色，在人生的旅程中走好每一段路。

老子認為，「兵強則滅，木強則折」、「強梁者不得其死」。老子這種與世無爭的謀略思想，深刻展現了低調做人的智慧。低調做人，不但能避其鋒芒，脫離困境，而且還可以讓人另闢蹊徑，重新占據主動。

有這樣一副對聯，可以說是道出了低調做人的真諦。上聯是：做雜事兼雜學當雜家雜七雜八尤有趣，下聯是：先爬行後爬坡再爬山爬來爬去終登頂，橫批是：低調做人。

胡慶宇從一流大學畢業，來到了一家大型企業工作。在這個公司中，胡慶宇主要負責業務管理，可謂輕鬆自在，每天只要把財務報表製作完成即可。

可是，胡慶宇對這種工作並沒有感到特別的興奮。他以為，自己從大學的經營管理學系畢業，怎麼可以做這個？最起碼，自己也應當是總裁助理吧？於是乎，他每天都在抱怨，抱怨上級的不識才，抱怨自己的懷才不遇。

有一天，胡慶宇實在無法忍耐了，一個人來到曾經的大學，請教當年的主任。當他說出了自己的煩悶後，主任笑著問他：「小宇，你看我怎麼樣呢？」

胡慶宇一愣，說：「主任，你當然很厲害了，這有什麼疑問呢？」

主任說：「其實，我剛剛到這所學校時，根本不是現在這個樣子。那時的我，只是一個輔導員罷了。你在大學四年，知道輔導員是做什麼的，那只不過是調節學生矛盾，像教學之類的事情，根本輪不到我。」

胡慶宇驚異的說：「可是，可是……」

主任揮了揮手，打斷了他的疑問：「後來，輔導員的工作，我一連做了三年。三年後，廣告專業的藝術設計沒有老師，我就頂了上去。在這個職位上，我又做了三年。最後，我才升為如今的系主任。小宇，你明白麼，只要你能順其自然，放對自己的位置，不奢望那麼多，你總會獲得成功的。」

主任的話，讓胡慶宇思索了很久。從此以後，他不再抱怨工作的低級，而是沉下心來，逐漸將事情做好。就這樣過了三年，他成了部門主管。

古人云：「木秀於林，風必摧之，堆出於岸，流必湍之，行高於人，眾必非之。」即便你很優秀，但你不可能獨立的生活在世界上。一個人要想很好的生存，就不可清高自傲，而應虛懷若谷，團結同事，用自己的行動，帶動大家共同發揮能動性和創造性。這樣，你才能在社會上有一席之地。所以說，物競天擇，適者生存，低調做人，才能取得想要的成績。

當然，在一些人的眼中，會認為低調做人是一種精神頹廢，沒有理想，沒有追求的表現，其實並不是這樣。《生存智慧的詩意拷問》的作者李正兵說：「低調不是精神頹廢，頹廢的人沒有追求和理想，面對生活的不幸缺乏必要的意志來改變自己的命運。而在低調者看來，苦難與不幸只是生命航程中必不可少的風景，人的命運掌握在自己的手中，腳踏實地的追求，必將引渡自己抵達圓滿的彼岸。低調的人也不缺乏自信，只是因為他們對自己有一個清醒的認識，不願為時太早輕易下結論，不願對事情的發展進行盲目樂觀的估測。」

所以，在現實生活中，一個人不要怕被別人看低，怕的恰恰是人家把你看高了。被人看低了，你可以尋找機會全面的展現自己的才華，讓別人在你的成功中一次又一次的對你刮目相看。可若被人看高了，剛開始人們也許會覺得你很了不起，因而對你寄予了種種厚望，可如果你隨後的表現讓人一再失望，其結果自然越會被人看不起。所以說，低調做人，不失為自我表現的一種淡定，一種藝術。

懂得彎腰是一種淡定

人們常說「後生可畏」。這句話有著年輕人前途無量和不可輕易得罪的兩層含義，所以在為人處世時，人們都習慣於首先衡量對方的實力和潛力，來確定與之交往的行為界限和方式。但也有一些不聰明的人常常無視別人的實力和未來的發展，很不明智的用惡意的言行來對待別人，這樣的人既不為別人的未來考慮，也不為自己的將來考慮，最後難免發出「早知今日，何必當初」的悔歎。

「水往低處流，人往高處走。」當一個人實力微弱、處境困難的時候，往往是最容易受到打擊和欺侮的時候。在這種情況下，人們的抗爭力最差，如果能避開大劫就算很幸運了。假如此時面對他人過度的「待遇」怎麼辦呢？為人處世厚黑之道認為：最好是「退一步海闊天空」，先忍下一時之氣，立足於「留得青山在，不怕沒柴燒」，用「臥薪嘗膽，待機而動」作為忍耐與發憤的動力。

當然，這裡我們所說的「臥薪嚐膽，待機而動」，應把握好以下行為界限：其一，目的應該是為了渡過難關，克服別人給你製造的麻煩，以免影響你的正事；其二，這種信念所針對的麻煩應是對抗性的矛盾和衝突，而不是那些雞毛蒜皮的小事；其三，著眼於遠大目標，致力於成就大事，而不能採取卑鄙的報復行為；其四，這種信念的價值就在於以暫時之忍耐換取長久的不受氣。

風一吹便低伏的草，其實是飽經風霜、經歷過無數次考驗的堅韌的草。人生何嘗不是如此。低頭彎腰，保護了自己，而強硬只能夭折得更快。現實生活中，很多人都會碰到不盡如人意的事情，需要你暫時退卻，這時候，你必須面對現實。要知道，敢於碰硬，不失為一種壯舉。可是，胳膊擰不過大腿。硬要拿著雞蛋去與石頭碰，只能是無謂的犧牲。這個時候，就需要用另一種方法來迎接生活——適時低頭彎腰。

劉邦、項羽是歷史上一對著名的對手，而劉邦之所以能夠成功，關鍵就在於懂得「彎腰」。楚漢戰爭之前，高陽人酈食其拜見劉邦，獻計獻策，一進門看見劉邦坐在床邊洗腳，便不高興的說：「假如你要消滅無道暴君，就不應該坐著接見長者。」

受到對方指責，劉邦不但沒有勃然大怒，反而趕緊站了起來，收拾好衣著，請酈食其坐上座。交談的過程中，他虛心求教，並按酈食其的意見去攻打陳留，將秦積聚的糧食弄到手。

而反觀劉邦的對手項羽，其做法卻恰恰相反。一個有識之士建議項羽在關中建都以成霸業，項羽不聽，那人出來發牢騷道：「人們說『楚人是沐猴而冠』，果然！」結果項羽知道了，大怒，立即將那人殺掉。從這兩件事上，我們就能看到兩人的性格差異何等之大。

到了楚漢戰爭之時，劉邦的實力遠不如項羽，但卻比項羽捷足先登，率先入關。當項羽得知此事後，不由怒火衝天，決心要將劉邦的兵力消滅。

當時，項羽手握四十萬兵馬，遠比劉邦的十萬兵馬強大。可以說，當時劉邦面臨著人生最大的威脅。就在這個時候，劉邦厚著臉皮，低聲下氣，先是請張良陪同去見項羽的叔叔項伯，再三表白自己沒有反對項羽的意思，並與之結成兒女親家，請項伯在項羽面前說好話。第二天一大早，他又帶著張良、樊噲和一百多個隨從，拿著禮物到鴻門去拜見項羽。

見到項羽後，劉邦明知鴻門宴有詐，但並沒有表現得憤怒異常，而是低聲下氣的賠禮道歉，化解了項羽的怒氣，緩和了與項羽的關係。表面上看，劉邦忍氣吞聲，項羽賺足了面子，實際上劉邦以忍換來自己和軍隊的安全，贏得了發展和壯大力量的時間。

劉邦對不利條件的隱忍，對失敗的暫時退卻，對強大對手的彎腰，反映了他對敵鬥爭的謀略，也展現了他巨大的心理承受力，這是成就大業者必備的一種心態。

在人生的道路上，我們常常因光彩的事物而迷失了方向，以不屈不撓、百折不回的精神堅持到底，結果輸掉了自己。所以用平和的心態，學會低頭彎腰，這恐怕應該是最基本的生活常識吧！

學會向生活彎腰，學會融入生活，這是我們每一個人成長的必經之路。

在個性化、時尚化、特殊化氾濫的今天，或許很多人會對「向生活彎腰」嗤之以鼻，以為是陳年舊物。其實，學會向生活低頭，就是學會了更好的融入周圍的生活圈中，更快的適應生活。深諳「外圓內方」的處世之道，能夠更好的和別人打交道，多為別人考慮，少為滿足自己的私欲而損害他人，如此也最容易贏得大家的歡迎。

學會向生活彎腰，就是學會「蓄勢」，也是為將來「待發」做好充分的準備，懂得厚積薄發。余秋雨先生在《為自己減刑》一書中提到了他的一位獄中朋友，因受其啟發，在監獄裡苦學英語，並終有所成。刑滿釋放時，帶出了一本六十萬字的英譯稿，且出獄時神采飛揚，絲毫不像受過牢獄之災的人！他的這位朋友學會了向生活低頭，學會了「利用」生活，學會了先「委屈」於生活，後「俘虜」了生活，並最終能夠主宰自己的生活。

學會彎腰，是處世的一門基本學科，是為人的一種至高境界，是認真生活著和生活過的人的一種很好的體會、總結。

後退一步就能前進兩步

人生中，我們勢必會遇到退卻之時。有時候，退卻會顯得比進步更加重要。我們不缺乏為理想而現身的英雄，缺少的是那些為理想而選擇暫時逃避，以求東山再起的大英雄。

敢於退卻，這是為人處世的淡定心態，因為在困境和絕望面前，選擇與敵人妥協，以求在適當的時機謀求東山再起，這往往是困難而具深謀遠慮的。倘若你一味拚命，那麼結果只有一個——被敵人消滅。而選擇退卻，恰恰是為了謀求以後的重整旗鼓，這正是考驗一個人心態是否堅實的標準之一。

清朝一代明君康熙不僅善於忍耐，而且知道什麼時候該主動出擊，最終開創了古代史上最後一個盛世——康乾盛世。

西元一六六一年，順治皇帝病死，他的第三個兒子玄燁即位，這就是康熙皇帝。當時，康熙還不滿五歲，先帝臨終把索尼、蘇克薩哈、遏必隆和鰲拜四人叫來，讓他們做顧命大臣，盡心盡力輔佐小皇帝。可是，到了康熙年滿十四歲的時候，按規矩可以親政了，而顧命大臣們特別是鰲拜卻一點沒有還政的意思。小皇帝心裡十分不樂意，一心想除了這位騎在自己頭上的大臣，不再當傀儡。

於是，一場不可避免的權力之爭開始了。

康熙皇帝自小在宮廷長大，對統治集團內部的明爭暗鬥十分熟悉，非常精通掌握權力的謀略。他知道鰲拜在朝廷裡勢力龐大，用公開的手段絕對解決不了問題，反會情勢惡化，引來大麻煩。因此，他決定採用「欲擒故縱」的謀略，在表面上一再容忍鰲拜，有時甚至裝出畏懼鰲拜的樣子。並且，康熙一再加封鰲拜一家，連鰲拜的兒子也當上了太子少師。鰲拜經常稱病在家，自己不上朝，政事都由他在家裡處理，朝廷反倒成了擺設。

康熙卻表現得毫不在乎，從來沒有異議。鰲拜一家貪汙索賄，結黨營私，康熙也睜一隻眼，閉一隻眼，只當沒看見。鰲拜藉口維護祖宗成法，恢復圈地，其他大臣反對，他就當著皇帝的面大聲斥責其他大臣，康熙還是強忍著不開口。

有一天，鰲拜又稱病不上朝了，還託人帶口信給小皇帝，要康熙登門探望他的病情。康熙知道鰲拜是在試探自己，不去可不行，於是就帶著人來到鰲拜家。可是，進了鰲拜的臥室，康熙立即覺察到了氣氛不對，因為鰲拜躺在床上，神色卻十分緊張。這時，康熙的衛士們也覺察到了這一點。於是，其中的一名衛士立刻來到鰲拜床邊進行搜查，竟然從被褥下邊搜出了一把利刃。

面對皇帝暗藏利刃，這可是一件涉及謀反的大罪。皇宮裡的衛士們見自己在鰲拜府中，生怕皇帝一聲令下要抓人，反而討不了好，也緊張得不得了。而鰲拜則更加緊張，因為自己跟小皇帝這麼唱反調，弄不好吃虧的反倒是自己。

正在劍拔弩張的剎那間，康熙皇帝鎮定自若的發了話：「滿族勇士本來就該刀不離身，你們緊張什麼？」一句話便化解了一觸即發的危機，進一步安穩了鰲拜的心。

其實，小皇帝這是在以退為進，欲擒故縱。鰲拜卻認定玄燁是個娃娃，什麼都不懂，便放鬆了對皇帝的監視。於是，康熙設下了妙計，決定要活捉專橫跋扈的鰲拜。並且，在這以前，康熙也已經做好了必要的準備。

康熙按照滿清皇朝的規定，從滿族權貴人家中，選了一批身強力壯的子弟充當自己的貼身警衛。這些半大的孩子，跟皇帝年齡相仿，平日裡天天在一起練習摔跤。有時候鰲拜進宮做事，他們也照樣摔跤，玩得熱熱鬧鬧。這就給鰲拜一種假象，以為皇帝跟這群孩子一樣，不問國家大事，只知道打鬧貪玩。

鰲拜裝病試探皇帝的事發生之後，按理該入宮謝罪，並且向皇帝彙報這幾日發生的事。於是康熙就把平日跟自己一同練習摔跤的衛士們找來，安排好了捉拿鰲拜這件至關緊要的大事。

康熙對衛士們說：「鰲拜身為輔政大臣，卻違背祖先規矩，處處安插親信，排斥異己，擅殺大臣，實在是太過分了。那天的事，你們都看到了。他在被子下邊居然藏著刀子，膽敢害到皇帝頭上來了。朝廷裡的大事，都由他在家裡商量好了才啟奏，我這個皇帝還有什麼可做的？照這樣下去，大清什麼時候才能富強？所以，我們必須採取行動。你們雖然年輕，可都是我的親信。要除掉鰲拜，只有靠你們！」接著他把早已深思熟慮的計畫告訴了衛士們。

之後，鰲拜按時進了宮，並且像往日一般，大搖大擺，一副旁若無人的樣子。他來到皇帝的住處，只見平日那些孩子們好像正準備著練習摔跤，一個個蓄勢待發，像士兵即將出征一般。鰲拜看看他們，一肚子的不屑。誰知，還未等他思考，那群孩子突然衝了上來，抱腰的抱腰，擰腕子的擰腕子，蹬腿窩的蹬腿窩，一下子纏住了鰲拜。

一開始鰲拜還以為小皇帝跟自己鬧著玩，所以也沒有全力反抗。待到一群娃娃把他扳倒在地上，他才覺得不大對，斜著眼去瞧指使他們這樣做的康熙，只見康熙一臉的冰冷。又聽得小侍衛們滿口的怒罵，這才覺得大事不妙。再要掙扎，已經來不及了。鰲拜一下子被捆了個結結實實。

就這樣，康熙皇帝不動聲色的拿下了權臣鰲拜，把大權收歸己有，掃除了政權道路上的一大障礙。

面對強勁的對手，一般人都會認為絕不服輸才是一個人應有的選擇。誠然，這樣的選擇沒有錯，然而拿雞蛋碰石頭，這無疑不是明智之舉。有的時候，退卻是為了更好的前進，是為了取得更加輝煌的勝利。否則，原本未來可能會出現的轉機，會因為自己的固執，導致付之東流、滿盤皆輸。

面對不可克服的困難，我們應該保持一顆平常心，不要意氣用事，更不要「逞英雄」，而是應當主動選擇退卻，這樣成功的機會才能再次出現。

人生得意時，更需要將心淡定下來

一個人要清楚外面是一個非常精彩的世界，但外面又是一個讓人特別無奈的世界。因此每個人都應該這樣：「得意時不要太張揚，失意時不要太悲傷。」

失意時敬人，得意時更要敬人。敬人者，人恆敬之。

記得有一次，小李約了幾個朋友來家裡吃飯，這些朋友彼此間都十分熟識。小李把他們聚在一起，主要是想借著熱鬧的氣氛讓一位目前正陷於低潮的朋友心情好一些。

這位朋友不久前因經營不善結束了一家公司的經營，妻子也因為不堪生活的壓力正與他談離婚的事。內外交逼，他實在痛苦極了。

來吃飯的朋友都知道這位朋友目前的遭遇，大家都避免去談與事業有關的事，可是其中一位因為當時發了大財，賺了很多錢，酒下肚之後忍不住了，就開始談他的賺錢本領和花錢功夫，那種得意的神情就連小李看了都有些不舒服，而小李那位失意的朋友更是低頭不語，臉色特別難看，一會去上廁所，一會去洗臉，後來藉故提早離開了。

小李送他出去，走在巷口時，那位朋友憤憤的對小李說：「老吳有本事賺錢也不必在我面前吹噓嘛！」

此時，小李最清楚他的心情，因為在十年前小李也有過人生的低潮期，當時正風光的親戚在小李面前炫耀他的薪水如何如何高，年終獎金如何如何多，那種感受就如同把針一根根插在心上一般，說多難過就有多難過。

所以，與人相處一定要牢記「不要在失意者面前談論你的得意」。

一般來說，失意的人具有很小的攻擊性，鬱鬱寡歡是他們表現的最為普通的一種形態，但別以為他們只是如此。聽你談論了你的得意後，他們普遍會產生一種心理——懷恨。這是一種鑽到心底深處的對你不滿的反擊。你說得口沫橫飛，卻不知不覺已在失意者心中埋下了一顆炸彈。想想看，這多不值啊！

失意者對你的懷恨多半不會立即顯現出來，因為他們此時無力顯現，但他們會透過各種方式來洩恨，例如說你壞話、扯你後腿、故意與你為敵，其主要目的就是要看一看你會得意到什麼時候。而最明顯的則是疏遠你，避免和你碰面，以免再聽到你的得意之事，於是，你不知不覺就失去了一個朋友。

不管失意者所採取的洩恨手段對你造成的損傷是大還是小，至少這是你人脈資源上的危機，對你絕不會有好處的。

像前面小李敘述的他那位失意的朋友，只要一談起那位曾在他面前談論得意之事的朋友就悶聲不語，後來小李才知道，他們再也沒有來往過。

因此，當你有了得意之事，不管是升了官，發了財，或是一切順利，切忌在正失意的人面前談論這些。如果不知道某人正在失意之時也就算了，如果知道，絕對不要開口。切忌「在失意人面前談論得意之事」。

不過有一點你必須注意，就算在座沒有正失意的人，但總也有景況不如你的人，你的得意還是有可能引起他們的反感的。人總是有嫉妒心的，這一點你必須承認。所以，得意時就少說話，這樣既敬人又敬己。做人要懂得在得意時將心淡定下來。

低調做人，高調做事

人是社會的主體，是生產力要素的核心。因此選擇如何做人，如何做事，既是一個人世界觀的具體反映，又是人生價值取向的重要標誌，所以在當今社會中，堅持「低調做人，高調做事」是每個人思想境界的集中展現，是人格志向的崇高追求。

低調做人，是一種品格，一種姿態，一種風度，一種修養，一種胸襟，一種智慧，一種謀略，是做人的最佳姿態。欲成事者必須要寬容他人，進而為人們所悅納、所讚賞、所欽佩，這正是人能立世的根基。而高調做事是一種責任，一種氣魄，一種精益求精的風格，一種執著追求的精神。所做的哪怕是細小的事、單調的事，也要拿出自己的最高水準，展現自己的最好風格，並在做事中提高素養與能力。

曾經有幸讀到過一篇老鷹和鴨子的故事。

在一天的大部分時間裡，鴨子總是會嘎嘎叫個不停，只有在吃東西的時候才會停止鳴叫，而老鷹卻總是展翅翱翔在天空，以犀利的目光關注於獵物，並以最快的速度捕獲獵物，但卻很少鳴叫。

而事實上，真正會做人做事的人，都像「老鷹」一樣，執著、專注的獵取食物；相反，不會做人做事的人，只會像鴨子一樣每天叫個不停，到最後也只能吃嗟來之食，無所建樹。那麼聰明的你，請做個「老鷹」，少一些趾高氣昂、盛氣凌人，多一些謙遜之德、平易之美。做到自處超然，處人藹然；有事斷然，無事澄然，得意淡然，失意泰然！如此，便能活得灑脫，活得坦蕩，活得令人敬仰、令人尊重！

高調做事是說，一個人不要以平庸的目標來衡量自己。從一開始就要站得比別人高，看得比別人遠，要本著高度負責的態度，驅除任何藉口，在做事時要不屈不撓、越挫越勇，努力向卓越邁進。

大家都聽說過劉邦殺韓信的故事。韓信在劉邦打天下的時候，曾立下了汗馬功勞。但劉邦卻在贏得天下，並給韓信封侯後不久，就下詔要殺掉韓信，原因是什麼呢？就是因為韓信在劉邦面前總是自視清高。「韓信帶兵多多益善」這句話相信大家都聽過，這句話長久以來也一直被人們口耳相傳，而這句話卻僅僅來源於一次對話。

一天劉邦問韓信：「我能帶多少兵？」韓信說：「十萬。」劉邦又問他說：「那你能帶多少兵？」韓信回答說：「多多益善。」

雖然這僅僅是一個流傳千古的故事，但是從這個故事中，我們可以看出韓信是一個自視甚高，而又處處鋒芒畢露的人，而他的殺身之禍也正是他的鋒芒畢露所導致的。

因此，在做事時，我們要謹記：不要總是把自己看得很不可一世，還是收斂起你的鋒芒低調做人，只有懂得低調做人的人，才能在社會的舞臺上演好每一個角色，在人生的旅程中走好每一段路。

高調做事是強者的信念，而低調做人是強者最好的外衣，糊塗一時，成全一世，做事既守原則又不張揚，並把自己調整到以一個合理的心態去踏踏實實做人，做實事、做好事，以誠待人、公正處事、成熟思考、積極行動、持之以恆，把做人和做事聯繫起來，在人生的道路上逐步走向輝煌。

在現實生活中最令人感到厭煩的就是「高調做人，低調做事」的人。這種人，好高騖遠，眼高手低，遇事總是喜歡習慣性的誇誇其談；談起計畫「口若懸河」，落實行動卻「瞠目結舌」。這種過於「高調」的言談和過於「低調」的行動之間，存在著莫大的反差，除了耍耍嘴皮子外，很難施展出幾招真功夫。這樣的人不論處於什麼位置，都難以做出突出的業績。

所以說，我們做人要像水，做事要像山。像水一樣往低處去，坦蕩乎如大海之謙下；像山一樣聳立起來，巍巍乎如高山之仰止。這是成功者給我們的絕好啟示和最佳詮釋。

第4章　你的人生是否禁得起誘惑？

有人說，心智是生命的本態，一個人的行為只有聽從其內心，才能活出生命的真滋味來，才能收穫更多的自由和快樂。所以，在生活中，我們要勇於捨棄外界物欲的種種誘惑，多按照內心的想法去做，追求當下觸手可得的幸福，如此才能使生命獲得真實的意義。

幸福的人不必是億萬富翁

春夏秋冬，斗轉星移，日子稍不留神就從我們的生活裡過去了。日子是柴米油鹽的崎嶇風景，酸甜苦辣鹹五味相伴。事業、愛情、食衣住行、鍋碗瓢盆，繁瑣的一天又一天，堆成一年又一年。在這不經意的時間流逝當中，有人生活的快樂，有人卻活在痛苦中無法自拔，同樣簡單瑣碎的日子卻有不同的結果，原因就在於心態。

一個腰纏萬貫的富人，與一個窮困潦倒的窮人討論幸福的真正含義。

窮人說：「我認為我目前的狀況就是幸福的。」

富人抬頭望了望窮人的茅舍、破舊的衣著、桌上擺的粗茶淡飯，輕蔑的說：「這樣的日子也叫幸福，我看你是窮糊塗了。真正的幸福生活應像我這樣，擁有百萬豪宅，千名奴僕。」

窮人說：「你有你的幸福，我有我的幸福，我對我現在的生活很滿足，所以我覺得很幸福。」

過了一段時間，富人的百萬豪宅發生了一場火災，把富人所有的家產燒了個精光。百萬豪宅在一夜間化成了灰燼，奴僕們也都各奔東西。富人淪為了乞丐，流浪街頭，汗流浹背的在街頭行乞。

口渴難耐的富人想討口水喝，不知不覺他又來到了窮人的住所旁。窮人見富人眼前的情形，搖搖頭沒有說什麼，徑直的走進屋裡，從屋裡端來了一大碗冰涼的水，遞給他並對他說：

「你現在認為什麼是幸福？」

這位變成了乞丐的富人喝過水後說：「有口水喝，現在我已經很滿足了。」

幸福是人內心的一種感覺，它與人的貧富貴賤、地位高低沒有關係。窮人的幸福在於人窮志不窮，在於同甘共苦和相濡以沫；富人的幸福在於他們靠勤勞致富，在於懂得如何去回報社會。

一個家庭的幸福在於和睦，一家人彼此關愛，一起為營造溫馨的家庭氣氛而努力。愛情的幸福在於兩人心心相印，心靈相通。朋友的幸福在於互相信任與關心，君子之交淡如水，即便是偶爾一次相處，倘若能志同道合，也能「海內存知己，天涯若比鄰」。

幸福就是一種感覺，只要你能夠做到善待自己，關愛他人，那麼幸福的滋味自然就可以長久品嘗，回味無窮。

擁有好心態的人，幸福是觸手可及的。幸福沒有具體的形態，生活也不需要標準，如果把幸福當成一種習慣，幸福就會永遠跟在我們身邊，不離不棄。

一天清晨，在一列老式火車的臥鋪車廂中，有五個男士正擠在洗手間裡刮鬍子。經過了一夜的疲倦，隔日清晨通常會有不少人在這個狹窄的地方做一番盥洗。此時的人們多半神情漠然，彼此間也不交談。

就在此刻，突然有一個面帶微笑的男人走了進來，他愉快的向大家道早安，但是卻沒有人理會他的招呼。之後，當他準備開始刮鬍子時，竟然自顧自的哼起歌來，神情顯得十分愉快。

他的這番舉止令某人感到極度不悅。於是他冷冷的、帶著諷刺的口吻向這個男人問道：「你好像很得意的樣子，怎麼回事呢？」

「是的，你說得沒錯。」男人如此回答著，「正如你所說的，我是很得意，我真的覺得很愉快。」然後，他又說道：「我是把使自己覺得幸福這件事，當成一種習慣罷了。」

後來，在洗手間內所有的人都把「我是把自己覺得幸福這件事，當成一種習慣罷了」這句話牢牢的記在心中。

在很多人看來，要想幸福就需要大量的物質做基礎，只有這樣，才有追求幸福的資格。這種想法很實際，但卻為幸福設了框架。

每個人的生活條件不同，而物質財富也確實能夠提高生活品質，但感覺生活是否快樂幸福，與物質條件的聯繫並沒有想像中那樣密切。有些人幾乎一無所有，可他對生活很滿足；有些人幾乎什麼都有，但他卻選擇了生命的結束。所以，快樂幸福生活並不是奢華品，只要有一個好的心態，平常人都能把握。

錢與幸福之間沒有因果關係，心態才能左右我們的幸福。幸福沒有絕對，在口渴時有一杯水是幸福；在飢餓時有一塊蛋糕是幸福；在寒冷時，穿著能保暖的布衣也是幸福。灑滿陽光的每一個日子都是幸福。

每個人的一生都應該是爭取幸福的一生，都應該是讓自己的幸福最大化的一生。心理學把人生幸福當成最高的研究目標。

每個人都必須要為自己的幸福負責，而不是由他人來決定我們的幸福綱領和步驟。這一過程是冷暖自知，沒有人能代替你完成這個人生的終極功課，只有你自己用日子來一筆筆親手書寫，方能感知幸福真諦。

幸福是什麼？它是一種感覺，是靈魂的成就，而不是任何物質的東西。幸福不是奢侈品，它是人類的精神維生素。幸福生活的精髓，就是你在了解了幸福的真相之後，構建自己的幸福體系。

沒有幸福的人，並不是幸福太貴重，無法消費，而是他們心中有著太多的欲望，眼裡、心裡都被其他的東西占據得滿滿的，沒有了幸福的立腳之處，幸福自然也就無從追尋。

幸福不是奢侈品，它就存在於我們身邊。每個人每天都被幸福包圍，只是有些人看不到它的存在。只要用心去發現，幸福唾手可得。

與虛榮心告別

面對著紛繁的世界，很多人都會迷失心智，去追求那些看不見、摸不著的虛名。心中的貪婪讓我們迷失了自我，給自己的人生留下遺憾與災難。《飄》的作者瑪格麗特・米契爾說過：「直到你失去了名譽以後，你才會知道這玩意兒有多累贅，才會知道真正的自由是什麼。」

追求虛名，這正是導致我們心態失衡的罪魁禍首。盛名之下，是一顆活得很累的心，因為它只是在為別人而活著。同時，虛名還會使人放棄努力，沉睡在已經取得的榮譽上，不思進取，最後將一事無成。

提到「阿波羅」號，提到第一次登上月球的地球人，我們第一反應就是想起阿姆斯壯。然而，很多人不知道，其實第一次登上月球的人，還有一位就是伯茲・艾德林。

登月計畫之後，幾乎所有的榮譽都被阿姆斯壯一個人享受了，畢竟那句「這是我的一小步，更是全人類的一大步」，成了影響世界的經典語言。於是，在慶祝成功登上月球的記者會中，有一個記者突然向艾德林問了一個很敏感的問題：「由阿姆斯壯先下去，成為登上月球的第一人，你會不會覺得有點遺憾？」

在全場有些尷尬的氣氛下，艾德林沒有為自己爭辯，而是很有風度的回答：「各位，千萬別忘了，回到地球時，我可是最先出太空艙的。」他環顧四周，笑著說：「所以我是由別的星球來到地球的第一人。」大家在笑聲中，給予了他最熱烈的掌聲。

艾德林捨得虛名，這是他內心淡定而愉悅的重要原因。而有的人取得榮譽之後，就不顧自己的實際，拚死拚活的要維護自己的名譽。這樣的結果，就是自己早早被榮譽累死，可謂得不償失。

哈里曾經是世界著名的長跑冠軍，非常在意自己在大眾中的形象。他得了胃病後，不願告訴他人，也不去及時診治，將病情當成祕密一樣加倍守護，唯恐自己給人留下一個弱者的印象。終於有一天，哈里再也挺不住了，他被家人送往醫院。三天後他便離開了人世。主治醫生說他不是死於勞累，而是被自己的名氣累死的。

虛榮心重的人，所欲求的東西，莫過於名不副實的榮譽，所畏懼的東西，莫過於突如其來的羞辱。虛榮心最大的後遺症之一是促使一個人失去免於恐懼、免於匱乏的自由。因為害怕羞辱，所以不定時的活在恐懼中，經常沒有安全感，不滿足，而虛榮心強的人，與其說是為了脫穎而出，鶴立雞群，不如說是自以為出類拔萃，所以不惜玩弄欺騙、詭詐的手段，使虛榮心得到最大的滿足。

虛榮心是一股強烈的欲望，欲望是不會滿足的。虛榮心所引起的後遺症，幾乎都是圍繞在其周遭的惡行及不當的手段，所以嚴格說來，每個人的虛榮心應該都是和他的愚蠢等高。

真正的成功，是不會因某些成就而沾沾自喜的；若為所成就的人、事物感到驕傲，也應該是心存感恩、健康的驕傲，而非不當而得的「虛榮」！因為虛榮心一旦形成後，會讓你只看得到眼前，離成功卻越來越遠。

沒必要和別人比

看過電視劇《蝸居》的人都會記得，劇中蘇淳和郭海萍為了能夠湊齊房子的頭期款頭期款，蘇淳借了六萬元高利貸，郭海萍知道後大鬧了一場，蘇淳坐在家裡有感而發：「你身邊所有的人都在討論房子，都在炒作房子，都在囤積房子，你要是沒有一間房子啊，你就會覺得被邊緣化了，你就忽然有一種恐懼感。」相信這段話道出了很多人的內心所想，但從另一個層面上來說，這段話也道出了人與人之間的比較意識。

其實，生活中，無論每個人的實際情況怎麼樣，無論自己與別人在物質上相差多少，我們都沒有必要抱怨。因為人生在世不容易，縱然我們有很多地方不如別人，我們有很多地方被邊緣化了，但生活對於我們來說依然是有意義的。每天清晨起來，你依然會感受到陽光的普照；當你生病時，你依然會有家人在身邊關心你；當你無助時、流淚時，依然會有知心朋友在身邊安慰你。每天你依然可以素面朝天地走上街，半夜醒來，也不會擔心是否有壞人要綁架你或者你的家人。每天依然可以自由的出門，而不用保鑣在身邊前後「圍攻」，想做什麼就做什麼，這是我們這些沒錢人、普通人的自由和快樂所在。但一些有錢人卻並非如此，所以，我們也沒必要和他們比較，我們也沒有必要感到自卑，更沒有必要抱怨連連。

有時候，我們的人生中會產生些許的遺憾，比如來到大城市謀生已經十年有餘了，但依然沒有能力買到一所屬於自己的房子，來大城市工作幾年了，但依然沒有拿到月薪一萬元的薪水，或者沒有達到自己理想的高度，或者與同期而來的人相比，別人都有所成就，而你卻僅僅高出地平線一點點，但有些時候，這些事情之所以沒有完成，並不能說，這是我們一個人的錯，環境、時機、資金等等，這些都是其中的元素之一，缺少其中的任何一個，我們都很難取得自己預想的成功。所以，我們沒有必要去比較別人，儘管現在從表面上看，自己是落後於別人的，但這並不能成為妨礙我們自身發展的心理障礙，試看，那些能買得起房子的人，很多人都為每個月還房貸而煩惱，那些買得起車的人，很多人都為車的耗油量、停車費、保養費、每個月還要還車貸而煩惱。所以，對於我們來說，不需要總是對別人光鮮亮麗的表面而駐足，因為人生無所謂成功和失敗，失敗只是意味著一種狀態的結束，另一種狀態的開始。人生也沒有永遠的成功，成功只意味著一個目標的實現，一種理想變成現實。

傑克一個人坐在操場上，一隻小燕子飛到了傑克的眼前。傑克看著牠，說：「小燕子，我真羨慕你，你可以拍著翅膀去任何你想去的地方。可是我就不行，我連飛機還沒有坐過。」

小燕子眨了眨眼睛，說：「小男孩，你真是可愛。其實，我根本沒你想像的那麼瀟灑。我要飛之前，必須先知道自己要去哪裡。有時候，漫無目的的飛令我感到厭倦。這種時候，我就想要有個自己的家，跟你一樣，可以好好休息，好好睡覺。」

小燕子的話，讓傑克一愣，他反駁道：「小燕子，雖然你說得很對，可是我還是想像你那樣。我夢想有翅膀，可以在藍色的天空飛翔。我不喜歡學校的規定，不喜歡爸爸媽媽給我的規定。我有自己的想法，但他們老是告訴我不可以。所以，我想和你一樣可以自由飛翔。」

小燕子拍了拍翅膀，說：「小男孩，其實你不知道，要是你想成為小燕子，未來會有很多波折等著你。下雨的時候，你只能躲在樹林裡，草叢中，還得提防周圍的危險。說不定睡覺的時候，會有狡猾的狐狸跳出來咬你一口呢。與其羨慕我，小男孩，你不如想想看，怎樣才能在你的生活裡得到樂趣，怎樣才能讓你自己過得快樂？」

傑克著急的說：「這怎麼可能？你知道，我有那麼多的限制，我怎麼可能過得快樂呢？」

小燕子笑了笑說：「正因為如此，你才要找到你的快樂，而不是和我比。在那麼多的規定中找到你自己可以快樂的方式，你才會真的快樂。就像你在這裡看書，你覺得快樂嗎？」

「對啊，」傑克點著頭說，「看書的時候，我就特別快樂，讓我覺得我好像跟書中的人物一起過了個愉快的下午。」

「你看，你不是找到了你的快樂了麼？雖然生活中你有很多限制，但你還是可以找到能讓你自己快樂的方式，不是嗎？這樣的快樂才是真實的喔！」

當然世界上少不了比較，而且從一定的意義上說，比較還是人類進步的推動力。一個人想在社會上確定自己的位置，並不斷超越自我，那就必須選定一個參考物。但是，我們提倡的是理性的比較，而不是盲目的比較。我們可以不知足，但是不能盲目比較。否則就會失去自我和特色，到頭來只能徒增煩惱。所以，要像上文中的傑克一樣，在生活中找到屬於自己的快樂，而不是盲目的和別人比。正如一句格言說的：「如果你僅僅想獲得幸福，那很容易就會實現，但是，如果你希望比別人更幸福，那將永遠都難以實現。」

曾經看過這麼一則寓言故事：

一匹馬在工作了一天之後，感到餓了，牠看到不遠處有一個乾草垛，於是，就向那個乾草垛走去，但當牠走到乾草垛跟前的時候，發現旁邊還有一個更大一些的乾草垛，於是牠又走向那個乾草垛。然而不幸的是，當牠走到那個乾草垛跟前準備大餐一頓的時候，回頭一看，發現還是原來的那個乾草垛比較大。於是，牠又拖著飢餓的身體走回到原來的那個乾草垛。這匹馬就這樣在兩垛乾草之間走來走去，最後累死、餓死了。

其實人生的得與失就是源於一種比較心理，這種比較導致人在心理上或者認識上和自己過不去，和他人過不去，最後使得自己一無所有，甚至還獻出了自己的生命，可悲可歎！試看，剛才的那匹馬，在工作了一天之後，牠已經飢餓難耐了，但看到乾草垛之後，牠卻還吃著碗裡的看著鍋裡的，還惦記著那個看起來更大一些的乾草垛，結果，來來回回周旋在兩個乾草垛之間而無法進食，最終累死、餓死。

生活中的每一個人都不一樣，每一個人的環境條件也都千差萬別，每個人都有自己的生活軌跡，就像宇宙間的行星，每個行星只能在自己的軌道上運行一樣。所以，和別人比較，勢必要踏入他人的軌道，然而，在你的軌道上，你永遠也不能走他人的軌跡。你要進入別人的軌跡，要麼，別人把你撞得頭破血流，要麼，你永遠步別人的後塵。所以，不要徒然去羨慕別人，「與其臨淵羨魚，不如退而結網」，所以，只有做足儲蓄，才能耕耘好自己的一方田地。

人要有追求，但要常知足

九二一大地震對我們每個人進行了一場心靈洗禮，給人們感觸最深的就是要珍惜自己現在所擁有的，懂得知足常樂。

知足常樂這個詞，我們並不陌生。其字面的意思是說，滿足於現在自己擁有的一切而且隨時都感到快樂開心。可以這樣說，就是一個人對自己獲得的東西感到滿足，其實，它並不是安於現狀，不思進取，頹喪和無奈的表現，而是一種樂觀的生活態度，只有懷著一顆平靜的心且熱愛生活的人才能真正做到這一切。但是，很多人卻不懂得如何去「知足常樂」。日常生活、工作中，我們常常聽到這樣的牢騷「煩死了」，「工作一點樂趣都沒有，每天重複，總是那些事情，而且薪水還那麼低。」朋友見面也總是會說「最近怎麼樣啊？又在哪發財了……」其實，說來說去，無非就是兩個字「比較」。

俗話說：「人比人，氣死人」。如果你老是想著自己這也不如人，那也不如人，你的生活裡又怎麼會有快樂？這樣比來比去，最終的結果，只會讓自己更加自卑，內心更加空虛。其實我們的生活中並不缺少快樂，而是缺少知足。

曾經有一位農夫，每天早出晚歸地耕種一塊貧瘠的土地，累死累活，收入甚微。一位天使可憐農夫的境遇，就對農夫說，只要你不停的跑一圈，那麼你跑過的地方就全歸你所有。

農夫聽完之後，便興奮的朝前跑去。跑累了，他想停下來休息一會，然而一想到家裡的妻子兒女需要更多的土地生活，他於是又拚命的再往前跑。有人告訴他，你到了該往回跑的時候了，不然你會累死的。然而農夫根本聽不進去，他只想得到更多的土地，更多的金錢，更多的享受。但是，他終因跑的路太多，心衰力竭氣散，倒地而亡。生命沒了，一切全都沒有了，強烈的欲望使他失去了一切。

保持自我的真性，不陷於貪欲和相爭，這或許不合時宜，但是，應該說這是知足的明智之舉。老子有言：「知足不辱，知止不始，可以長久。」聖人在幾千年前就提醒人們，千萬不要有貪心、私欲，當今的人們更應該深刻體會老子這句話的內涵，懂得知足常樂。

唐伯虎《桃花庵歌》中有：「但願老死花酒間，不願鞠躬車馬前。車塵馬足富者趣，酒盞花枝貧者緣。若將富貴比貧者，一在平地一在天；若將貧賤比車馬，他得驅馳我得閒。別人笑我太瘋顛，我笑他人看不穿。不見五陵豪傑墓，無花無酒鋤作田！」透過古人的詞句，我們看到了他們知足常樂的灑脫，然而現實生活中的很多人卻無法做到這樣的灑脫。如果你也是其中的一員，你不妨這樣想一想：自己窮其一生且忙忙碌碌，但到最後還是會一無所有地離開，正所謂生不帶來，死不帶去。忙忙碌碌一生，倒不如放下這些無休止的私欲、貪心，用一顆知足的心多享受一些人生的快樂。

此時，也許會有很多人認為知足是一種不思進取的心態。其實不然，因為「知足」並不是說要自我滿足於現有的成績，放棄人生的更大追求，而是警示人們在紛繁複雜的社會中，形成一種良好的心態，對外部的變化以一種平和的心境來看待。在這種狀態下，人的心情才不會受到外界各種環境的侵擾，才不致於扭曲前進的風帆，才會把自己的精力用於尋求發展，為將來取得更大的成功鼓足信心，才能以最佳的心態去想辦法實現自己的人生目標。從這個層面上來說，知足不僅不是一種不思進取的心態，反而會成為一個人前進的動力，在這種動力的支持下，人才會取得更大的進步，從而求得更大的發展空間。

知足會讓人知其所擁有的，並且會珍惜他所擁有的，如此便會增加一個人的幸福感。

曾經有人講過這樣一個故事：有個百萬富翁得了一種久治不癒的病，雖然在醫院治療了好久，但病情依然沒有好轉。終於有一天，一位醫術高明的醫生對他說：「您的病有救了！有一種藥物能治療您的這種病，但這種藥物價格非常昂貴，而且國內沒有，需要到國外購買。」這個人聽後說：「太好了，對我來說，生命是最重要的，不管有多貴，不管在哪裡，我都要把這種藥買到。」於是，他立刻派人去買這種藥。然而當他只吃了兩三個療程的時候，病就好了。於是這個人把剩下的藥都收藏了起來。此時，他的一個朋友看到了剩下的藥心疼的說：「唉，這個醫生真是的，讓你買這麼多藥，白白的浪費了這麼多錢，有這些錢做點別的多好。」他聽了後說：「雖然剩下了一些藥，但我感受到了上天對我的憐愛，讓我僅僅吃了這麼少的藥病就好了，我要感謝上天，感謝救我的醫生。」

從這個人最後說的這些話中，我們感受到知足彌足珍貴的意義，正是因為他的內心懂得知足，所以他才懂得了感恩，懂得了珍惜今天所擁有的一切。

學會知足，我們才能用一種超然的心態去面對眼前的一切，不以物喜，不以己悲，不做世間功利的奴隸，也不為凡塵中各種攪擾、牽累、煩惱所左右，使自己的人生不斷得以昇華；學會知足，我們才能在當今社會越演越烈的物欲和令人眼花撩亂、目迷神惑的世相百態面前神凝氣靜，能夠做到堅守自己的精神家園，執著的追求自己的人生目標；學會知足，就能夠使我們的生活多一些光亮，多一份輕鬆，不必為過去的得失而感到後悔，也不會為現在的失意而煩惱。從而擺脫虛榮，寵辱不驚，心境達到看山心靜，看湖心寬，看樹心樸，看星心明……

知足是一種極高的境界。知足的人總能夠微笑的面對眼前的生活，在知足的人眼裡，世界上沒有解決不了的問題，沒有趟不過去的河，沒有跨不過去的坎，他們會為自己尋找一條合適的臺階，而絕不會庸人自擾。知足的人，是快樂輕鬆的人。

知足是一種大度。大「肚」能容天下紛繁的事，在知足者的眼裡，一切紛爭和索取都顯得多餘。在他們的天平上，沒有比知足更容易求得心裡平衡的了。

知足是一種寬容。對他人寬容，對社會寬容，對自己寬容，做到如此才能夠得到一個相對寬鬆的生存環境，這難道不是一件值得慶賀的事情嗎？知足常樂，說的就是如此。

放下名利枷鎖

古人曰：「淡泊以明志，寧靜以致遠。」寧靜可以使一個人心清志明，如果一個人的思維整日亂糟糟的，恐怕他什麼事情都難做好。只有心靜下來時，做事情才會氣定神閒，遇事後才能鎮定從容。

淡泊名利就是要正確看待金錢和名譽。人生在世，不能離開物質基礎講生活，也不能離開名譽講寄託。但是，人不能把金錢和名譽看得太重，看得太重，就會使人背負上沉重的思想負擔，反被名利所累。

人是一種欲望動物，而且不同的人其所擁有的欲望也不盡相同，所以有人貪圖名利，有人留戀肉欲，還有人則希望得到豐富的物質資料……這些欲望，只會讓人活得很累。人生在世不過百年，名利求來無止境，我們何須每天為名利困擾。只有淡泊名利，才能天天都有好心情。

博學鴻儒錢鍾書就是一位淡泊名利的學者。他認認真真的學，從不務虛名，寵辱不驚，即使是別人授予他極高的榮譽，他也能夠淡泊自守。

有一次，一位英國著名雜誌社的記者仰慕他的大名，並事先在電話中向他說很喜歡他的著作，並表達了要去拜訪的意思，還說如果採訪獲得成功，雜誌社便會誠聘他為雜誌社的名譽主編，還會宣傳他的新作。

錢鍾書聽到這些，在電話中風趣的對記者說：「假使你吃了一個雞蛋覺得不錯，又何必要認識那隻下蛋的母雞呢？」

這樣的事例還有很多，錢老的淡泊已經成為學界的榜樣，他能夠潛心讀書研究，不拜客訪友，也討厭接受各種採訪，更對別人授予他的那些榮譽視而不見，正因為如此才成為學界真正的泰斗。

錢鍾書先生是一位真正的智者，在名利面前他能夠淡然視之，不為聲望所累，也只有如此淡泊的人才能夠專心治學。他知道，名利可以成為頭頂的光環，也可以成為招致禍端的利器。因此，他將這一切看得很淡，內心擁有明確的治學志向，一心向著心中的目標而努力。他的人生是真正灑脫而豁達的。

日本作家川端康成自從獲諾貝爾獎之後，受盛名之累，常被官方、民間，包括電視廣告商人等拉著去做這做那。文人難免天真，不善於應酬，又心慈臉薄，不會推託，做事也過於認真，不懂敷衍，於是，他很快便陷入忙亂的俗事重圍，不知如何解脫，最後竟用自殺方式了卻一生。

對於川端康成來說，他能獲得諾貝爾獎，足見他的才華不凡，如果他未被捲入瑣事中去，依然能寧靜度日，以他豐富深刻的智慧，或許會有更具哲理的作品留傳於世。

人生活在大千世界裡，只有保持心靈寧靜才能真正感悟到人生的真諦，才能夠活得更加輕鬆、更加快樂。學會接納自己、欣賞自己，使我們從欲念的無底深淵中走出來，這才是快樂的基礎。

人生如白駒過隙，在感歎擁有和失去之間，生命已經不經意的流走。然而，世界對於每一個活生生的人來說，都是公平的。有耕耘才有收穫，有奮鬥才有成功，有付出才有回報。如果我們想花一分的代價去換回十分的成果，那永遠是不可能的。所以，我們永遠都不應該祈求這世界平白無故的就給我們太多。

淡泊名利，就是要清心寡欲。唯有這樣，我們才能擁有一顆平常心，才能走出自己的一片天地，才能活出自己的一種價值。當你走出了世俗的名利圈，當你收穫了內心的寧靜，或許那會你會猛然間發現：其實，我們擁有的很多很多。

私心和欲望就像潘朵拉的盒子裡那兩個最可怕的魔鬼，只要稍一鬆懈就會侵入人心。所以，欲望越多，痛苦也會越多。只有淡泊才是人類最為高貴的一件外衣，它既能淨化人的心靈，又能清醒人的頭腦。正如一位禪師所說：「我之所以健康，是因為累了我睡，渴了我喝，餓了我吃。」生命的本質其實就是如此簡單。

要知道，名是韁，利是鎖，一味醉心於功利，就會被名韁利鎖絆住；如果使自己陷入貪得無厭、爭權奪利、勾心鬥角之中就無法擺脫這些虛名浮利的束縛，就會迷失了自己。

人生需要有一份恬淡自守的心境，少一些患得患失和心浮氣躁，多一些豁達無爭。在悠悠歲月中，如果能夠擁有和保持一顆淡泊平靜的心，不為名利所累，以不同於流俗、看淡名利的心去追求生活中的自我完善和滿足，便會體會到無限的快樂和輕鬆，從而走好自己平穩而又充實的人生之路。看輕世俗的名利，捨棄貪欲和虛榮心，才能在安寧恬淡中堅守住心靈的淨土，只有淡泊寧靜才是韜光養晦的大智慧。

身外物，不奢戀

堅定自己的生活態度，收斂自己的欲望，才能在平和的生活中感受到幸福。每個人都希望自己有名有利，擁有所有的一切，但卻忘記了，上帝是最公平的，給你一部分，也要拿走一部分。比如說給了你金錢，快樂怕是就要被拿走，給了快樂，就要少一些物質的東西。這種平衡告訴我們，盡量收斂自己的欲望，以免在不經意間被拿走自己所真正在乎的。

有位禁欲苦行的修道者，準備離開他所住的村莊，到無人居住的山中去隱居修行。為了斷除所有的欲望和念頭，他只帶了一件衣服前往山中。在山中修行沒過多久，當他要洗衣服的時候，他發現自己需要一件可以替換的衣服，於是他就下山到村莊中，向村民要了一件衣服。當這位修道者回到山中之後，他發覺自己居住的茅屋裡面有一隻老鼠，常常會在他專心打坐的時候來咬他那件準備換洗的衣服。由於他早就發誓一生遵守不殺生的戒律，因此他不願意去傷害那隻老鼠，但是他又沒有辦法趕走那隻老鼠，所以他只好又回到村莊中，向村民要一隻貓來飼養。得到了一隻貓之後，他又想到了——「貓要吃什麼呢？我並不想讓貓去吃老鼠，但總不能讓牠跟我一樣只吃一些水果與野菜吧！」於是他再次下山向村民要了一頭乳牛，這樣那隻貓就可以靠牛奶為生。於是他就又回到村莊中。最後他找到了一個可憐的流浪漢，於是將這無家可歸的流浪漢帶到山中，幫他照顧乳牛。那個流浪漢在山中居住了一段時間之後，跟修道者抱怨說：「我跟你不一樣，我需要一個太太，我要有正常的家庭生活。」修道者想一想也有道理，他不能強迫別人一定要跟他一樣，過著禁欲苦行的生活，於是……故事就這樣繼續演變下去，你可以想像得到，也許是一年以後，也許是幾年以後，整個村莊都搬到山上去了。

也許你會說，他不會修成正果的，可是現實生活中的我們又何嘗不是呢？受廣告的挑逗，受分期付款的引誘，受比較心理的推動，人們不加節制的釋放自己的消費欲望：家裡的衣櫥大得能裝得下好幾頭大象，卻已滿得塞不進一雙襪子；有身分有地位的人士應酬不暇，結果腰圍同步成長；房子越住越大，可是人們在家的時間卻越來越少，因為房貸的壓力迫使我們日夜在外奔波；汽車越來越豪華，人們呼吸的新鮮空氣卻越來越少，因為車內是渾濁之氣，車外則是廢氣彌漫……面對這些，人們卻毫無反醒，而是將「美好生活」等同於「物質生活」，致使人們都罹患了「物欲症」。

「物欲症」是一種傳染性極強的社會現象，由於人們不斷渴望占有更多物質，從而導致心理負擔過大、個人債務沉重，並引發強烈的焦慮感。它還會對社會資源造成極大浪費。面對琳瑯滿目的商品，人們像是得了「精神上的愛滋病」，免疫力都已喪失，而意志力也紛紛丟盔卸甲。

物欲症帶來的是「時間荒」，沒有時間做飯，沒有時間休息，沒有時間「常回家看看」……就像《愛麗絲夢遊仙境》裡的小兔子一樣不停的看錶，不停的嘀咕：「沒時間說你好，沒時間說再見，我來不及了，我來不及了，我來不及了。」晚睡早起的大家都很忙，就像人類學家英格力希・魯克說的，「從表面上來看，一個三歲的孩子似乎與我們的文化沒什麼聯繫，但當這個孩子回過頭對他的妹妹說，『別煩我，忙著呢』，這就值得我們深思了。」人們因為物欲而遺失了原本屬於自己的時間，因為我們多數人都放棄了時間而選擇金錢，所以人被物奴役。

物欲症帶來的是比較和虛榮心，就好像你沒有「賺到豪宅、名車，年入百萬」，你沒有成為他人豔羨的成功人士，就證明你不行，你犯了「不成功罪」似的！還有更糟糕的是人們害怕自己在別人眼裡顯得不成功，害怕自己趕不上鄰居或鄰居超過自己，就像現今許多的房奴：一種是已經做穩了房奴的，另一種想做房奴而不得。沒房子的自然想著有房子，身心焦慮還屬正常，奇怪的是有房子的人同樣憂心忡忡，因為他們想著更大的房子，如果有幢別墅更好，甚至更多。

物欲症讓我們失去了自然的美，而生產出有「添加劑」的美，就像有快遞、電子郵件、高速公路、速食、提款機，卻獨獨少了可以自由支配的時間；就像我們每天出門急急忙忙的往身上噴香水，卻很久沒有聞到真正的花香；就像在寒冬我們只要多花一點錢就可以吃到西瓜，可味道卻不再甘甜……

人若賺取了全世界，但卻賠上自己的靈魂，其意義何在？我們經過努力打拚，終於擁有了某些東西，可那種空虛感、空洞感依然存在，甚至更盛。房子大了，可是人與人之間的關係蒸發了；各種有趣的玩具包圍著我們，可意義卻沒有了。靜下心想一想，我們所擁有的不過是壓力、疲憊和燈盡油枯。一個人縱然腰纏萬貫，可享有的也只是一日三餐，縱有廣廈千萬間，可睡的也不過是三尺床墊。終歸會有「繁華事散逐香塵」的一天，而我們又何必為了那些外在的東西讓自己活得那麼累呢？

或許以前的你在不知不覺中陷入了物欲的迷宮，享受著「先消費，再還錢」的暫時的優越感，可是看完這篇文章之後，你就要「不刷，不刷，我不刷」，這樣你就不必疲於奔命，面對別人比你好的生活條件時，你應該有清醒的意識並抑制豔慕的心理，守住自己的內心，不去比較，以此來守住自己的平靜，確保它不起漣漪。但這並不是要我們再也不買東西，而是希望更仔細、更有意識的去購物，注意到自己所買物品的真正用處和它的實際代價。因為生活裡最美好的東西，從來不是有形的「東西」。而一味的追求有形的東西會讓我們失去生命中那些無形的美好。就像羅馬哲人塞內卡說的，「茅草屋頂下住著自由的人，大理石和黃金下棲息著奴隸」。要做自由人還是做奴隸，需要你自己來選擇。

欲望越多，痛苦越多

從前，有兩位很虔誠、很要好的教徒，決定一起到遙遠的聖山朝聖。兩人背上行囊、風塵僕僕的上路，誓言不達聖山朝拜，絕不返家。

兩位教徒走啊走，走了兩個多星期之後，遇見一位白髮蒼蒼的聖者。這聖者看到兩位如此虔誠的教徒千里迢迢要前往聖山朝聖，就十分感動的告訴他們：「這裡距離聖山還有十天的腳程，但是很遺憾，我在這十字路口就要和你們分手；而在分手前，我要送給你們一個禮物！什麼禮物呢？就是你們當中一個人先許願，他的願望一定會馬上實現；而第二個人，就可以得到那願望的兩倍。」

此時，其中一教徒心裡想：「這太棒了，我已經知道我想要許什麼願了，但我不要先講，因為如果我先許願，我就吃虧了，他就可以有雙倍的禮物！不行！」而另外一教徒也自忖：「我怎麼可以先講，讓我的朋友獲得加倍的禮物呢？」於是，兩位教徒就開始客氣起來，「你先講嘛！」「你比較年長，你先許願吧！」「不，應該你先許願！」兩位教徒彼此推來推去，客套的推辭一番後，兩人就開始不耐煩起來，氣氛也變了：「你幹嘛？你先講啊！」「為什麼我先講，我才不要呢！」

兩人推到最後，其中一人生氣了，大聲說道：「喂，你真是個不識相、不知好歹的人呀，你再不許願的話，我就把你的狗腿打斷、把你掐死！」

另外一人一聽，沒有想到他的朋友居然變臉，竟然來恐嚇自己！於是想：你這麼無情無義，我也不必對你有情有義！我沒辦法得到的東西，你也休想得到！於是，這個教徒乾脆把心一橫，狠心的說道：「好，我先許願！我希望——我的一隻眼睛瞎掉！」

很快的，這位教徒的一隻眼睛瞎掉了，而與他同行的好朋友，兩隻眼睛也立刻都瞎掉！

原本這是一件十分美好的禮物，但是人的「貪念」與「嫉妒」左右了他們心中的情緒，所以使得「祝福」變成「詛咒」，使「好友」變成「仇敵」，更是讓原來可以「雙贏」的事，變成兩人瞎眼的「雙輸」！

正如有位哲人說：「人之所以痛苦，不是因為擁有的太少，而是想要得到的太多。」這句話蘊含著深邃的人生哲理，欲望的滿足不是滿足，而是一種自我放縱，欲望會帶來更多更大的欲望。如果我們為欲望所左右，為欲望的不能滿足而受煎熬，那麼人生還有什麼滋味？所以說，有智慧者，會遏制膨脹的欲望，捨棄對名利的渴求。

春秋時范蠡幫助越王勾踐成就霸業後，斷然棄官而去，泛舟江湖。一個人在榮華富貴面前能夠抽身，捨棄眼前榮耀，不為俗務所困，既是一種智慧，更是一種境界。

當然也有人認為，欲望是一個人前進的動力，就像拿破崙將軍說的：「不想當元帥的士兵不是好士兵。」所以，在這種欲望的驅使下，他做出了一番轟轟烈烈、載入千秋史冊的事業，激勵幾代年輕人奮鬥向上。

但有句話說：「水能載舟，亦能覆舟。」欲望過多，人就會被欲望驅使，陷入欲望的漩渦而不能自拔。所以人們常說，「欲望的一半是天使，另一半卻是惡魔」。就像秦代名相李斯，在群臣中，位高權重，即使看到了官場的黑暗，但依然被欲望左右，不能捨棄高官厚祿，致力於官場、權場的爭鬥，最終殃及了自己和家人。

利欲之心人固有之，甚至生亦我所欲，所欲有甚於生者，這當然是正常的，問題是要能控制，不要把一切看得太重，到了接近極限的時候，要能把握得準，跳得出這個圈子，不為利欲之爭而捨棄一切。如果適得其反，那麼縱有家財萬貫，官位至上，當醒悟時，卻會發現自己一無所有。

但是，當今的社會中，人總是被欲望驅使，成了一種欲望的動物，而且不同的人，其所擁有的欲望也不盡相同。有人貪圖名利，有人留戀酒肉，還有人希望得到豐富的物質世界……

從前，有個家庭環境很富有的人，騎著一頭大牛，匆匆趕路。途中遇見一位道行很深的禪師，禪師問他去哪裡，這個人著急的回答說：「我要找我的牛。」說完，頭也不回的繼續前進。

禪師望著他的背影，說道：「茫茫拔草去追尋，水闊山遙路更深。力盡神疲無處覓，但聞楓樹晚蟬吟。」

表面看來，此人的行為十分讓人不可思議，騎牛找牛。然而，試看當今的社會，騎牛找牛的人隨處可見。許多人身藏幾萬甚至上十萬張「大牛」、「金牛」，仍然孜孜不倦的到處搜索，目的是為了尋找到更多更大的「牛」，結果落得身心疲憊的結局。

因此，在這個充滿了誘惑，什麼都需要選擇的社會中，更需要在選擇中學會捨棄。什麼都不願意捨棄的結果只能是失去更多。就如同一個窮人要想擺脫「窮」這個字眼，首先要做的就是捨棄欲望，唯有具備捨棄欲望的決心，才有機會累積財富，才能用錢去賺錢。

有一句俗語：「人生有捨必有得。」早在兩千年前，孟子就說過這樣的話：「魚，我所欲也，熊掌，亦我所欲也，二者不可兼得，舍魚取熊掌者也；生，我所欲也，義，亦我所欲也，二者不可得兼，捨生取義者也。」這正是從取捨的角度，闡釋了「有捨才能有得」的道理。

仰望蒼穹，俯瞰今朝，試看那些已經抓到手的物質財富，他們所抓到的只是自己內心的欲望而已，而欲望的結局只是一攤冰冷的灰燼。所以說，捨棄多餘的欲望，支配欲望，捨棄浮華，刪繁就簡，這才是人生的一種智慧。

適可而止，避免兩手空空

《菜根譚》的作者洪應明曾說：「貪婪的人身上富有了，但人心卻一貧如洗；知足的人，身上雖然貧窮，但內心卻很知足。人只要有一點貪戀私利，就會銷熔剛強變為軟弱，阻塞智慧，變得昏聵；仁慧變為狠毒，高潔變為汙濁，敗壞一生的品行。」

不知足的可怕之處，不僅在於摧毀有形的東西，而且能攪亂人的內心世界。你的自尊、你的原則都可能在不知足面前垮掉！常言道：欲壑難填。要知道人的欲望一旦爆發，那真是不可收拾！

一天，一個老頭在森林裡砍柴。他掄起斧頭正準備砍一棵樹，突然從樹上飛出一隻金嘴巴的小鳥。

小鳥對老頭說：「你為什麼要砍倒這棵樹呀？」

「家裡沒柴燒。」

「你不要砍倒它。回家去吧，明天你家裡會有許多柴的。」說完，小鳥就飛走了。老頭兩手空空回到家，他對老伴說道：「上床睡覺吧，明天家裡會有很多柴的。」

第二天，老伴發現院子裡堆了一大堆柴，就叫老頭：「快來看，快來看，誰在我家院子裡堆了這麼一大堆柴？」

老頭把遇到了金嘴巴鳥的經過告訴了老伴，老伴說：「柴是有了，可是我們卻沒有吃的。你去找金嘴巴鳥，讓牠給我們點吃的。」

老頭又回到森林裡的那棵樹下。這時，金嘴巴鳥飛來了，牠問：「你想要什麼呀？」

老頭回答說：「我的老伴讓我來對你說，我們家沒有吃的了。」

「回去吧，明天你們家就會有許多食物的。」

第二天，他們果真發現家裡出現了許多肉、魚、甜食、水果、葡萄酒和其他想要的食物。他們飽餐一頓後，老伴對老頭說：「快去找金嘴巴鳥，讓牠送我們一個商店，商店要有許許多多的東西，這樣，往後我們的日子就舒服了。」

老頭又來到了森林裡的那棵樹下。金嘴巴鳥飛來問他：「你還想要什麼？」

「我的老伴讓我來找你，她請你送給我們一個商店，商店裡的東西要應有盡有。她說，這樣我們就可以舒舒服服的過日子了。」

「回去吧，明天你們會有一個商店的。」金嘴巴鳥說。

老頭回到家把經過告訴了老伴。

第二天他們醒來後，簡直都不敢相信自己的眼睛了。家裡到處都是好東西：布匹、鈕扣、鍋、戒指、鏡子……真是應有盡有。老伴仔細的清理了這些東西後，又對老頭說：「再去找金嘴巴鳥，讓牠把我變成王后，把你變成國王。」

老頭回到森林裡，他找到金嘴巴鳥，對牠說：「我的老伴讓我來找你，讓你把她變成王后，把我變成國王。」金嘴巴鳥冷漠的望了一下老頭說道：「回去吧，明天早上你會變成國王，你的老伴會變成王后的。」

老頭回到家，把金嘴巴鳥的話告訴了老伴。

第二天早上醒來，他們發現自己穿的是綾羅綢緞，吃的也是山珍海味，周圍還有一大群侍臣奴僕。

可是，老伴對此仍不滿足，她對老頭說：「去，找金嘴巴鳥去，讓牠把魔力給我，讓牠來宮殿，每天早上為我跳舞唱歌。」

老頭只好又去森林找金嘴巴鳥，他找了很長時間，最後總算找到了牠。老頭說：「金嘴巴鳥，我的老伴想讓你把魔力給她，她還要你每天早上去為她跳舞唱歌。」金嘴巴鳥憤怒的盯著老頭，說：「回去等著吧！」老頭回到家，他們等待著。第二天起床後，他們發現自己已經被變成了兩個又醜又小的小矮人。

《老子》第四十六章說：「禍莫大於不知足，咎莫大於欲得。」意思是說，禍患沒有比不知足更大的了；不知足會引人進入沒有止境的求利之路，而沒有止境的追求利益、貪婪物欲，只會得到損失自己利益的結果。

縱觀當今社會，一些當官之人常常挖空心思的貪權、貪財、貪色，貪來貪去就會貪得身敗名裂，貪得家破人亡，貪得民怨國損，貪得遺臭萬年！最終伴隨他們後半生的只能是高牆、鐵窗。所以說，人活著，不可為貪所累，不重虛名，不重錢財，不重女色，如此生活豈不快哉！

知足常樂，是人在不盡如意的現實面前，在無可奈何的挫敗之後，求得心理平衡的一種策略。知足常樂，能使人在任何困境前都能以一種平和的心態更加積極的對待生活，能使你掌握生活的遙控器，隨時將自己的心境切換到快樂頻道。的確，你只有拚搏了才能換來更多的財富，過上更富裕的生活。可那不知疲倦，渾然忘我的拚搏勢必使人身心疲倦。老時驀然回首，卻發現自己這一生都生活在忙碌中，沒有一絲快樂可言。

人生，其實很簡單，簡單得就剩幾張紙了：出生前是一張出生證明書，出生後是戶口名簿，上學時是學校的學生證，畢業時是一張畢業證書，工作後是每月的幾張鈔票，結婚了是一張結婚證書，購屋時是一張房契，一生完結最後又是一張死亡證明。生死榮辱其實就是一張紙。幸福的人生，就是對那一份平淡生活的執著堅守。最美的人生，就是那種驀然回首一笑置之的淡然。

淡泊名利才幸福

有句話說：「有得必有失，有失必有得。」而「得」與「失」之間，該用什麼角度來衡量？這些日子以來，自己究竟擁有了多少，又失去了多少？

記得小時候，一顆糖、一塊餅乾，就可以讓自己開心好久，滿足好久，但是曾幾何時，這種簡單的快樂，卻成了跟考證照一樣的困難。也許是人變了，也許是世界變了。總之，那種「純真」的快樂，打從心底裡滿足，已經找不著了，已經遺失了……回憶著還在學校念書的那段日子，那種規律的上下課生活，那種只要把書念好，什麼都不要操心的時光。唉！現在想想，多好。說真的，我甚至還有點懷念，可是那時候的我，卻只想趕快踏入社會，趕快賺錢。外面真的那麼好嗎？有錢就真的會快樂嗎？

踏入社會後的幾年裡，賺了些錢，也存了些錢，交到些新的朋友，但是也疏遠了些舊的朋友。戀愛過，也失戀過；快樂過，但也痛苦過。看著一些人離自己越來越近，卻又看著一些人，離自己越來越遠。我喊，我叫，可是沒用，他們突然間全消失了，全不見了。他們曾經是最關心我的人，他們也是我曾經根本不放在心上的人，可是現在……現在我居然會難過，會掉眼淚，也許到今天，我才真正的明白，他們才是我真正所在乎的人，真正愛我的人，真正我愛的人。得失之間，總是很難說得明明白白。我想回到過去，卻又想擁有將來，「得與失，失與得」，也只有「盡人事，聽天命」了。

世事無絕對，我們拚命想得到的，也許真正得到了，回頭想想也不過如此，也可能會比沒得到時更令人失望。得與失一線之間，得到有時是種失去，失去有時又何嘗不是一種得到呢？

淡泊名利說到底就是要真正的去對待世間的一人一事，豁達客觀的看待人生的一得一失，就是能面對生活的山水時登高放歌、臨風把酒、寵辱不驚。但淡泊名利並不是與世無爭、毫無熱情的冷眼旁觀，更不是隱遁山水的避世無爭，它並不是放棄追求、放棄自己的理想，也不是遠離奮鬥、甘願受別人的欺凌，淡泊名利只是生命當中本身的一種顏色，是一種對人生的從容，是一種對生活的更為積極的人生態度。

對於淡泊名利，前人給了我們很多的詮釋，同時也為我們做出了榜樣。有一天居禮夫人的一個朋友到她家裡去，看到她把英國皇家學會授予她的金質獎章給小女兒玩。朋友非常吃驚，居禮夫人笑著說：「我只是想讓小孩子從小就知道，榮譽只能玩玩而已，絕不能永遠守著它，否則將一事無成。」而中國歷史上的第一位女皇帝武則天雖然在位時為國家的繁榮昌盛做出了巨大的貢獻，但吩咐手下在她死後只要立一塊無字碑。畢竟「死去原知萬事空」，名利之事，生不帶來，死不帶去，是非曲直，當由後人評說。居禮夫人和武氏對待名利的態度，我們後人應當效仿。

做到了淡泊名利，它會使我們的心靈更加純潔無瑕，同時也能夠使人的心胸更加開闊。「寵辱不驚，閒看庭前花開花落；去留無意，漫隨天外雲卷雲舒」。這樣淡泊名利的人生豈不快哉？而淡泊名利，也會使人從光怪陸離、嘈雜喧囂的塵世中抽身而出，物我兩忘，心無旁騖。如果能夠做到如此，還何愁事業不能成功，理想不能實現？

名利場上陷阱多。如果過度的看重名利，那麼你就會整日繃緊神經，挖空心思的活著。過度看重名利，你就會心浮氣躁，如負重的老牛那樣活得很累、很煩。聲顯名赫自然被人們所追求，權高位重更誘人。但在人世間總是平平淡淡的凡人比較多。很多人正因淡泊了生前身後的名利職權，才拿得起放得下，人生活得瀟瀟灑灑。

淡泊名利，就是要能夠做到超脫人世間紅塵的誘惑、世俗的困擾，真真實實的對待一人一事，豁達客觀的去看人間的一得一失。

淡泊名利，你就會擁有一個好的心境，天雨人悲、月黯神傷的困惑便會離你而去。無論何時，你都會平平淡淡開開心心。淡泊名利了，你會感到人生的美好和生活的溫馨。

淡泊名利，會使你變得更加高尚。你會摒棄一己的私利，而獻身為他人盡力給予的行列。淡泊名利，你就走出了蠅營狗苟，爾虞我詐。

淡泊名利，是人生所求所為的一種態度，一種人生哲學的風格。淡泊名利無疑是高雅超脫的，但若把它絕對化，超過它的度，就會很可笑。

更何況，人生在世不滿百，名利求來無止境，何須每天為名利困擾。淡泊了名和利，才能天天有個好心情，日日有個好風景。

身處浮華世，卻讓靈魂與你漸行漸遠

哲學家說，靈魂和肉體，就像身體和影子一樣須臾不可分離。

詩人卻說，靈魂在高處。

一個理性，一個感性；一個抽象，一個形象。雖沒有高下之分，但都告訴我們，人的高貴在於靈魂。

你可能身處逆境，地位卑下，生活在坎坷困頓之中，一輩子都默默無聞，沒有出頭之日，甚至像《復活》中的瑪絲洛娃那樣遭逢巨大的不幸，身陷囹圄，但只要你有一顆純潔善良的心，只要你的靈魂在高處，你就能活出自己，成為一個受人尊敬的人。

相反，像文強、李玉樹之流，雖身居高位，享受著錦衣玉食，榮華富貴，出有BMW香車，入有華屋美人，甚至接受著頂禮膜拜，但心靈卻極為卑劣、低下、陰暗，這樣的人，其靈魂已死亡，剩下的不過是行屍走肉而已。

如今，在紛繁複雜的社會中，保持靈魂的高度，遠比保持身分的高度要艱難。可若你一旦為了眼前的誘惑和利益而捨棄了靈魂，那無疑是可悲又可憐的。

曾讀過這樣一個故事：

有個男孩是從一個偏遠的農村出來的，從小他就很努力的念書，考上了大學。為了他的學費及生活費，田地裡的父母日出而作日暮而歸，老父親的白內障因為沒錢治療而幾乎看不清楚東西。男孩也很用功的學習，大學畢業後考上研究生，最後又考上了博士。光明的前景在他面前。優秀的男人當然有女生搶著要，大學副校長的千金就愛上了他，嬌媚的她讓他覺得生活很是滿足。可是，當她知道他的家在很窮的農村時就糾纏個沒完，大罵他的血管裡流得是窮酸血。副校長利用某些關係讓他有了一份很好的工作，年薪百萬元以上，並把女兒嫁給了他。妻子跟他約法三章：不能說他來自農村，只說自己的父母是大學的老師；不能與農村的家再有任何聯繫；不准家鄉的朋友來他們城裡的家。看著眼前如花似錦的一切，他答應了。結婚的酒席上，來來往往的全是女方的親朋好友。他也有想哭的衝動。從此以後，他只敢偷偷的寄錢回家，但都不會超過一千元。他怕家裡人以為他在城裡生活富裕了，紛紛來城裡投靠他。

就這樣，一直等到兩年之後，他才告訴他的父母，他在城裡結婚了。高興得失眠了的母親在昏暗的燈下一針一針的縫著小孩子的小衣服小褲子。收到農村寄來的包裹，有二十多公斤。他很難想像瘦小的母親怎麼把它們拿到幾十里外的城市去郵寄。妻子用兩根指頭捏著小衣服，直嚷嚷著叫他扔出去，說有跳蚤。他想打她，忍了很久才沒有動手。只是，那包衣服的歸宿還是垃圾箱。

後來，他們有了兒子，兒子滿一歲的那天，家裡來了很多人。他忙裡忙外的招呼著。突然也有一刻想到老父親。社區的警衛在對講機裡說有人找。他以為是客人，興沖沖的迎了出來。他在離開農村很多年以後終於看見了他的父母。外面下著很大的雨，兩老的頭髮都在滴著水。

他愣住了，呆在門口不知所措。妻子看他半天沒進來，也出來看。那時他的臉色用文字根本無法描述。引兩老進門。黏著泥的髒鞋一踩就吱吱作響，父親的雙腳在光潔的木地板上不知道怎麼走路。他只好把他們帶到廚房。然後向一臉不解的賓客解釋說是找錯了人的老人。於是，妻子叫他趕快把人帶走，他沒辦法對滿屋的老闆、教授說出那是他的雙親。

此時，父親的眼睛已經完全失明了，大醫院的醫生說是耽誤了治療的時間，如果早幾年的話一定不會失明的。看著那雙完全混濁的眼睛，他覺得不是滋味。在賓館裡住了兩週的雙親終於明白了，他的兒子不可能把他們迎進他們認為該進的家門。至於他的妻子，從那天的匆匆一面後就再沒露過臉。男孩總說要帶他們去看看大城市。母親看著父親的雙眸，說：「我們住不慣這裡，我們回家。」

時隔三個月後，他終於以一次出差的名義回了老家。鄰里鄉親都來看這個窮山溝裡飛出的大人物。從鄉親們的言談裡，他知道，那次父母進城是把田地送給了別人種，把豬賣了，完完全全的是想到他那裡安度晚年。父母回到農村還對他們說，兒子對他們很好，不要他們走，但是他們住不習慣，想老家的人，還給大夥帶了很多的特產。老父親摸摸索索的在家做飯，手上常有未癒的傷口；七十多歲的母親還在田地為三餐而苦苦掙扎，做一會就直起身來捶捶自己的腰。

走的時候，男孩給了父親十萬塊錢，卻說是一萬塊，一百元一張的，要父親放好，以後有困難的時候就拿出來應急。

他知道，他作為兒子的身分已完全死亡。

為人一世，提升靈魂的高度，遠比提升身分的高度更重要。因為，生命的尊嚴和價值，是以靈魂的高度來衡量的。如果一個人在前進的路上遺失了靈魂，那麼即便他得到了整個世界，也毫無用處。可若你擁有高貴的靈魂，即便你的腳站在一片貧瘠的土地上，你的生活也是充實的，生命是有價值的。所以，記住，人可以丟掉許多東西，但是絕不能遺失了靈魂。

第5章　天寬地寬不如心寬

一顆不能承受傷害的心靈是脆弱而難以生存的，一顆不能諒解傷害並寬容異己的心靈是狂暴而可怕的，因為嫉恨不僅傷害別人也折磨自己。寬容是對別人的釋懷，也是對自己的善待。只有學會放棄仇恨，用寬容的眼光看待世界、事業、家庭和友誼，才能獲得心靈的寧靜與淡定，才能永遠幸福快樂。

寬容能淨化心靈

莎士比亞名劇《威尼斯商人》中有一段臺詞：「寬容就像天上的細雨滋潤著大地。它賜福於寬容的人，也賜福於被寬容的人。我們應該學會對別人表現寬容……」

寬容是一種修養，寬容是一種境界，寬容是一種美德。寬容是一種非凡的氣度，寬廣的胸懷，是對人、對事的包容和接納，是一種高貴的素養，是精神的成熟、心靈的豐盈。

每個人都有成功和失敗，成功固然絢麗多姿，但同時也是對一個人的檢驗。只不過，是對成功者自身的檢驗，如果想要達到對他人的檢驗，我想也只有在一個人失敗時，才能檢驗得更真切。如果每個人在他人失敗時，都給予冷嘲熱諷，怨聲載道，那麼誰又有勇氣敢失敗？誰又能有勇氣敢成功？有時候失敗並不可怕，可怕的是失敗後別人的不理解。因此，每個人的心目中都應該安放一塊寬容的底牌，讓寬容對所有人都賦予一種完美的色彩，打造成熟的品格、成熟的人。

馬克．吐溫說：「紫羅蘭把它的香氣留在那踩扁了它的腳踝上，這就是寬恕。」

寬容是一種良好的品格。它不僅包含著理解和原諒，而且也顯示了一個人的氣度和胸襟。一個不會寬容，只知苛求的人，其心理往往處於緊張狀態中，而這種緊張的狀態往往會導致一個人心理進入惡性循環，這樣人的內心就很容易留下傷痕，對人身體的健康是不利的，只有學會寬容他人，才會贏得健康心理。

如今，寬容已不僅僅是個人問題，它已經成為一個國際性紀念日的主題。聯合國教科文組織規定每年的十一月十六日為國際寬容日。並在《寬容原則宣言》中指出：寬容是對我們這一世界豐富多彩的不同文化、不同的思想表達形式和不同的行為方式的尊重、接納和欣賞。寬容透過了解、坦誠、交流和思想、良心及信仰自由而得到促進，寬容是求同存異。寬容不僅是一種道德上的責任，更是一種政治和法律上的需要。寬容，可以促成和平的美德，有助於以和平文化取代戰爭文化。

可見，寬容在世界的發展中已經越來越重要。寬容是一種品格、一種智慧、一種境界、一種度量、一種修養。寬容是一種淡定的力量，是對生命的洞見，更是一種人生的境界，寬容的同時，也創造了生命的美麗。

多一份淡定，多一份寬容

孟子說：「君子所以異於人者，以其存心也。君子以仁存心，以禮存心；仁者愛人，有禮者敬人。愛人者，人恆愛之；敬人者，人恆敬之。」君子之所以異於常人，便是在於能時時自我反省。即使受到他人不合理的對待，也必定先反省自己本身，自問，我是否做到了仁的境地？是否欠缺禮？否則別人為何如此對待我呢？等到自我反省的結果合乎仁也合乎禮了。而對方蠻橫的態度卻仍然不改。那麼君子又必須反問自己：我一定還有不夠真誠的地方。再反省的結果是自己沒有不夠真誠的地方，而對方蠻橫的態度依然如故，君子這時才感慨的說：他不過是妄誕的小人罷了。這種人和禽獸又有何差別呢？對於禽獸是根本不需要斤斤計較的」。孟子的話啟示我們，一個真正有大胸襟、大氣度的人，在與別人發生矛盾、衝突後，不僅不會因非原則性的問題喋喋不休、抓住不放，不僅只是不計小人之過，而且關鍵是要有嚴於責己的精神，只有具備嚴於責己的態度，才能真正不計小人之過，真正的謙讓。

大至國家的君臣，小至個人私交，發生矛盾之後，如果雙方都有責己的雅量，則任何矛盾都不難解決。如果只把眼睛盯著對方，只知道責備對方，不檢討自己，隔閡、怨恨就會越積越深，以至情勢惡化。

即使過失的責任在別人身上，或者主要在別人身上，在批評別人的時候，也用「見不賢而自省」的氣度。既責人，又責己；先正己，後正人。這就是古人說「責人者必先自責，成人者必先自我」，「專責己者兼可成人之善，專責人者適以長己之惡」（清・李惺《西漚外集・藥言剩稿》）。責己就是從我做起，以實際行動和活的榜樣去教育人、感化人。這樣，別人才會心悅誠服，教育批評才起作用。如果只責人，不責己，就會助長自己的錯誤。這種人自身不正，去批評教育別人，又有誰會聽呢！

歷史上具有人格感召力的人都是嚴於律己的。諸葛亮為蜀之相國，「善無微而不賞，惡無纖而不貶」，但「刑政雖峻而無怨者」。這不僅因為他「用心平而勸戒明」，還因為他嚴於律己，以身作則。街亭之役，馬謖違反諸葛亮的節度，舉動失宜，使蜀軍大敗。諸葛亮既斬了馬謖，又上疏檢討自己，「授任無方」、用人不當的過失，自貶三級。

寬容不會失去什麼，相反會真正得到；得到的不只是一個人，更會是得到人的心。要做到寬容，領導者首先要有寬廣的心胸，善於求同存異，虛心聽取各種不同的意見和建議，不要總是對一些細枝末節斤斤計較，更不要對一些陳年舊帳念念不忘，因為領導人的一言一行都可以成為屬下在意的對象。

日本松下公司的創始人松下幸之助以其管理方法先進，被商界奉為經營之神。後藤清一原是三洋公司的副董事長，慕名松下，投奔到松下的公司，擔任廠長。他本想大有作為，不料，由於他的失誤，一場大火將工廠燒成一片廢墟。後藤清一十分惶恐，因為不僅廠長的職務保不住，還很可能被追究刑事責任。他知道平時松下是不會姑息部下的過錯的，有時為了小事也會發火。但這一次讓後藤清一感到欣慰的是松下連問也不問，只在他的報告後批示了四個字：「好好做吧。」

松下幸之助的做法看似不可理解，這樣大的事故竟然不聞不問。其實這正是松下的精明之舉。

後藤清一的錯誤已經鑄下，再深究也不能挽回公司的經濟損失。另外，在犯小錯誤時，大多數人並不介意，所以需要嚴加管教，而犯了大錯誤，任何人都知道自省，還用你上司去批評嗎？松下的做法深深的打動了下屬的心。由於這次火災發生後，沒有受到懲罰，後藤清一自然會心懷愧疚，對松下更加忠心效命，並以加倍的工作來回報松下的寬容。松下用自己的寬容，換得了後藤清一的擁戴。

可見，「糊塗」上司懂得寬容之心在企業管理中的重要性。寬容猶如春天，可使萬物生長，成就一片陽春景象。宰相肚裡能撐船，不計過失是寬容，不計前嫌是寬容，得失不久據於心，亦是寬容。寬容之所以必要，一則因為寬容可以贏得下屬的忠誠，保持其積極進取的心；二則因為寬容可以使自己不受一時得失的影響保持對事情正確的判斷；三則因為寬容可以建立企業內部融洽的關係。

寬以待人的上司看似糊塗、軟弱，實則為自身進步發展創造了良好條件，糊塗上司的精明之處，便在於此。以寬容對待狹隘，以禮貌謙恭對待冷嘲熱諷。不將心思牽於一事一物，不將一絲哀怨氣惱掛在心頭，這是作為一位領導者理應具備的容人雅量。

然而在日常生活中，有一種人往往是責人則明，責己則昏；責人則嚴，責己則寬。對社會上不良現象，可以評議指責，但不能身體力行，從自己做起。因為批評指責是針對別人的，往往不顧事實，不講分寸，甚至捕風捉影，信口開河。這種批評指責不僅影響真誠和諧的人際關係，還助長言行不一、惹是生非的不良風氣。

韓愈曾作《原毀》一文，考慮當時士大夫階層嫉賢妒能，毀磅他人的不良風氣的思想根源。文章指出：「古之君子，其責己也重以周，其待人也輕以約」；「今之君子則不然，其責人也詳，其待己也廉」。這是對人對己的兩種不同態度：一種是對自己的要求嚴格、全面，對別人的要求寬厚、簡約；另一種對別人的要求很周詳，對自己的要求則低而少。

文章認為：為什麼會有兩種不同的態度，是由於對人對己要求的標準不同。「古之君子」以舜和周公這樣的聖賢為標準，認為他們能做到的，自己也應該做到。因而對自己的要求就嚴格而周全；對別人則先看到他的優點和進步，「取其一不究其二，即圖其新不究其舊」，唯恐損害別人為善的積極性。這樣，對別人的要求自然就寬厚而簡約了。「今之君子」則不然，他們以聖人的標準要求別人「舉其一不計其十，究其舊不圖其新」，唯恐別人有好名聲。他們對自己的要求則比普通人還低，「外以欺於人，內以欺於心」，還沒有取得一點進步就停止了。這樣，他們責人周、責己廉，也就不奇怪了。文章進一步揭露了「今之君子」對人嚴、對己寬的思想根源在於「怠」與「忌」兩個字。「怠者不能修，而忌者畏人修」。自己懶惰懈怠，不求進步，又嫉妒別人進步，因此，「事修而謗興，高而毀末」。誰辦成好事，誰有高尚品德，就會受到他們的誹謗打擊。韓愈對世態人情的剖析，可謂入木三分。韓愈的見解與莊子的觀點實際上是一致的。

今天，我們領會韓愈的《原毀》，仍然可以獲得有益的啟示。首先，對人嚴、對己寬的問題，仍然普遍存在，而問題的實質也是對人對己要求的標準不同。對別人馬列主義、對自己自由主義；看別人的缺點多，看自己的優點多；批評別人往往苛刻求全，攻其一點，不及其餘，不看別人的現實表現而糾纏過去的恩怨是非；批評自己時則輕描淡寫，強調客觀，覆短護私。出現這種情況，也和「怠」與「忌」不無關係。自己不求進步，不思進取，又害怕別人進步，獲得成就和名聲。應該去掉這種不健康的心理，改變這種不健康的風氣，用高標準要求自己，嚴格檢查自己思想上、工作上的缺點；同時以寬厚的態度對待鼓勵別人，支持別人從善、向上的積極性。

寬容，打開愛的大門

一個人若是經歷過一次忍讓，那麼一定會獲得一次人生的感悟；若是經歷過一次寬容，一定會打開一道愛的大門。

生活的藝術基本上就是理解，但並不是全部，還有容忍。人與人之間只有在生理上、心理上、生活上有一種能夠完全的容忍、默契、理解，生活才能更加和諧，更加美好。

傑在大學讀書時與娟相愛。畢業後，因家裡干涉，娟切斷了他們的愛情。傑因此大病了一場。

幾年後，年過三十的傑經親友介紹，認識了慧，匆匆的舉行了婚禮。於是，那段過去的戀情成了傑心裡的痛。

新婚第二天，當傑準備陪同慧回娘家時，郵差送來了一封信。信是娟的一個同學寫來的，她告訴傑：「最近，我見到了娟，她現在醒悟到家庭因素對於愛情來說是多麼微不足道。兩年來，她一直思念著你，她發現，你在她心中的地位，是誰也不能取代的。這幾天她要出差到你所在的城市，可能會直接去找你，希望你們能和好如初……」頓時，傑的眼睛模糊了，眼前的慧恍惚變成了娟。他找了個藉口，讓慧獨自回娘家，全然不顧此舉會給他們的新婚帶來什麼後遺症。

慧提前從娘家回來，發現丈夫酩酊大醉的倒在床上，枕邊擱著一封信。看了信，慧無聲的哭了。去譴責傑嗎？替傑設身處地的想一想，她能理解他的懊悔和痛苦。如果當初他鍥而不捨的追求，何至於造成今天的痛楚？而現在，傑既負有對這個新家庭不可推卸的義務和責任，又對遠方的娟懷有至死不泯的愛。

該詛咒娟嗎？她可是不知道傑的近況呀，作為女人，慧更能體諒娟的苦衷。慧把信放回原處，替丈夫蓋好被子，默默的在他身邊坐了好久，好久。

知道了丈夫的初戀情人後，慧更加溫柔體貼的關心傑，從不當面揭穿傑的「祕密」。

幾天後，當慧上完夜班回家不久，發現娟上門來了。慧沒有責備她，反而是熱情的接待了她，並且備好一桌豐盛的午餐招待了娟。

飯後，她又藉口要去上班離開家，好讓這對舊戀人有機會好好談談。望著妻子疲倦的面容，傑的心被深深的感動了。他明白妻子的一片心意。當慧的身影完全消失了的時候，娟真誠而又感慨的對傑說：「你有一個多好的妻子呀！」於是她轉變了想法。不久，娟在傑夫婦倆的熱心幫助下，也找到了一個如意郎君。

慧尊重丈夫傑的情感隱私，不但沒使他們夫妻感情破裂，反而使傑進一步認識了她，萌發出對她真正的愛。

誰都有一些難以坦白的隱私，對於夫妻來講，這些隱私經常是戰爭的導火線，為什麼讓過去影響現在的生活呢？多一些寬容，才會多一些快樂。

寬容是一種修養，是一種處變不驚的氣度，是一種淡定的力量。在生活中，我們經常會碰上一些預料之外的情況，如果你選擇了寬容，你就選擇了平安，選擇了和諧，也就選擇了幸福和快樂。

走出心胸狹窄的漩渦

欣賞別人是一種境界，善待別人是一種胸懷，關心別人是一種品格，理解別人是一種涵養，幫助別人是一種快樂，學習別人是一種智慧，團結別人是一種能力，借鑒別人是一種收穫，理解別人是一種思想。

強者總能得到更多人的注意，總能成為舞臺上的明星，明星總是耀眼的。本來人們都習慣於崇拜強者，對於強者經常抱著一種欣賞與嚮往的態度，而心胸狹窄的人，卻不能接受身邊存在比自己強的人，因為比自己強的人會妨礙自己的地位和利益，狹窄的心胸使他們不能吃一點點虧。

人是這個世界上最自以為聰明的一種物種。你我的不同，才有這個五彩繽紛的世界。看到別人的長處，才能發現自己的短處，心胸狹窄只會讓我們的生活空間變得狹小起來。沒有活動的空間，人的心情自然也會被封閉，因而，走出心胸狹窄的漩渦，才能看到前方更美的景色。

波爾赫特是一位著名的話劇演員，從年輕時起，她在世界戲劇舞臺上活躍了五十年之久，但當她七十一歲在巴黎時，卻突然發現自己破產了。更糟糕的是，她在乘船橫渡大西洋時，不小心摔了一跤，腿部傷勢很嚴重，而且引發了靜脈發炎。

給她治病的醫生認為，必須把腿截肢才能使她轉危為安，可是，醫生遲遲不敢把這個可怕的決定告訴波爾赫特，怕她忍受不了這個打擊。

可事實證明，這位醫生想錯了，當他最後不得不把這個消息說出來時，波爾赫特注視著他，平靜的說：「既然沒有別的更好的辦法，就這麼辦吧。」

手術那天，波爾赫特高聲朗誦著戲裡的一段臺詞，毫無悲傷的神色。有人問她是否在安慰自己，她的回答是：「不，我是在安慰醫生和護士，他們太辛苦了。」

後來，波爾赫特繼續頑強的在世界各地演出，又在舞臺上工作了七年。

一個擁有好心態，心胸寬廣的人，總是能用自己良好的心態走出困境。心胸狹窄只會讓不幸一次又一次光臨。只有那些心胸寬廣的人，才能從不幸中看到希望和未來，會讓自己的心靈得到解脫。

有句話說「宰相肚裡能撐船」，凡做大事之人，都有容人之量，在歷史的長河中，因心胸狹窄而無法成就霸業的人不在少數，他們都是陷入心胸狹窄漩渦的佐證。

拿破崙稱得上是一位偉人，但是正是因為他心胸狹窄，才失去了世界霸主的地位，從而以失敗結束了他傳奇的一生。

兩個世紀前的某一天，美國發明家富爾頓來到了金碧輝煌的凡爾賽宮，他剛發明了蒸汽機鐵甲戰船，正興致勃勃的向拿破崙建議，用之取代當時法國的木製艦船。毫無疑問，蒸汽機鐵甲戰船比木製戰船要先進得多，威力也不可同日而語。眼看拿破崙就要被富爾頓說動，準備採納富爾頓的建議時，拿破崙臉色陡變，兩眼放出難以抑制的怒火，眼睛直逼向富爾頓。合作告吹了，而莫名其妙的富爾頓也許永遠不會知道，他失敗的原因完全在於他毫不在意的順口恭維了心胸狹窄的拿破崙一句：「偉大的陛下，您將成為世界上真正最高大的人！」在這裡，富爾頓想表達的是「高貴」、「崇高」的意思，但他一不留神把法語的「高貴」、「崇高」一詞說成了「高大」，恰恰富爾頓自己身材高大，這一下正好擊中了拿破崙最自卑、最害怕被別人嘲笑的身材短處——身高很矮。

拿破崙又自卑又嫉恨，他對高個子的富爾頓咆哮道：「滾吧！先生！我不認為你是個騙子，但認為你是十足的蠢貨！」這之後，富爾頓的發明專利被英國購買，自此英國憑藉強大的海軍，確立了世界海上霸主的地位，法國卻遠遠落在了後面。直到上個一九三〇年代末，愛因斯坦在建議美國總統羅斯福迅速製發原子彈的信裡，才又一次重提舊事：「總統先生，如果西元一八〇三年拿破崙接受了富爾頓關於建造蒸汽機鐵甲軍艦的建議，今天的世界格局將不會是這樣！」

拿破崙僅僅因為容忍不了別人無意間使用了「高大」一詞，就拒絕了一項偉大的發明，也失去了一個稱霸世界的絕好機會。因為他心胸狹窄，所以他失去了一個時代。

試想一下，如果拿破崙能夠有一個寬廣的心胸，包容對方的口誤，結果也會因此發生改變。

心胸狹窄是個漩渦，它的存在就是為了讓我們失去自我控制，從而讓事情的發展偏離軌道。生活在繼續，與其委屈的活著，不如放開心胸，學會原諒。有些事情，放在心裡永遠是一根刺，對別人沒影響，卻始終讓自己難受。心胸寬廣之人比心胸狹窄之人更能體會生活的美好。

保持淡定，要有容人的氣度

生活的邏輯常常就是這樣：先失才有得，給予後而必有所獲。深邃的天空容忍雷電風暴一時的肆虐，才有風和日麗；遼闊的大海容納了驚濤駭浪一時的猖獗，才有浩淼無垠；蒼莽的森林忍耐了弱肉強食一時的規律，才有了鬱鬱蔥蔥。

人們交往貴在與人為善，寬以待人，盡可能向他人提供方便，盡量給予他人幫助。寬以待人是道德標準較高的表現。你希望別人善待自己，就要善待別人，將心比心，多給人一些關懷、尊重和理解；對別人的缺點要善意指出，不要幸災樂禍；對別人的危難應盡力相助，不應袖手旁觀，落井下石。即使在自己人生得意時，也不能得意忘形，居功自傲，而應多想想別人對自己的幫助和恩惠，讓三分功給別人。人總是喜歡和寬容厚道的人交朋友，正所謂「寬則得眾」。

春秋時五霸之一的楚莊王，一天晚上，為酬謝有功將士擺了一席盛大的酒宴，開懷暢飲。在輕歌妙舞的氣氛中，忽然，燈火全部熄滅。黑暗中楚莊王的愛妾受到一個將士的調戲，她急中生智，一把抓下那個將士的頭冠，讓莊王點燈，捉拿那個無頭冠的人。莊王不但沒有發怒，反而說：「無妨，此刻宴樂飲酒，不必拘泥婦人之節。」並讓所有的將士都取下頭冠。當燈火再亮時，將士中無一人戴頭冠。真是難得的大度，人情味十足。數年之後，楚軍與晉軍交戰，楚軍處於劣勢，突然，一位將士衝向敵陣，使戰鬥轉敗為勝。這位將士就是當年調戲莊王愛妾的那個人。莊王當年是「經路窄處，留一步與人行」，他並沒有期求回報卻得到了回報，這正是他事業成功之所在。

寬恕曾傷害過自己的人，是困難的，也是高貴的，更是一種智慧的表現。莎士比亞曾說：「寬恕人家所不能寬恕的，是一種高貴的行為。」在某種情況下，諒解也是一種勉勵、啟迪、指引，它能催人棄惡從善，使誤入歧途者走入正軌。

傍晚，一個規模不大的小餐館裡，客人只有寥寥的三個人：一個老人，一個年輕人，還包括我。或許是由於食客不多的緣故，餐廳裡的照明燈沒有完全打開，裡面顯得有些昏暗。

我坐在一個靠窗的角落裡獨自小酌，那個年輕人則手捧一碗炸醬麵，坐在靠近門口的位置，與老人相鄰。我偶然中發現，年輕人的注意力似乎並不在麵上，因為他眼睛的餘光一刻都未曾離開過老人放在碗邊的手機。

事實果真證明了我的判斷。當那個老人再次側身點菸的時候，我看到年輕人的手快速而敏捷的伸向手機，並迅速裝進自己的口袋內。當老人轉過身來時，他明白了一切，但他立即平靜下來。

此時，那位年輕人已經試圖起身離開。正在這時，老年人開口說道：「年輕人，請你等一下。」年輕人一愣：「怎麼了？」「是這樣，昨天是我七十歲的生日，我女兒送給我一部手機，雖然我並不喜歡它，可那畢竟是女兒的一番孝心。我剛才就把它放在了桌子上，現在它卻不見了，我想它肯定是被我不小心碰到掉到地面上。我的眼睛老花得厲害，再說彎腰對我來說也不是件太容易的事，能不能麻煩你幫我找一下？」

年輕人剛才緊張的表情消失了，他擦了一把額頭上的汗，對老人說：「哦，您別著急，我來幫您找找看。」年輕人彎下腰去，沿著老人的桌子轉了一圈，再轉了一圈，然後把手機遞過來：「老人家，您看，是不是這個？」

老人緊緊握住年輕人的手，激動的說：「謝謝！謝謝你！真是不錯的年輕人，你可以走了。」

說實話，我被眼前的這一幕驚呆了。待年輕人走遠之後，我過去對老人說：「您本來已經確定手機就是他偷的，為什麼不報警呢？」

老人的回答使我回味悠長，他說：「雖然報警同樣能夠找回手機，但是我在找回手機的同時，也將失去一種比手機要寶貴千倍萬倍的東西，那就是——寬容。」

這個年輕人是幸運的，他遇上了一位智慧而寬容的老人。相對於法律而言，寬容是純粹個人的產物。如果按照法律規定，一個人無權要求寬大處理，但結果卻受到了寬容，這時的寬容才算是仁慈和自我犧牲的表現。正如這位老人，以一顆寬容的心，巧妙的解決了來自年輕人的傷害，既原諒了年輕人的過錯，又留有餘地，還保護了他的自尊。

嫉妒是心靈的陷阱

《聖經》裡說：「嫉妒是骨中的朽亂。」其實，嫉妒是一種普遍的社會心理現象，是人類的一種普遍的情緒。它指的是自己以外的人獲得了比自己更為優越的地位、榮譽，或是比自己寶貴的物質，鍾情的人被別人掠取或將被掠取時而產生的情感。它有一個重大的特徵就是「指向性」，即嫉妒是有條件的，是在一定的範圍內產生的，指向一定的對象。也就是說，不是任何人在某些方面超過自己都會產生嫉妒，超過自己太多的人只會讓我們羨慕而不會嫉妒。

在現代社會激烈的競爭當中，有人成功，就必然有人失敗。失敗之後所產生的由羞愧、憤怒和怨恨等組成的複雜情感就是嫉妒。

嫉妒心人人都有，但伏爾泰說：「凡缺乏才能和意志的人，最易產生嫉妒。」因為自己技不如人，卻只能用嫉妒的心理去排解心中的不平，一旦任嫉妒心理隨意發展，你就會疏遠那些各方面都比自己強的人，到頭來不僅會孤立了自己，而且也阻止了自己的前進。

在很久以前，摩伽陀國有一位國王飼養了一群象。象群中，有一頭象長得很特殊，全身白皙，毛柔細光滑。後來，國王將這頭象交給一位馴象師照顧。這位馴象師不只照顧象的生活起居，也很用心教象。這頭白象十分聰明、善解人意，過了一段時間之後，他們已建立了良好的默契。

有一年，這個國家舉行一個很大的慶典。國王打算騎白象去觀禮，於是馴象師將白象清洗、裝扮了一番，在象的背上披上一條白毯子後，才交給國王。

國王就在一些官員的陪同下，騎著白象進城看慶典。由於這頭白象實在太漂亮了，民眾都圍攏過來，一邊讚歎、一邊高喊著：「象王！象王！」這時，騎在象背上的國王，覺得所有的光彩都被這頭白象搶走了，心裡十分生氣、嫉妒。他很快的繞了一圈後，就不悅的返回王宮。一入王宮，他問馴象師：「這頭白象，有沒有什麼特殊的技藝？」馴象師問國王：「不知道國王您指的是哪方面？」國王說：「象能不能在懸崖邊展現技藝呢？」馴象師說：「應該可以。」國王就說：「好，那明天就讓象在波羅奈國和摩伽陀國相鄰的懸崖上表演。」

隔天，馴象師依約把白象帶到那處懸崖。國王就說：「這頭白象能以三隻腳站立在懸崖邊嗎？」馴象師說：「這簡單。」他騎上象背，對白象說：「來，用三隻腳站立。」果然，白象立刻就縮起一隻腳。

國王又說：「能兩腳懸空，只用兩腳站立嗎？」「可以。」馴象師就叫象縮起兩腳，白象很聽話的照做。國王接著又說：「那能不能三腳懸空，只用一腳站立？」

馴象師一聽，明白國王存心要置白象於死地，就對白象說：「你這次要小心一點，縮起三隻腳，用一隻腳站立。」白象也很謹慎的照做。圍觀的民眾看了，熱烈的為白象鼓掌、喝彩！國王越看，心裡越不平衡，就對馴象師說：「能把後腳也縮起，全身懸空嗎？」

這時，馴象師悄悄的對白象說：「國王存心要你的命，我們在這裡會很危險。你就騰空飛到對面的懸崖吧！」不可思議的是，這頭白象竟然真的把後腳懸空飛起來，載著馴象師飛越懸崖，進入波羅奈國。

波羅奈國的人民看到白象飛來，全城都歡呼了起來。國王很高興的問馴象師：「你從哪裡來？為何會騎著白象來到我的國家？」馴象師便將經過一一告訴國王。國王聽完之後，歎道：「人為何要嫉妒一頭象呢！」

嫉妒的人總是拿別人的優點來折磨自己。別人年輕他嫉妒，別人風度瀟灑他嫉妒，別人有才學他嫉妒，別人富有他嫉妒，別人的妻子漂亮他嫉妒，別人長相好他嫉妒，別人身材高他嫉妒，別人學歷高他嫉妒……德國有一句諺語：「好嫉妒的人會因為鄰居的身體發福而越發憔悴。」因此，好嫉妒的人總是四十歲的臉上就寫滿了五十歲的滄桑。

在生活中，當你發現別人比你優秀時，也許會產生羨慕乃至嫉妒的情緒；同樣當別人發現你太優秀時，也可能會對你心生嫉妒。面對嫉妒，我們要學會克制自己的嫉妒情緒，也要學會從容應對別人的嫉妒，更加奮進。

從容，即舒緩、平和、樸素、泰然、大度、恬淡之總和。自古至今，對於太多人而言，都是一種難得的境界和氣度。從容，不僅反映了一個人的氣度、修養、性格和行為方式，更是一種符合人的生理、心理需要的有規律的、和諧、健康、文明的精神狀態和生活方式。

因為從容，才讓我們這個世界的每一天多彩多姿。多一分從容，我們的每一天不再有狂風暴雨；多一分從容，我們才能聽到風柔和的聲音；多一分從容，我們才能感受到蝶兒穿梭在花叢中的那份愜意；多一分從容，我們才能欣賞到生活的精彩。

麥可．喬丹是馳名世界的籃球明星，他在籃球場上的高超技藝舉世公認，而他待人處世方面的品格更為人稱道。皮朋是公牛隊最有可能聲望超越喬丹的新秀，但喬丹沒有把隊友當作自己最危險的對手而嫉妒，反而處處加以讚揚、鼓勵。

為了使芝加哥公牛隊連續奪取冠軍，喬丹意識到必須推倒「喬丹偶像」以證明「公牛隊」不等於「喬丹隊」，一個人絕對勝不了五個人。一次，喬丹問皮朋：「我們三分球誰投得好？」「你！」皮朋說：「不，是你！」喬丹十分肯定。喬丹投三分球的成功率是百分之二十八點六，而皮朋是百分之二十六點四，但喬丹對別人解釋說：「皮朋投三分球動作規範、自然，在這方面他很有天賦，以後還會更好，而我投三分球還有許多弱點！」喬丹還告訴皮朋，自己扣籃時多用右手，或習慣用右手幫一下，而皮朋雙手都行，用左手更好一些，而這一細節連皮朋自己都沒有注意到。喬丹把比他小三歲的皮朋視為親兄弟，「每回看他打得好，我就特別高興；反之則很難受。」

正是喬丹這種心底無私的慷慨，樹立起了全體隊員的信心和凝聚力，取得了一場又一場勝利。一九九一年六月，美國職業籃球聯賽的決戰中，皮朋獨得三十三分，超越喬丹三分，成為公牛隊這個時期的十七場比賽得分首次超過喬丹的球員，這是皮朋的勝利，也是喬丹的勝利，更是公牛隊的勝利。

相反，惡意的嫉妒像把利劍，給人造成重大傷害。一九八一年十一月三日的大陸的報紙曾刊出令人震驚的消息：化工系一位姓王的副教授由於取得重大研究成果，受到周圍一些人的嫉妒、冷遇、諷刺以至被逼瘋了！

可見，嫉妒是一種比仇恨還強烈的惡劣心理，是心靈空虛和無能的表現。了解這一惡劣心理現象，有助於我們找到自己產生嫉妒心理的原因，從而想盡辦法克服它，達到完善自我的目的。「與其臨淵羨魚，不如退而結網」。別人有成績時，不要一味妒忌，而要透過努力拿出自己的東西，用成果同別人競爭，這才是上策。

其實，遇嫉而進，更加努力的發展和提升自己，以更高的素養贏得別人的尊重是一種滿足自尊的最佳方式。不僅如此，隨著時間的推移，別人最終也會折服於你的從容氣度。切記，路有升沉進退，人有悲歡離合。從容是一種對人生的透澈把握，不管是誰，只要能以平和心態面對一切，閒看天邊雲卷雲舒，笑看庭前花開花落，必能擺脫是是非非、紛紛擾擾。也只有這樣，才能善待自己，善待生活，善待人生，善待生命。

仇視別人就是傷害自己

哲人說：「寬容忍讓能換來甜蜜的結果。寬容和忍讓是消除報復的良方。你帶上這個『護身符』，保你一生平安。」用寬容做護身符，可以減少我們與人產生摩擦的機會，沒有了摩擦，生活自然恬靜、美好。

與寬容相對，報復是一個充滿仇恨的詞語，一個被報復占據心靈的人，看不到生命的陽光。學會寬容，才能讓雙眼明亮起來，享受美好的生活和未來。不懂寬容的人是不會快樂的。

一位畫家在集市上賣畫。不遠處，前呼後擁的走來一位大臣的孩子，大臣在年輕時曾經把畫家的父親欺詐得因心碎而死去。這孩子在畫家的作品前流連忘返，並且選中了一幅，畫家卻匆匆的用一塊布把它遮蓋住，並聲稱這幅畫不賣。

從此以後，這孩子因為心痛而變得憔悴。最後，他父親出面，表示願意付出一筆高價。可是，畫家寧願把這幅畫掛在自己臥室的牆上，也不願意出售。他陰沉著臉坐在畫前，自言自語的說：「這就是我的報復。」

每天早晨，畫家都要畫一幅他信奉的神像，這是他表示信仰的唯一方式。可是現在，他覺得這些神像與他以前畫的神像日漸相異。這使他苦惱不已，他不停的尋找原因。然而有一天，他驚恐的丟下手中的畫，跳了起來：他剛畫好的神像的眼睛，竟然是那大臣的眼睛，而嘴唇也是那麼的酷似！

他把畫撕碎，並且高喊：「我的報復已經回報到我的頭上來了！」

這個故事告訴我們：一個人若心存報復，自己所受的傷害就會比對方更大。報復會把一個好端端的人驅向瘋狂的邊緣，報復還會把無罪推向有罪。據有關方面介紹，現在很多的刑事案件就是因報復而引起的。因此，寬容才是拯救心靈的天使，學會寬容，才能點亮人生。

寬容是體諒，是理解。很多時候，我們需要別人寬容，也要寬容別人，刻薄的對待別人只能使自己陷入孤立。寬容是最好的護身符，有了寬容，就有了更美好的世界。

一位著名的試飛員包布·胡佛，他參加過很多次航空展覽，並且在展覽中表演飛行。一天，他在聖地牙哥航空展覽中表演完畢後飛回洛杉磯。正如《飛行》雜誌所描寫的，在空中三百公尺的高度，引擎突然熄火。由於技術熟練，他操縱著飛機著陸，但是飛機嚴重損壞，所幸的是沒有人受傷。在迫降之後，胡佛的第一個動作是檢查飛機的燃料。

事實證明了他的猜測，他發現，所駕駛的第二次世界大戰時的螺旋槳飛機居然裝的是噴氣機燃料而不是汽油。回到機場以後，他要求去見一下為他保養飛機的機械師。那位年輕的機械師為所犯的錯誤極為難過。當胡佛走向他的時候，他正淚流滿面。他造成了一架非常昂貴的飛機嚴重損壞，差一點還使三個人失去了生命。寬容大度的胡佛不僅沒有責罵，甚至沒有批評那位機械師。相反，他用手臂抱住那個機械師的肩膀，對他說：「為了表示我相信你不會再犯錯誤，我要你明天再為我保養飛機。」

寬容是一種做人的美德，但它也是一種淡定的心態，更是一種明智的處世原則。胸懷寬廣的人，會以寬容的態度包容他人的錯誤，甚至會不計較個人的得失，尋求化解矛盾和衝突的辦法，因而，他們都過得很快樂。

生活中度量最為重要，寬容乃是人類性格的空間。懂得寬容別人，自己的性格就有了轉圜的餘地，不容易發脾氣、鬧脾氣，當面跟別人起衝突。這些都是學會寬容後所帶來的正面力量。

有一個人去看望他的一位朋友。他原本跟這位朋友有過很深的矛盾，因為他剛到一家公司做事時，在一次小小的失誤中，被這位擔任上級的朋友扣除了百分之二十的薪資，所以他非常氣憤，這件事便成了他的一個心結。在以後的工作中，不管他的朋友怎樣努力的想消除從前的誤會，他都固執的不理睬。但漸漸的，他開始發覺，朋友會在同事生日會上小心翼翼的留一塊蛋糕給加班的他；在端午節會為他煞費苦心的包兩個粽子；在炎炎夏日會在他的辦公桌上放幾顆鮮紅的大桃；還為他擦桌子……就這樣，像春風化雨般的溫情終於感動了他，在經過深思熟慮之後，他與這位朋友重歸於好，從此，公司裡就多了一對好兄弟，他們的友誼也更深了。

孔子一生提倡忠恕之道，其核心即為待人宜寬，他認為這是一個人修養品德的根本要訣。寬容，可使你表現出良好的素養，相反的，不寬容別人會使我們吃很多苦頭。

在生活中，不懂寬容的人多是心胸狹窄之人，這樣的人常會為一點小事，甚至一句閒話，坐臥不寧、茶飯不思、情緒紊亂，為一點點小事、一句閒話自殺的也大有人在。但是，一旦寬容別人之後，我們往往會經歷一次巨大的改變。眼界開闊了，人生也平和了，對生活又有了進一步的理解和認知。

寬容能為我們創造寬鬆的生活空間，寬容是消除人際關係緊張的緩衝劑，寬容是我們在日常生活中不可缺少的一種偉大的性格。嚴以律己、寬以待人是一種和諧相處的妙法。懂寬容的人，都是生活的智者。

原諒別人就是善待自己

程頤說：「憤欲忍與不忍，便見有德無德。君子之所以為君子，就在於他能容納小人。」常言道：「水至清則無魚，人至察則無徒。」這就告訴我們，如果對事物的觀察太敏銳，就會覺得他人渾身都是缺點，不值得與之交往；另一方面，旁人也會對你的過度挑剔感到難以忍受，而不願意追隨你。實際上，越是污穢的土地，土質越肥沃，越有利於萬物的生長；同樣，水流過於清澈，就很難讓魚類生存。所以說，君子要有寬宏的度量，不自命清高，要能夠忍讓，能夠接納世俗乃至醜惡的事物，這就是「君子不計小人過」的實質。

在日常生活和工作中，有不少人往往為了非原則問題，小小皮毛問題爭得不亦樂乎，誰也不甘拜下風，有時說著論著就較起真來，以至於非得決一雌雄才算甘休，嚴重的還要大打出手，這是堅決不可取的。那麼當自己遇到與人發生矛盾衝突後，究竟應該怎麼辦呢？糊塗哲學告訴我們，必須是「得饒人處且饒人」，既不要因為不值得的小事去得罪別人，更要能以一種豁達的心胸，以君子般的坦然姿態原諒別人的過錯。

我們常說，一念天堂，一念地獄，人活在天堂還是地獄，完全是由自己支配和掌控的。用一顆寬容的心，就可以讓我們從這個牢籠中獲得解脫。寬容別人的同時，也讓自己得到了解脫。

周佟佟是一個生長在單親家庭的孩子，而那個傳說中的爸爸則在她還沒出生的時候，為了他所謂的名利放棄了家境平凡的媽媽，跟一位富家女結了婚，也因此榮升為一家醫院的副院長。

在周佟佟不懂事的時候，她還會纏著媽媽要爸爸，可自從在外婆口裡得知了那個男人的可惡行徑之後，周佟佟的心裡除了恨就是恨。她努力的學習，努力的打工賺錢，一心想著要讓自己變得更強大，然後親手奪走那個男人所擁有的一切。可是在她還沒有變強大之前，那個男人卻找上了門。原來，那個男人與現任妻子所生的孩子得了腎病，且已經是末期，他們想讓周佟佟捐獻腎，且許諾照顧周佟佟和她媽媽以後的生活。周佟佟真的無法從感情上接受。因為一見到他們，周佟佟就想起媽媽獨自帶著她所受的苦，想起同學們嘲笑她是野種……

可是有一天，周佟佟在看一本書時無意中看到了這樣一段話：人世間最寶貴的是什麼？是寬容。寬容是世界上最稀有的珍珠，寬容的人幾乎優於偉大的人，善於寬容的人，總是在播種陽光和雨露，醫治人們心靈和肉體的創傷。同寬容的人接觸，智慧得到啟迪，靈魂變得高尚，襟懷更加寬廣。

把這段話讀了好幾遍後，周佟佟忽然想去醫院看看那個從未見過面的妹妹。而在去醫院的路上，她也在幫與不幫之間掙扎著。可是當她來到醫院，透過玻璃窗看著那個被病魔折磨的不成樣子的女孩時，周佟佟決定幫助她。周佟佟想：我一直活在自己的仇恨之中，覺得自己是這個世界上最不幸的人，可是現在我覺得自己很幸運，雖然我沒有得到爸爸的愛，但是他卻給了我生命。然後，周佟佟打通了那個深刻於腦海，卻從未撥打過的電話號碼，告訴他們自己的決定。而電話裡那有些哽咽的感謝也讓周佟佟心底某個堅持的角落開始塌陷。

手術室的燈熄滅，醫生宣布手術成功，周佟佟被一個高大的身體緊緊擁入懷中的那一刻，所有的仇恨都煙消雲散。從那以後，周佟佟不僅有了爸爸，還多了一個媽媽和妹妹。

一個人並不在於有多高的地位，多豐厚的身家，而是要有一種寬容別人就是解脫自己的心態，有了這種心態，寬容就不再是珠穆朗瑪峰，它會變成人人都可輕易走過的小山坡，每個人都可以翻越。

莎士比亞曾說：「不要因為你的敵人而燃起一把怒火，熱得燒傷自己。」

試想一下，如果周佟佟一直無法原諒他的父親，那麼，她必將生活在痛苦當中，覺得父親的背叛傷害了自己。這種想法，將會讓她的生活始終處於陰暗當中，但是周佟佟並沒有痛恨，她選擇了原諒，她用自己的寬容重新獲得了快樂，獲得了新生。你能說，這樣的選擇是錯誤的嗎？

寬容的最高境界是能容忍別人對自己的傷害。原諒他，你就不會被怒火燃燒，在平靜中獲得快樂和健康。選擇痛苦和快樂只在一念之間。是寬容還是記恨，決定權在我們自己的手中。

寬恕是文明的責罰

寬恕，是人類的一種美德，寬恕的本身，除了減輕對方的痛苦之外，事實上，也是在昇華自己。因為，當我們寬恕別人的時候，我們也能得到真正的快樂。犯錯是常見的平凡，寬恕卻是一種超凡。假如我們看別人不順眼，對別人的行為不滿意，痛苦的不是別人，而是自己。

寬恕是一種能力，一種控制傷害繼續擴大的能力。寬恕不只是慈悲，也是修養。

曾經有一個身材高大魁梧的人，他的臉特別黑，明顯是被太陽晒的，而且在他的臉上還遺留著戰場上的痕跡，他邁著堅實穩定的步子走在庫法市場上。有一個商人看到他走過自己的商店，想顯示一下自己的搞笑本領，逗他的夥伴們笑起來，於是就把一把垃圾扔向那個過路人。但是這個過路人並沒有因此而發怒，更沒有朝這邊看一眼，繼續邁著穩健的步伐朝前走去。當他走遠以後，旁邊的人對商人說：「你知道你剛才侮辱的那個人是誰嗎？」

「每天有成千上萬的人從這裡經過，我哪有心思會認識他呢？他也只不過是路過這裡的其中一員。難道你認識這人？」

他旁邊的人對他說：「你連這人都不認識，真奇怪，剛才走過去的這人就是著名的軍隊首領馬力克．艾施圖爾．納哈爾。」

「是真的嗎？他是馬力克．艾施圖爾．納哈爾？就是那個不但敵人聽到他的聲音就四肢發抖，連獅子見到他都會膽戰心驚的馬力克嗎？」

那個人說：「對，正是他。」

此時，那個商人吃驚的說：「哎呀！我真該死，我竟做了這樣的傻事，等到他回去以後肯定會下令嚴厲的懲罰我。我趕緊去追他，向他求救，求他饒了我這一回。」

那個商人說完以後就朝著馬力克走的方向追去，但是，事情並不像他想像的那樣，馬力克並沒朝家中走去，而是走進了清真寺。這個商人便跟著他進了清真寺。商人見他在禮拜，等他禮拜完之後，便走到他跟前低著頭說道：「對不起，我是剛才對你不禮貌的那個人。」

然而，馬力克卻對那個商人說：「向真主發誓，原先我是不來清真寺的，但是我看到你太無知，無緣無故的傷害過路人，正是為了你我才來這裡的。我為你而痛心，所以我來清真寺，想要祈求真主讓他引導你走正道，我並沒有像你猜測的那樣想嚴懲你。」

有能力責罰卻不去責罰，反而給予平等的待遇，這樣不但能夠感化敵人，為我所用，更能夠樹立自己的威望，得到更多人的尊敬和擁戴，從而將敵人轉化為朋友，少了一個敵人，便少了一些障礙。

可是在日常生活和工作中，有不少人往往為了非原則問題，小小皮毛問題爭得不亦樂乎，誰也不肯甘拜下風，有時說著論著就較起真來，嚴重的還要大打出手，人與人之間的關係由此走向破裂的邊緣。

要知道仇視、憤恨對我們自身都沒有任何益處，只能徒傷自己而令敵人稱快。為你的仇敵而怒火中燒，燒傷的是你自己。因此，耶穌在《聖經》裡鼓勵人們「愛你的仇人」，「愛你們的仇敵，善待恨你們的人。詛咒你的，要為他祝福；凌辱你的，要為他禱告」。如果你用報復的手段對待對手，你會招致一個什麼樣的後果呢？它將使你的對手更堅定的站在你的對立面，阻撓、破壞你的行動，破壞你創造的一切成果；而你也會因為心中充斥報復的憤怒無暇他顧，你的理想和目標就不會那麼輕易的實現。

所以，不為別的，只為了實現你的理想和抱負，學會寬恕那些曾經傷害過你的人吧！當別人損害你的利益，你也應以一顆寬容的心對待他。這樣，你的心靈也會得到平靜。

寬恕是治癒傷害的良藥。對於大多數人來說，寬恕他人要作很大的努力，因為在我們的認知裡，每個人都應該為自己所犯的錯誤付出應有的代價，這樣才符合公平正義的原則。但是朋友，當錯誤已經產生時，仇恨和憤怒除了讓錯誤造成更大的傷害，對錯誤本身沒有任何的益處。因為你要承擔因為報復所產生的風險，而這風險往往是難以預料的。而且不愉快的記憶，使我們不能從被傷害的陰影中走出來，痛苦總是如影隨形，我們也就不能得到生活中應有的快樂和平靜。所以，寬恕傷害過你的人吧！如果不能寬恕，那麼，至少盡可能忘掉他人對自己的傷害。

第6章　堅韌與勇敢

古希臘的智者柏拉圖曾說：「要是你無法避免，那你的職責就是忍受。如果你命運裡注定需要忍受，那麼說自己不能忍受就是裝傻。耐心是一切聰明才智的基礎。」能忍則忍，小不忍則亂大謀。忍耐是一種人生的智慧，只有忍得眼前不平事，身後才能成就萬古名。淡定的人，名揚萬古的人都善於忍辱負重，不是膽小、怯懦，而是一種大智大勇。

不怕失敗才會成功

不怕失敗是一種淡定的能力，它幫助我們去做某種使我們在本能上感到害怕的事情。這種能力是我們每個人所具有的，更是工作生活中要用到的一種品質，認識到這一點並且付諸行動，我們就能生活得更加精彩。

在現代生活中，個人生活與事業同樣都不可避免的要遇到各種各樣的挫折。面對困難和挫折，有的人恐慌、悲哀、沮喪、退縮，影響了學習和工作，損害了身心健康。有的人卻能笑對挫折，對環境的變化做出靈敏的反應，善於把不利的條件轉化為有利的條件，擺脫失敗，走向成功。這種人就是有著成大事的胸懷。

西元一八六四年九月三日這天，寂靜的斯德哥爾摩市郊突然爆發出一陣震耳欲聾的巨響，滾滾的濃煙霎時間布滿天空，一股股火花直往上竄。僅僅幾分鐘時間，一場慘禍發生了。當驚恐的人們趕到出事現場時，只見原來屹立在這裡的一座工廠已蕩然無存，無情的大火吞沒了一切。火場旁邊，站著一位三十多歲的年輕人，突如其來的慘禍和過度的刺激，已使他面無人色，渾身不停的顫抖著……這個大難不死的青年，就是後來聞名於世的阿佛烈・諾貝爾。

諾貝爾眼睜睜的看著自己所創建的硝化甘油炸藥的實驗工廠化為灰燼。人們從瓦礫中找出了五具屍體，其中一個是他正在大學讀書的活潑可愛的小弟弟，另外四人也是和他朝夕相處的親密助手。五具燒得焦爛的屍體，令人慘不忍睹。諾貝爾的母親得知小兒子慘死的噩耗，悲痛欲絕。年老的父親因太受刺激引起腦溢血，從此半身癱瘓。然而，諾貝爾在失敗和巨大的痛苦面前卻沒有退縮。

慘案發生後，警察局立即封鎖了出事現場，並嚴禁諾貝爾恢復自己的工廠。人們像躲避瘟神一樣避開他，再也沒有人願意出租土地讓他進行如此危險的實驗。困境並沒有使諾貝爾退縮。幾天以後，人們發現，在遠離市區的馬拉侖湖，出現了一隻巨大的平底駁船，駁船上並沒有裝什麼貨物，而是擺滿了各種設備，一個青年人正全神貫注的進行一項神祕的實驗。他就是在大爆炸中死裡逃生、被當地居民趕走了的諾貝爾。大無畏的勇氣往往令死神也望而卻步。在令人心驚膽戰的實驗中，諾貝爾沒有連同他的駁船一起葬身魚腹，而是碰上了意外的機遇——他發明了雷管。雷管的發明是爆炸學上的一項重大突破，隨著當時許多歐洲國家工業化進程的加快，開礦山、修鐵路、鑿隧道、挖運河都需要炸藥。於是，人們又開始親近諾貝爾了。他把實驗室從船上搬遷到斯德哥爾摩附近的溫爾維特，正式建立了第一座硝化甘油工廠。接著，他又在德國的漢堡等地建立了炸藥公司。一時間，諾貝爾生產的炸藥成了搶手貨，源源不斷的訂單從世界各地紛至沓來，諾貝爾的財富與日俱增。

然而，獲得成功的諾貝爾並沒有擺脫災難。

不幸的消息接連不斷的傳來：在舊金山，運載炸藥的火車因震盪發生爆炸，火車被炸得七零八落；德國一家著名工廠因搬運硝化甘油時發生碰撞而爆炸，整個工廠和附近的民房變成了一片廢墟；在巴拿馬，一艘滿載著硝化甘油的輪船，在大西洋的航行途中，因顛簸引起爆炸，整個輪船全部葬身大海……一連串駭人聽聞的消息，再次使人們對諾貝爾望而生畏，甚至把他當成瘟神和災星。如果說前次災難還是在小範圍內的話，那麼，這一次他所遭受的已經是全世界的詛咒和驅逐了。諾貝爾又一次被人們拋棄了，不，應該說是全世界的人都把自己應該承擔的那份災難推給了諾貝爾一個人。面對接踵而至的災難和困境，諾貝爾沒有一蹶不振，他身上所具有的毅力和野心，讓他義無反顧，永不退縮。在奮鬥的路上，他已習慣了與死神朝夕相伴。

炸藥的威力曾是那樣不可一世，然而，大無畏的勇氣和矢志不渝的堅韌激發了他心中的潛能，最終他征服了炸藥，嚇退了死神。諾貝爾贏得了巨大的成功，他一生共獲專利發明權三百五十五項。他用自己的巨額財富創立的諾貝爾科學獎，被國際科學界視為一種崇高的榮譽。

每一次失敗都磨練著你的意志，提高著你的認識水準，考驗著你的持久心。歷史告訴我們，成功志士的生活始終充滿著鬥爭，他們正是以自己堅強的意志不斷超越失敗，從不斷戰勝困難的過程中創造出奇蹟的。

我們最大的榮耀不是我們從未失敗過，而是我們能夠越挫越勇、再接再厲。是的，失敗並不可怕，可怕的是我們把暫時的失敗當成最後的結果，從而不能冷靜的對待，找到失敗的原因。消沉於失敗的陰影中，導致本來可以變好的局面變成失敗的結果。

其實，失敗是人生的一筆十分寶貴的財富。那些善於從失敗中總結經驗的人，總是能找到問題的所在，然後再對症下藥，最終也就取得了事業的成功。其實對於成功者而言，沒有失敗只有結果。

目標專一，內心才不會迷茫

有人曾說：「不管是做企業還是做人，都最好確立一個目標，然後再專注於一個目標，這樣你才能心無旁騖的直線前進，才不會因為貪戀路邊其他的風景而瞎忙，最終白白浪費了許多寶貴的時光……成功者的常態就是失敗者的變態。成功者都有強烈的企圖心，對自己所設的目標懷有強烈的欲望，有時幾乎達到常人無法理解的『變態』的境地。」他是在告訴我們：在前行的道路上，只有專注於自己的目標，才能心無旁騖，不會因外界的種種誘惑而迷茫、搖擺，才不會瞎忙。

他曾經是一位十分平庸的英語學習者，大學時英文考試都不及格。他決心改變這種窘境，於是連續幾個月的「瘋狂」學習，不但改變了他自己的命運，也掀起一股學習英語的狂瀾。他就是創造了「瘋狂英語」學習法的李陽。

李陽說自己的工作是使英語成為「小菜一碟」的工作。面對學習英語的情況，李陽說，有幾億人曾經或者正在學外語，可是真正能夠有效交流的很少，這是一種巨大的資源浪費。

李陽之所以能夠喚醒眾多在英語面前已經失去自信的心靈，原因在於李陽也曾經是一個十分平庸的英語學習者，大學一、二年級的時候連續英文考試不及格，但他堅持的精神使他獲得了成功，成為了一個英語學習的神話。

一九八七年冬，在大學工程力學系讀二年級的李陽，決心改變英文學習的窘境，以「長痛不如短痛」的心態。

「我為什麼一定要掌握英語——現在多花一分精力去精通它，將來它會十倍百倍的報答我！」一九八七年、一九八八年冬春之交的四個多月裡，李陽進行了一段苦行僧式的苦讀。他從口語入手，進行背誦複述和自我對話，口袋裡裝滿了寫有英文句子的紙條。李陽把這個方法叫做「口腔肌肉訓練和自我改造語言環境」，「語言如果不去說，怎能叫『語』叫『言』呢?」有些美國人不認識字，只知道把千個單字、幾百個句子，可是卻能夠正常交流。即使不會寫不會看，但是你會聽會說，就有了一種實在的對英語的擁有感。有很多英語學習者認識幾千個單字，讀得懂上萬個句子，可是卻說不出口。為此，李陽提出的口號是:「為了說一句地道、純正和優美的英文，我就有聽一百遍錄音帶的決心，就有複述一百遍的恆心，就有狂喊一百遍的痴心。」也許只有一句，但起碼他已真正擁有四個多月的「瘋狂」學習，使得本來非常內向的李陽具備了演說家的感召力，厭倦的英語變成了他的最佳搭檔。

在考試答卷時，李陽用了五十分鐘就交卷並且獲得了全校第二名，接著又在全校演講比賽中獲得了第一名。

在僅僅幾百場演講中，李陽就吸引了超過五萬人次的聽眾，最重要的原因就是:李陽不但傳播了行之有效的學習方法，而且傳播了積極向上、激發潛能的精神。後者更使人著迷，解脫了很多人的性格枷鎖。

李陽在少年時代是非常痛苦、害怕落後、內向而且十分自卑的，曾經因為害怕給父親複述電影的內容，他寧願不看電影。

當李陽在大學因為英語而變得小有名氣時，他又開始想著怎樣進一步改造自己。一天，李陽突發奇想：為什麼不寫一篇演講稿，和人們分享一下自己的英語學習經驗？為此，李陽花了兩天多的時間寫成了四十多頁的草稿。但是下一步呢？若真的面對大家說話，「我寧可下十次地獄，也不願體會那種緊張心情。」

經過幾天的思想鬥爭，李陽想出來一個破釜沉舟的計策。他叫同學貼出海報，說有一個叫李陽的人將開一個講座。當階梯教室訂好以後，李陽毫無退路了。那天晚上，李陽晚餐都吃不下，害怕得直想吐，把演講稿都捏破了。

七點鐘，李陽被朋友們推到了講臺上，差一點絆倒在臺階上……

李陽認為：與其成天苦想，不如善待此生。不願意捨棄小快樂的人，是無法獲得大快樂的。這就是成功者和平庸者的差距。為了鍛鍊聽力，李陽聽壞了三臺錄音機；為了過單字這一關，李陽跟朋友打賭背了一本英文字典；為了與不專心做鬥爭，李陽強迫自己星期天連續坐在椅子上九個小時。

一九九〇年七月，李陽大學畢業以後來到一家電子研究所做了一年半的工程師，在此期間李陽堅持跑到九樓頂樓繼續說英語。

一九九二年，李陽孤身南下，以出色的英語水準被調入英語電臺，擔任電臺英語臺新聞播音和「Talkshow」的主持人，主持英語新聞節目。

李陽從大學開始，運用克立茲（英語「瘋狂」的意思）語言突破法，依次自學了德語、日語和法語。李陽用這種方法教會了很多外國人說中文。

一九九四年下半年，李陽主動辭職，在大樓租了一間辦公室，成立了「李陽‧克立茲國際英語口語推廣工作室」，開始向巨大的學習市場邁進。李陽想用產業化的方式開拓市場。他與三四個員工白天工作，晚上就住在辦公室。

李陽想把自己寶貴的方法提供給別人。李陽說，學習，永遠不晚！李陽把以下這段演講詞獻給每一個渴望進取和不斷成長的人：「很多人都把別人經過艱苦努力而獲得的才能簡單的總結為天才，從而給自己找到最好的藉口……朋友們，與其羨慕別人，不如自己一試。如果以為天資不如別人，那麼你就多花點時間，一句地道的英文，別人讀十遍，你就大喊五十遍，一直到脫口而出，這樣你不也能說英文了……所以不要悲觀，更不要懷疑自己的記憶力和語言模仿能力！成功的結果只是冰山一角，努力是冰山的水下部分，占了六分之五以上，但卻默默不見的泡在苦苦的海水裡。如果我們也去做那六分之五，難道就得不到六分之一嗎？」

由此可見，無論做什麼事情，一定要首先選定正確的目標，然後再以淡定的心態專注於這個目標，只有這樣，才能有效的將事情完美的完成，才不會讓自己瞎忙。也就是說，一旦確定了自己的人生目標。就要有堅持的毅力和氣概，一心一意執著的追求。這樣你會發現在專心致志的追求出色的人生目標的過程中，你的人生也會熠熠生輝、色彩斑斕。

學會忍讓，大丈夫能屈能伸

忍是一種虛懷若谷的雍容大度，是一種為了實現遠大的目標而施展的一種淡定，也是一個人智慧的表現。

忍耐是在我們人生過程中，任何人都要經受的最困難的一件事。一旦你忍耐的工夫練得爐火純青，那麼你就能取得以柔克剛的效果。在傳統的人生哲學中，「忍」歷來被人們所重視，也歷來被人們所提倡。

《勸忍百箴》是最系統的忍學教科書，為元代學者許名奎所著。作者一生飽經滄桑，總結自己和歷史人物的經驗教訓，得出這部忍學精華。他將人一生的所為，以一「忍」字概之。孔子曰：「百行之本，忍之為上。」諺語也曾說：「得忍則忍，得戒則戒；不忍不戒，小事成大。」由此我們可以看到，無論是對人對己，忍與不忍都事關重大。忍則心平身安，不忍則禍及身家。所謂「一忍百事成，百忍萬事興」，說的就是這個道理。李淵的忍功就是最好的明證。

隋煬帝大業十一年，李淵出任山西、河東撫慰大使，奉命搜捕群盜，對於盜寇，他都能手到擒來，毫不費力，但對於制服北方的突厥，李淵卻感到力不從心。突厥恃有鐵騎，民眾又善於騎射，多次與李淵人馬戰，勝多敗少。突厥兵肆無忌憚，李淵視之為不共戴天之敵。

西元六一六年，李淵被詔封為太原留守，突厥竟用數萬兵馬反覆衝擊太原城池，李淵遣部將王康述率千餘人出戰，幾乎全軍覆沒。後來巧使疑兵之計，才勉強嚇跑了突厥兵。還有更可惡的是，盜寇劉武周突然進攻歸李淵專管的汾陽宮（隋煬帝的行宮之一），掠取宮中婦女，獻給突厥。突厥即封劉武周為定楊可汗。另外，在突厥的支持和庇護下，郭子和、恭舉等紛紛起兵鬧事，李淵防不勝防，隨時都有被隋煬帝以失責為藉口殺頭的危險。

大家都以為李淵懷著刻骨仇恨，將會與突厥決一死戰。不料李淵竟派遣謀士劉文靜為使，向突厥屈節稱臣，並願把「子女玉帛」統統送給可汗！

李淵的這種屈節讓步行為，就連他的兒子都深感恥辱。李世民在繼承皇位之後還念念不忘：「突厥強梁，太上皇（即李淵）……稱臣於頡利（指突厥），朕未嘗不痛心疾首！」

李淵卻「眾人皆醉我獨醒」，他有他自己的盤算，屈節讓步雖然面子上難看一點，但能屈能伸方可成為大丈夫。

原來李淵根據天下大勢，已斷然決定起兵反隋。要起兵成大氣候，太原雖是一個軍事重鎮，但還不是理想的根據地，必須西入關中，方能號令天下。西入關中，太原又是李唐大軍萬萬不可遺失的根據地。那麼用什麼辦法才能保住太原，順利西進呢？

當時李淵手下兵將不過三四萬之眾，即使全部屯住太原，應付突厥的隨時出沒，同時又要追剿有突厥撐腰的四周盜寇，也是捉襟見肘。而現在要進伐關中，顯然不能留下重兵把守。所以，唯一的辦法是採取和親政策，讓突厥「坐受寶貨」。所以李淵不惜屈節讓步，自稱外臣，親寫手書道：「欲大舉義兵，遠迎主上，復與貴國和親，如文帝時故例。大汗肯發兵相應，助我南行，幸勿侵暴百姓。若但欲和親，坐受金帛，亦唯大汗是命。與突厥約定，共定京師，則土地歸我唐公，子女玉帛則統統獻給可汗。」

退一步海闊天空。唯利是圖的始畢可汗果然與李淵修好。在李淵艱難的從太原進入長安的這段時間裡，李淵只留了第三子李元吉率少數人馬駐紮太原，卻從未遭過突厥的侵犯，依附突厥的劉武周等也收斂了不少。

李元吉於是有能力從太原源源不斷的為前線輸送人員和糧草。等到西元六一九年，劉武周攻克晉陽時，李淵早已在關中建立了唐王朝，此時的唐王不僅在關中站穩了腳跟，且擁有了新的幅員遼闊的根據地，而此時的劉武周再也不是李淵的對手。李淵派李世民出馬，沒費多大力氣便收復了太原。

另外，由於李淵甘於屈節讓步，還得到了突厥的不少資助。始畢可汗一路上送給李淵不少馬匹及士兵，李淵也借機購來許多馬匹，這不僅為李淵擁有一支戰鬥力極強的騎兵奠定了基礎，而且因為漢人素懼突厥兵英勇善戰，李淵軍中有突厥騎兵，自然憑空增加了不少聲勢。

李淵屈節讓步的行為，看似為人所不齒，但是暫時的屈節讓步，往往是實現「野心」的必要條件，贏取對手的資助，不斷走向強盛，然後再使對手向自己屈節。李淵屈節讓步的行為，在當時的情況下，不失為一種明智的策略，它使弱小的李家軍既平安的保住了後方根據地，又順利的西行打進了關中。突厥在後來不得不向唐稱臣，突厥可汗還曾在李淵的使喚下順從的翩翩起舞呢！

忍能成大器。只要你在做人的準則中牢記這一條，你定能成大器。漢朝時的韓信，若不是能忍得住那「胯下之辱」，怎能從一個貧困潦倒之人一躍而成淮陰侯？至於傳統美德造就出了古今多少英雄，那更不必說了。

可見，忍耐並非是一種懦弱，而是一種修養，能夠忍耐人性中惡的東西，也是一種自我磨練。故此，可以斷言——「忍」能使你成大器。只要牢記「忍」，足能有所成就。越王勾踐，臥薪嚐膽，以一國之君的身分做人馬夫，最終贏得了「三千越甲可吞吳」的大業。

「忍」能助你出人頭地。這是古今官場的絕對真理。如果你能在非原則的事情上不與上司爭得面紅耳赤，不為上司的一點點小脾氣而大動肝火，那麼你會以最便捷的辦法登上權力之峰。

「忍」能給你帶來財富。商海中講究「和氣生財」，這一點我們用猶太人的經商法則來加以證明。在猶太人看來，對暫時不利於自己的小人要忍耐。他們的《塔木德》一書中有句話，「與其與狗爭道被咬傷，還不如讓狗先走。」因為即使你將狗殺死，也不能治好被咬的傷。這一精闢理念，告訴人們用忍讓暫時躲避傷害，退一步海闊天空，這樣做不但能避其鋒芒，脫離困境，而且還可以另闢蹊徑，重新占據主動。

生命中總是有著幾多痛苦，幾多折磨，幾多困苦，幾多險境……幾乎每個人在生命的旅途上，都要受到命運之神的捉弄。

當你不甘心做命運的奴僕而又未能扼住命運的咽喉之時，必須學會忍耐——讓所有的痛苦都在忍耐中得到淡化，所有的眼淚都在忍耐中化作輕煙。

能恕人之所不能恕，才能容人之所不能容；能忍人之所不能忍，才會有為人之所不能為。

忍讓是祛除病災的良方。只有具有大才大略的人，才有大恕大忍之量。只有善於忍讓的人，才能消除禍災。忍耐能夠磨練人的意志，使人處世沉穩，面臨厄運泰然自若，面對毀譽不卑不亢。忍耐使人剛直不阿，淡泊名利。忍耐可以使人以堅強的心態和從容的步履走過歲月，走過人生。當你走過黑暗與苦難的隧道後，你或許會驚訝的發現——平凡如沙粒的你，不知不覺中，已長成一顆珍珠。

不和別人爭面子

人們常說，「人為一口氣，佛為一炷香」。面子既不能不要，也不能都要。我們一定要對這個問題有一個正確的認識。否則，自己為了要面子，而實際上往往是丟了面子，丟了面子是小事，但是為了面子而活受罪則實在是不划算的。

要給人留面子，你首先要養成絕對不去指責他人的習慣。指責是對人面子的一種傷害，它只能促使對方站起來維護他的榮譽，為自己辯解，即使當時不能，他也會在日後尋機報復。

有些人在說話的時候，總是不去看別人的臉色，不管時機和場合，只為滿足自己欲望，不顧及他人的面子，說個不停。

王芳是一家大型企業的高級職員，她的能力是有目共睹的，無論是工作能力，還是文字能力，都處在公司的一流水準，上司對她的能力也是充分肯定的。平時，王芳熱情大方，率真自然，也是比較受人歡迎的。但是，成也蕭何，敗也蕭何。王芳的率真和不加掩飾過於情緒化，不論對誰，只要她看見不對的地方，就不加保留的指責出來，一點也不給人面子。這在職場中可是個大忌。前不久，公司提拔了一個無論是資歷，還是能力和業績都不如她的女同事。王芳很生氣，平時上司就對這位女同事特別關照，什麼升遷、加薪等好機會都會想著她，好事幾乎都讓她占盡了。眼看著處處不如自己的同事，一年之內竟然被「破格」提拔了三次，而自己的業績明明高出她好多，但上司好像視而不見，只是一個勁的讓她好好工作，而好機會總沒她什麼事。

這次，王芳真的氣惱了，她義憤填膺的跑到上司的辦公室去「質問」，並義正言辭的與上司「理論」起來，可上司那裡早已準備了一些冠冕堂皇的理由，儘管這樣，上司還是被王芳搞得非常狼狽。從那以後，王芳的情緒一度受到影響，還因此倍受冷落，同事也不敢輕易同她說話了。王芳很難受，又氣又急又惱火，自己怎麼也想不通為什麼工作做了一大堆，主管安排的工作也能高標準的完成，可為什麼總是費力不討好呢？看看那位女同事，也沒做出什麼出色的成績，可人家的總是好事不斷。

每個人都會遇到許多不順心、不如意的事，甚至還會碰到被冤枉、被欺負的事，在此關頭，是忍還是怒，可能在這短暫的時間內就能決定你的禍福。有許多人，為了一些小利益的爭執或是一些涉及尊嚴和面子的事而發生口角之爭，互不相讓，以至大吵大鬧，進而大打出手，結果往往兩敗俱傷。有的為了物質利益上的爭執，甚至鬧出了人命案子，打死的一方肯定會陰魂不散，而另一方則要「殺人償命」。

由此可見，忍字是多麼的重要。古人云「忍一時風平浪靜，退一步海闊天空」。適當的忍讓不但能化解災禍，消除爭端，甚至有時還會帶來許多意想不到的結局。

據說清代中期，有個「六尺巷」的故事。當朝宰相張英與一位姓葉的侍郎都是安徽桐城人。兩家毗鄰而居，都要起房造屋，因地皮發生了爭執。張老夫人便修書北京，讓張英出面干預。宰相到底見識不凡，看罷來信，寫上一首打油詩勸導老夫人：「千里家書只為牆，再讓三尺又何妨？萬里長城今猶在，不見當年秦始皇。」張母見書明理，馬上將牆主動退後三尺；葉家見此，深感慚愧，也把牆讓後三尺。因此，張葉兩家的院牆之間，形成了六尺寬的巷子，成了有名的「六尺巷」。

一場本來可能導致兩家大動干戈的小小紛爭，被張英的寬宏忍讓所化解，最後兩家化干戈為玉帛，握手言和，是一種再好不過的結局了，倘若一家認為自己丟了面子，那麼結局便往往難以收場。

其實，人與人之間的忍讓是一種美德。朋友的誤解，親人的錯怪，流言製造的是非，訛傳導致的輕信……此時惱怒不會春天化雨，生氣無助霧散雲消，只有一時的忍讓才能幫助你恢復應有的形象，得到公允的評價和讚美。

但忍讓並不是懦弱可欺，正相反，它更需具備自信和堅韌的品格。「忍」字，至少有兩層意思：其一是堅韌和頑強。晉朝朱伺在《晉書・朱伺傳》中說：「兩敵相對，唯當忍之；彼不能忍，我能忍，是以勝耳。」這裡的忍，正是頑強的精神展現。其二是抑制。南宋愛國詩人陸游，胸懷「上馬擊狂胡，下馬草戰書」的報國壯志，也曾寫下過「忍志常須作座銘」。這種忍耐，不也正凝聚著他們頑強、堅韌的寶貴的品格嗎？豈能說他們是懦弱可欺呢？

歌德有一天到公園散步，對面走來了一位曾經對他作品提出過尖銳批評的批評家。他站在歌德面前大聲嚷道：「我從來不給傻子讓路！」歌德回答道：「而我正好相反！」邊說，邊滿面笑容的讓在一旁。歌德的幽默消除了自己的惱和怒，避免了一場無謂的爭吵。從某種意義上講，既為自己擺脫了尷尬難堪的局面，順勢下臺，又顯示出了自己的心胸和氣量。

適時的忍讓，恰當的「丟臉」不但無損你的利益和名譽，有時還會讓別人對你刮目相看，從心底裡得到別人的尊重，這種兩全其美的事情，是每個有淡定心態的人應該悟透的。

受點委屈，沒什麼大不了

「智慧」已經鈍化，「天才」無能為力，「機智」與「手腕」已經失敗，各種能力都束手無策、宣告絕望的時候，「忍耐」就是贏得成功的法寶。

忍耐是一種美德，是一種成熟的涵養，更是一種以屈求伸的深謀遠慮。同時，忍耐也是人類適應自然選擇和社會競爭的一種方式。

世界上許多在事業上非常成功的猶太籍、日籍的企業家、金融巨頭亦將忍字奉為修身立本的真經，均在家中、辦公室裡懸掛巨大的忍字掛畫……可以毫不誇張的說，忍學是世界上成功的企業家、政治家、軍事家、外交家、科學家的必修之課。

為什麼如此提倡「忍」呢？因為，生活中如果我們只做高興、喜歡的事，是很容易的。但是要全神貫注的去做一些不快的、討厭的，為我們的內心所反對的，但我們又不得不去做的事，卻是需要勇氣、需要耐性的。

梁文是負責一個專案的組長。他的助手阿強似乎對他頗有意見，但是對於問題的起因，梁文並不是很清楚。阿強的職責是幫助梁文協調會議和培訓安排，可是梁文要阿強準備好發言材料時，阿強的態度卻不大好。

在開會的時候，阿強也不配合，總是暗指梁文的工作能力不強，當梁文問他一個資料時，他說：「我已經給你說過幾次了，難道你都不記得了嗎？」這樣的情形出現幾次後，他倆的衝突終於爆發了。

小組裡另一位同事因病不能上班，他的工作必須由梁文分給別的同事，同事平時負責的那部分職責是由阿強安排的，梁文希望阿強告訴他一下，可阿強卻沒好氣的說：「哦，難道你沒有參加會議嗎？」

事到如今，兩人的糾紛已經十分公開了，如果不解決這個問題以後相處都有麻煩。梁文和阿強還要繼續合作下去，可是要解決糾紛也不是一件容易的事。直接找他？阿強好似已對梁文有了戒心，效果一定不會很好。或者繼續裝聾作啞，希望事態能夠好轉，還是私下裡和阿強唱反調，利用一些機會給他報復？

這幾種方法都不是最好的，畢竟面對的是隱蔽、間接的行為，就像是在播放的收音機裡發出的靜電噪音一樣。隨著音量的增大，它很可能會引起人們的注意，如果你不採取行動，噪音就會越來越大。更糟糕的是，如果這種關係進一步惡化，危害將波及所有的同事。

梁文選擇了一種解決方法，那就是先裝作沒事的樣子，但是私下裡找另一位同事幫忙。李剛和他倆的關係都不錯，由他出面，是比較合適的，起碼阿強不會對李剛抵觸。經過側面了解，原來梁文經常在阿強面前發一些無心的評論，有時不小心就傷了阿強，可阿強又是個敏感的人，雖然他不明說，但心裡一直是有疙瘩的。好在李剛做了這樣的中間人，之後梁文才對症下藥，改善了與阿強的關係。要是當時他直接和阿強吵起來的話，估計對誰都不好，現在有了中間人協調，總算處理得不錯，阿強也不再對梁文生氣，畢竟還是要工作。

當工作場所出現類似不和諧的音符時，最好在事態惡化之前予以化解。同時，考慮一下，如果親力親為效果不好的話，能讓外人幫忙也不錯。千萬不要一味強調自己的感受，有些時候受點委屈也不是什麼大不了的事。畢竟同事相處的時間是很長的，為了有個好的工作環境做點犧牲也是可以容忍的。

眼前虧該吃就吃

好漢要吃眼前虧的目的是為了留得青山在，要以吃眼前虧來換取其他的利益。如果因為不吃眼前虧而蒙受巨大的損失或災難，甚至把命都弄丟了，那還有什麼意義呢？

可以假設這樣一種情況：你開車和別的車蹭撞，對方只是「小傷」，甚至可以說根本不算傷，可是對方車上下來四個彪形大漢，個個橫眉豎目，圍住你索賠。眼看四周荒僻，也無公用電話，更不可能有人對你伸出援助之手。請問，你要不要吃「賠錢了事」這個虧呢？

當然可以不吃，如果你能「說」退他們，或是能「打」退他們，而且自己不會受傷。如果你不能說又不能打，那麼看來也只有「賠錢了事」了。因為，「賠錢」就是「眼前虧」，你若不吃，換來的可能是更大的損失。所以說，「好漢要吃眼前虧」。

當年「揚州八怪」之一的鄭板橋，曾經說了兩句流傳千古的至理名言：「難得糊塗」，「吃虧是福」。這兩句名言包含著人生的兩種境界，「難得糊塗」比較容易被世人所理解。而「吃虧是福」卻很難被急功近利之人理解和認同。因為在許多人眼中，「吃虧」是一種愚蠢的行為。其實那只不過是一種表象而已。如何理解呢？我們用一個例子來說明：

據報載，盛大網路前總裁唐駿在卡拉OK盛行的時候，研發了一個專門用於卡拉OK設備上的打分機，演唱者唱完一首歌後，打分機就會自動打出分數，這一設備增加了賣點。三星公司以八萬元的價格買斷唐駿該項專利後，其卡拉OK設備在整個市場的占有率一下子從百分之十幾提高到百分之三十多。三星的競爭對手——日本先鋒公司向三星購買專利使用權，花了一百五十萬元。三星依靠該項專利成為大贏家，很多朋友都覺得唐駿特別虧。

這位IT產業的風雲人物，在談到早年的吃虧經歷時，並沒有一絲遺憾，相反，對當年的吃虧還心懷感激。唐駿說，應該感謝三星公司，如果沒有三星來買這項專利，就沒有我創業之初的八萬元創業資金，或許後來的事業也不會這麼順利。唐駿認為，這件事教會了他如何將專利變成商品，使他從一個學者型的人變成一個事業型的人。

綜觀唐駿的吃虧經歷，竟然被當事人理解為福分。可見，「吃虧是福」不是阿Q式的精神自慰，而是一種糊塗處世的智慧。吃虧是福。我們要學會正確的調整心態，坦然面對吃虧，從而讓我們在人生路上走得踏踏實實、快快樂樂。

生活中的聰明人，總是善於吃虧，為了大的目標他們不介意吃點小虧，並且善於從吃小虧中得到更多利益。

李平在上大學的時候，大家都覺得她心細如髮，做事不那麼雷厲風行。雖然通常會為她的好心而動容，但說實話，關於她的將來，還真沒有人特別看好。從學校畢業後，他們那一屆大多被分到一家由一些女性占據領導地位的國有公司，大家都覺得有點不那麼自在，但李平與她們很快就打成了一片。

李平在公司吃午餐，一些媽媽級別的同事們都把自己的小孩子帶來玩。一般沒有結婚的女子頂多出於禮貌過去逗孩子幾分鐘，吃飯的時候都躲得遠遠的，生怕孩子的油嘴、油手弄髒了自己的衣服。但是李平卻不然，她看起來是真心實意的喜歡那些孩子，她坐在小孩子旁邊，餵他們吃飯，給他們擦鼻涕……結果自己不僅沒吃好飯，而且乾淨的衣服也被弄得髒兮兮的。席終，她成了孩子們最喜歡的阿姨，媽媽們也同她結成了好友。

李平是分到公司去的同學中升遷最快的。當初有一個分到公關部的名額，大家怎麼也想不到會是外貌、英文都一般的李平。可是她似乎又沒有使用什麼特別的手段，只是一味真誠的待人，哪怕自己吃點「虧」。

那時候，每次過節，公司裡照例會分一大堆年貨。李平的父母不在本地，善於吃虧的她有充分的理由把年貨都送給組長劉姐。雖然李平在本地也有許多親戚，但李平很明白劉姐在此時對她的意義。果然，當主管來徵求劉姐對新分來的一群大學生的意見時，李平的分數最高，主管透過劉姐也認識了李平。

還有一次，大家起鬨讓主管請大家吃火鍋。起因是主管平時比較節儉，但因為那次得了獎，拿了一筆不菲的獎金。去的時候，李平讓大家先坐，說有點事要辦，但特別叮囑大家去包房，要等她到了才點菜。大家坐了好一會，李平才到，拿了一大包超市裡買來的東西，神神祕祕的。等服務員一出包房門。李平就趕緊從塑膠袋裡取出她從超市裡買來的蛋餃、魚丸、蟹棒、肉罐頭……這樣，每次請服務員出去加點湯的當下，李平就往湯裡倒一大堆東西。結果，大家只花很便宜的價錢，就在那家有名的火鍋城大吃了一頓。當晚，最高興的當然是做東的主管。雖然大家對李平有點不屑，覺得二十出頭的女孩子，弄得像一個斤斤計較的主婦似的，但李平的出頭之日就是來得比較快。最後，李平還是同學中最先買房、買車的人。大家不能不承認，她的善於「吃虧」成就了她的快速發展。

正因為這個道理，人們常說：世上千好萬好，唯有「吃虧」最好；人間這福那福，只有「吃虧」是福。有道是吃虧一事，得益十事，吃虧一時，安樂一世，可見「吃虧」之福無盡也。

表面吃虧，暗中受益

在有些時候，我們所聽的一些「虧」只不過是事情的表象而已。有時候，一件看似吃虧的事情，最終往往會變成對自己有利的事情。

曉琳剛從學校畢業後就進入出版社做編輯。剛進公司時，因為是新人，所以經常受別人的指派。有時候會被派到發行部幫忙，有時候又會被派到業務部幫忙，曉琳剛開始心裡也很委屈，認為自己是一個編輯，為何天天像個苦力一樣做這種粗活，但是她又無可奈何。

她在發行部幫忙包書、送書；到業務部，又參與各種直銷工作，甚至連取稿、跑印刷廠、郵寄等本不屬於她分內的工作，都有人讓她去做。後來，漸漸的，曉琳摸清了出版社的整個業務的流程，各種工作都得心應手。

兩年過後，她憑藉自己各方面的實力，成為出版公司的業務精英，薪水也上升了好幾倍，沒想到當時吃的「虧」竟讓自己占到便宜了。

曉琳表面上看似吃了「虧」，實則是占到了大便宜。所以，在生活中，當我們因為吃虧而心生怨恨或煩惱時，一定要及時改變想法，將吃虧當做一種機會，將它看成一種快樂的事情，最終你會得到意想不到的收穫。

在很小的時候，家長就告訴我們不要占別人的便宜，但也不要吃虧，否則，會被別人看成是「傻子」。其實，長大後才明白，事實並非如此，吃虧反而會得到意外的驚喜，不信你看：

東漢時期，有一個名叫甄宇的在朝官吏，時任當時的太學博士。他為人極為忠厚，遇事也很懂得謙讓。他每天都樂呵呵的，官吏都願意與其接近。

有一次，皇上將一群外番進貢的活羊賜給了在朝的官吏，要他們每人領一隻回家。在分配活羊時，負責分配的官吏犯了愁：這群羊大小不等，肥瘦又不均，如何分才讓群臣們沒有異議呢？

皇上讓大臣們獻計獻策，這些羊到底如何分才算合理。有的大臣說：「可以將羊全部都殺掉，然後肥瘦搭配，人均一份。」也有人說：「乾脆大家抓鬮，抓到哪隻是哪隻，全憑個人運氣。」

就在大家七嘴八舌爭論不休之時，甄宇站了出來，說：「分隻羊不是極簡單的事情嗎？依我看，大家隨便牽一隻不就可以了嗎？」說著，自己便從中牽走了最瘦小的一隻。

看到甄宇這樣做，其他人也不太好意思牽最肥壯的，於是，大家都挑最小的羊開始牽。很快，羊被分完了，大家都沒有任何怨言。

皇上看到甄宇如此大度，就當即賜予他「瘦羊博士」的美譽。不久後，在群臣的共同推舉下，甄宇又做了太學博士院的最高官員。

從表面來看，甄宇牽走了那隻瘦小的羊是吃了虧，但是，他得到了皇上的器重和群臣的擁戴，實則是占到了大便宜。正所謂「吃虧是福」。一些聰明的人遇到事情是不會去斤斤計較的，而是能夠成功的運用吃虧的智慧，得到更多的「福分」。

在人生的選擇過程中，我們總會面對自己可能損失的利益。如果我們懂得「吃虧」的處世之道，就不會因為個人利益的得失而心存煩惱和猶豫。在適當的時候我們要讓出自己的一部分權利和利益，這種放棄、給予、「吃小虧」，往往是為了達到某一個更高的目標。

從客觀的角度說，一個人只要願意吃小虧，日後必有大「便宜」可得，也必成「正果」。那種事事要占便宜不願吃虧的人，只會使自己的路越走越窄，也很難有大便宜到手。這也是被許多歷史經驗和先人後事所證明了的。

當然吃虧也需要善於分析利弊，懂得技巧。現實生活中，能夠主動吃虧的人實在太少，這並不僅僅因為人性的弱點，很難拒絕擺在面前本來就該你拿的那一份，也不僅僅因為大多數人缺乏高瞻遠矚的策略眼光，不能捨眼前小利而爭取長遠大利。能不能主動吃虧，還和實力有關，因為吃虧以後利潤畢竟少了，而開支依然存在，就很可能出現虧空，如果你吃虧後很快就能獲得報答那麼還挺得住；反之，吃虧就等於放血，對體弱多病的人來說，可能致命。

所以，淡定的人就要學會理性的吃虧，從吃虧中獲得長遠的利益。

有容德乃大，有忍事乃濟

在現實生活之中，有多少的口角、爭鬥與矛盾是失於忍而造成的呢？諸如我踩你一腳，你回我一眼，出言不遜，接著雙方就怒目相對，彷彿是不共戴天的仇敵；或是在排隊時爭相推搶，一有得失，便惡言惡語，甚至當眾大打出手……諸如此類的生活瑣事，不勝枚舉。其實這些小事，只要稍稍忍耐一下，便會煙消雲散。這道理甚為簡單。

忍是一種妥協，是一種策略，但並不是屈服和投降，它其實是一種非常務實、通權達變的智慧。

一次，一個男青年往地上吐了一口痰，被售票員看到了，對他說：「為了保持清潔衛生，請不要隨地吐痰。」

沒想到那男青年聽後不僅沒有道歉，反而破口大罵，說出一些不堪入耳的髒話，然後又狠狠的向地上連吐三口痰。

那位售票員是個年輕的女孩，此時氣得臉色漲紅，眼淚在眼圈裡直轉。附近的人議論紛紛，有為售票員抱不平的，有幫著那個男青年起哄的，也有擠過來看熱鬧的。大家都關心事態如何發展，有人悄悄說報警，免得一會打起來。沒想到那位女售票員定了定神，平靜的看了看那位男青年，對大夥說：「沒什麼事。」一面說，一面從衣袋裡拿出衛生紙，彎腰將地上的痰跡擦掉，扔到了垃圾箱裡，然後若無其事的繼續賣票。

看到這個舉動，大家愣住了，鴉雀無聲。那位男青年的舌頭突然短了半截，臉上也尷尬起來，說一句抱歉就離開了。附近的人都笑了，七嘴八舌的誇獎這位售票員不簡單，真能忍，雖然罵不還口，卻將那個渾小子制伏了。

這位女售票員面對辱罵，如果忍不住與那位男青年爭辯，只能擴大事態；與之對罵，會損害自己的形象；默不作聲，又顯得太懦弱了；她彎腰若無其事的將痰擦掉，此時無聲勝有聲，比任何語言表達的道理都有說服力，不僅感動了那位男青年，也教育了大家。

在生活中，我們也難免會碰到一些蠻不講理的人，甚至是心存惡意的人，有時還會無緣無故的遭到這種人的欺侮和辱罵。每當遇到這樣的事，常讓人覺得忍無可忍。可是，不忍就會正好成了對方的出氣筒，也給自己帶來不必要的麻煩。

在一定意義上，可以說，忍耐是一種美德。它既能展現一個人的寬容大度，也能表現一個人的識時務。古代有一首《六忍歌》就是歌頌忍耐精神的，「富者能忍保家，貧者能忍免辱，父子能忍慈孝，兄弟能忍意篤，朋友能忍情長，夫婦能忍和睦」。為了事業，為了家庭，為了美好的人生，我們需要忍耐，也應該學會忍耐。

曾國藩在給他兒子紀鴻的信上曾說過：「天下古今之庸人，皆以一惰字致敗，天下古今之才人，皆以一傲字致敗。」可見，傲歷來都受人鄙夷，而忍卻能得到人們的欣賞。

我們常常說，生命是偉大的，但是在人類偉大的生命中，很多人又是脆弱的，有時候脆弱得不如迎風飄舞的飛絮，飛絮尚能在極風面前忍耐著，與風搏鬥，而人有時候卻脆弱得經不起別人的一個臉色，忍耐不住一個黑夜；很多人又是渺小的，有時候渺小得不如空氣中的一粒塵埃，塵埃尚能在浮雜的生物與人群中求得自己的生存空間，而人卻很難在當今的社會中找到自己的生存空間，很輕易的就被他人打敗。這是什麼原因，就是因為在當今這個浮華的社會中，很多人的內心容易滋生急功近利的心態，很多人夢想一夜暴富、一日成名，祈求一日成功，然而夢想最終變成現實都是在忍耐中孕育的。就像從刷馬桶做起，到後來開創了自己的公司成為大老闆，被人們頌揚的傳奇人物曾說：「所謂能耐就是能忍耐！」忍耐是生命的必修課，是一種含蓄內斂的處世做人方法，它絕不是低頭屈服，絕不是甘於平庸，絕不是無所作為，而是為將來默默鋪平道路，打實路基，做好跑道，是實現驚人飛躍，成就心中偉大理想的前奏。所以，忍耐和堅持才是到達成功的階梯。

第7章　不抱怨的人生

這個世界有太多的人在抱怨：工作忙了，消費物價漲了，家庭壓力大了，生活環境差了，或是感冒發燒頭痛了，都要抱怨一番，怨天怨地，怨社會不公，怨人心不古，怨金錢至上，怨命如紙薄……似乎借此可以發洩自己的不滿，並獲得他人的同情。可是抱怨過後，一切照舊。與其這樣，還不如微笑著去唱生活的歌謠，把塵封的心胸敞開，讓抱怨的聲響淡去，把自由的心靈放飛，讓淡定回歸。這樣，一個豁然開朗的世界就會在你的眼前層層疊疊打開：藍天，白雲，小橋，流水……瀟灑快活的一路過去，鮮花的芳香就會在你的鼻邊醉人的縈繞，華麗的彩蝶就會在你身邊曼妙的起舞。

淡，是生活的真味

淡，是生活的真味，可惜我們常常品嘗卻不知其滋味。人生的種種滋味，最終都以淡收場。人生就是一杯茶，無論貴賤都要茶淡杯空，因此不妨將世間一切困擾著我們心靈的煩心瑣事看淡些，再淡些。讓這種「淡」成為滋潤你心田的甘泉，清新凝神，平撫燥熱，當我們以淡泊的心態去為人處世的時候，內心才會有一種清心自在，才會坐臥隨心，才能以一種更高的心境去追求超越生命基本的需求。如此，內心才能永遠平靜如水，才會坦坦蕩蕩、安安寧寧的立身長久，享受人生。

陶淵明的詩「採菊東籬下，悠然見南山」，是一種對自身淡泊的最好詮釋；顏回的「一簞食，一瓢飲，不改其樂」，也是一種對淡泊的追求；弘一法師的「鹹有鹹的味，淡有淡的味」，更是一種對淡泊心境的最好寫照。然而淡泊的心境並非人人都能擁有，倘若一個人能從生活中品嘗出淡的滋味，以這個味道墊底，那麼這個人就找到了生活的大智慧。

季羨林先生是著名學者，他才高八斗，曾是大學副校長。然而即便有了這麼高的地位，季慕林先生也不會因此而驕傲自滿，反而將這些看得非常平淡。

在大學中，有這樣一則故事，更是表現出了季慕林先生的人格魅力：

有一年九月，新學期初始，大批學子從天南地北趕到大學。這其中，有一個外地的農村學子，他大包小裹的東西很多。因為這些行李很重，所以那個農村學子不一會就累得氣喘吁吁，於是他就把自己的行李放在路邊休息一下。

這個農村孩子為了不耽誤報到，就想找一個人來幫自己看東西。不過看了半天，他發現過來的不是學生就是學生的家長。大家都行色匆匆的為報到的事情而忙碌著，沒有人有時間幫他看行李。

看著這些行李，這個學子不由歎了口氣。正在這時，路邊走來一個老大爺。這位老大爺走路比較慢，看起來比較悠閒，不像是要趕路的樣子。於是，這個農村學子就帶著試一試的心情去拜託這位老大爺幫自己看一下行李。

令這位學子沒想到的是，他剛說完此事，老大爺就爽快的答應了。學子感激了半天，就去辦理入學手續了。因為當天的新生很多，所以，他花了兩個小時才辦完了入學手續。

辦完手續，這位學子急忙回到了放行李的地方。令他大吃一驚的是，那位老大爺還在盡職盡責的幫自己看行李，他非常感動，對老大爺說了很多感謝的話。

老大爺謙虛了幾句，然後就笑著走了。到了第二天開學典禮，這位學子突然發現，原來昨天幫自己看行李的那個老大爺就是副校長——季羨林教授。從這以後，這位學子將季慕林先生當成了自己一生的偶像。

季羨林先生是大學者，更是懂得人生智慧的主人。他一生都非常反感「學術泰斗」、「學貫中西」之類的稱號，總認為自己是一個很平凡的人。他有一句名言：「人的一切要合乎科學規律，順其自然，最主要的是要多做點有益的事。」

可以說，季慕林先生的平淡，已經到了另一層人生境界。當然有的人說，這種平淡，不是平庸麼？雖然兩者只有一字之差，但內容卻大為迥異。平淡源於對現實清醒的認識，是來自靈魂深處的表白。人生在世，不見得要權傾四方，威風八面，也就是說最舒心的享受不一定是物欲的滿足，而是性情的恬淡和安然。

人生貴在淡泊，擁有淡泊的心境，使之不容塵埃。然而生活中卻很少有人能做到這樣，因為一個人從呱呱墜地那一刻，便開始了自己生命的奮鬥歷程，也開始了追逐夢想的歷程。每個人都渴望成功，渴望在自己有限的生命裡創造人生的輝煌。然而在追逐自己夢想的過程中，很多人就陷入了漩渦，最終迷失了自己。就像許許多多的富翁一樣，雖然腰纏萬貫，但是他們的精神生活並不快樂，精神世界格外空虛。為了錢，他們一生勞累，也不見得他們過得很快樂。盛名之下，是一顆活得很累的心，因為它只是在為別人而活著。我們常羨慕那些名人的風光，可是我們是否了解他們在光環背後的苦衷與辛酸呢？

《福壽全書》中說：「萬種疾病的毒根，皆源於一個『濃』字。濃於美色，就會產生虛弱的毛病；濃於獲利，就會產生貪婪的毛病；濃於功利，就會產生造作的毛病；濃於名聲，就會產生偏激的毛病。唉！濃這個病毒對人的傷害太深了。怎樣化解這個病毒呢？我這裡有一個藥方，它的名字叫『平淡』！」

平淡的生活雖然無奇卻最值得我們玩味，用心去感受生活的點點滴滴，你才能找到生活的快樂。其實，平淡無奇的深處也蟄伏著驚人的美麗。那披著燦爛雲霞的黎明，那熙熙攘攘的人流，菜市場隨時可以聽到的吆喝，那廚房裡鍋碗瓢盆的交響，那如羽毛般潔白的流雲，那如流雲般燦爛的花朵，那如花朵般迷人的笑臉，無一不讓人怦然心動。平淡之所以值得珍惜，既是因為它存在於現實之中，每個人都毫不例外的擁有，也因為它深潛著理想基因，並非每個人都能挖掘，而且一旦失去的時候，你就能發現它驚人的價值和增值的能力。

所以，人生在世只要有一份坦然的心，功名利祿就如過眼雲煙。人的一生當追求什麼呢？健康是福，平安是金。歌手陳紅在她的一首歌「常回家看看」中有一句歌詞是：「老人不圖兒女為家做多大貢獻，一輩子總操心只圖個平平安安。」這是老人對兒女的期盼，其實又何嘗不是人生的最終目標？

其實，追求平淡，並不意味著無所作為，而是順其自然。人生的得失彈指一揮間，人與人的恩怨一笑盡揮去，得志而不驕奢，失意而不氣餒，明媚的春天在我們手裡，金色的沙灘在我們腳下，蔚藍的天空在我們頭上，壯闊的海洋在我們心中，讓我們的心境離塵囂遠一點，離自然近一點，讓我們以「不以物喜，不以己悲」的平平淡淡的心境閒看雲舒雲卷，花開花落。

讓牢騷出門

在我們身邊總能見到一些滿腹牢騷的人，面對家庭，他們抱怨家人對他們缺乏理解；面對工作，他們抱怨工作太無趣、壓力太大；面對生活，他們又抱怨生活毫無意義、沒有快樂。殊不知，正是他們用這種心態來面對世界，他們的世界才會變得如此糟糕。

所以，在這種心態的驅使下，世間便出現了這樣兩種人：一種是站在山峰上，滿眼藍天白雲，心中充滿陽光，積極向上，溫暖、快樂之人；另一種是身處峽谷，滿眼憂傷與陰暗，怨聲載道，牢騷滿腹之人。可是在人世間，人的一生就像打牌一樣，抓牌的是你自己，有時候雖然牌抓得不盡如人意，但是只要你已經盡最大的努力了，那麼，最好的結果也就如此。

雖然世上確實有很多不公平的事，很多值得埋怨的事，但是，生活本身就沒有十全十美，如果我們一味的抱怨社會、抱怨他人，將自己的失落和苦悶歸結於上蒼，將自己的過錯和失誤責咎於他人，那麼結果會是怎樣呢？這只能是一種無知，逃避現實的表現，也是做人的不成熟。所以，生活中，為什麼有的人一輩子也做不成一件事，原因就在於此。相反，有的人雖然同樣會對現狀產生不滿，但是他們沒有抱怨他人，而是積極行動起來，力求改變現狀。結果行動者成功了，而抱怨者依舊一事無成。

在烏干達，有位名叫拉瑪森的盲人拳擊手。他原是一名拳擊運動員，但一九九六年災難突然降臨在他身上：一隻眼瞎了，另一隻眼很快也瞎了。

後來，他的妻子離開了他，唯一能夠照顧他的人僅僅剩下祖母了。然而，上天依舊很會捉弄人，在妻子離開後不久，他的祖母也去世了。無依無靠的他只能靠當地清真寺的一點善款維持生活，有時附近孤兒院的孩子們幫他煮一點粥。面對這一切不幸，拉瑪森沒有抱怨，而是寬容的說：「他們都有自己的難處，我不得不接受孤獨。」並幽默的說：「我最不擅長的就是怨天尤人。」終於，在經歷了數年孤獨之後，拉瑪森重返拳擊場——他靠耳朵、鼻子來分辨對手的聲音和氣味，據此判斷對方的方位。儘管困難重重，但他依然冒險犯難。如今的拉瑪森，已經成了烏干達民眾的偶像，盲人體協主席佛朗西斯・基努比更稱他為英雄，因為「他向人們證明，失明並非世界末日。」

有人說，愚蠢的人坐在一起抱怨問題，從而使得問題越發的嚴重；聰明的人從自己身上找原因，積極的尋找解決的辦法，並且付諸行動。

誠然，怪老天不公正，怪親人沒有人情味，這些怨氣對問題本身並沒有任何意義，有的也只是給自己增添些許不快。盲人拉瑪森之所以會取得成功，原因有很多，但他多年來不抱怨的良好心態是其中必不可少的原因。所以說，不抱怨是戰勝自我的起點和基礎，也是最有效激發自身潛能和智慧的內在力量。

古人云：「知屋漏者在宇下，知政失者在草野。」從這句話中，我們可以感悟到牢騷雖不是字斟句酌的彙報，不是經過深思熟慮的意見，也不像聽恭維之詞那樣令人賞心悅目，甚至會讓人頓生難看之色，但你要懂得掌聲、歌頌未必真幫忙，批評、反對不是都添麻煩的道理。所以，在聽取牢騷時，剔除糟粕，取其精華，要從這些牢騷之語中感受到他人發自內心的實話、心裡話，並以此為鏡，找對問題的根源，「對症下藥，那麼很快就會藥到病除」，「牢騷」自然就會減少。

這麼看來，發牢騷不僅對公司的發展有利，而且還會促進領導者的發展。適當的發牢騷，它的價值不單單表現在公司利益方面，它對人的健康也達到了很好的調節作用。

第7章　不抱怨的人生

人們常常說這樣一句話：「為什麼女人總是比男人更長壽，原因就是因為女人總是愛嘮叨個不停，而男人卻總是不願意說。」雖然這只是一句玩笑話，但可以看出，發牢騷並不是壞事，適當的發牢騷對健康十分有益。

據德國的《當代心理學》雜誌報導：適當發牢騷和抱怨的方式能保護人們免受精神憂鬱症、心臟病發作及身心失調的損害。因為發牢騷能使人對自己的處境進行分析，從而使發牢騷成為找到解決辦法的第一步。此外，發牢騷從生理上能提高人體腎上腺素的分泌，有助於防止憂鬱。

心理學家也認為，人有消沉、煩躁情緒時，偶爾發洩一下，怨氣釋放出來，「氣未發而先消三分」！精神可能會好些。

發牢騷雖然對我們達到很多有利的作用，但是在發牢騷時，我們也要懂得發牢騷的藝術，避免產生讓人心存厭煩的感覺。因此，在發牢騷時，我們要掌握好分寸問題。

那麼在發牢騷時，如何做到這一點呢？

第一，發牢騷要選好適合的對象，找好可以發牢騷的人。發牢騷的對象應是人格上可靠，關係上放心，沒有利害關係，真心關心和體貼你的人，是可以把你的牢騷聽完並迅速消滅的人。而且他（她）不會把你的牢騷記在心上，也不會四處傳播，這樣的人也就是我們常說的可以講貼心話的人。

第二，發牢騷要注意場合，講究分寸。不要故意為難人，否則會讓他人感到你是在故意挑釁，讓人對你產生憎惡或不快。

第三，避免用諷刺語氣，要恰當用詞。諷刺類同於侮蔑。你如果用諷刺的語氣發牢騷，等於無視對方的尊嚴，極易誘發新的衝突。

第四，發牢騷要理智。要讓你的牢騷找到解決問題的辦法，這樣你發洩牢騷才會恰如其分的達到有的放矢的效果。

第五，發牢騷不要一而再、再而三的發，沒完沒了，這樣讓人聽起來會感到不耐煩，容易產生對你人格方面的不良看法。

抱怨是一種惡習

現代人都生活在一種很大的壓力之中，有些時候，遇到不順心之事，感覺抱怨一下，好像能得到一種緩解，並且有益於身體健康，但每回都聽他抱怨，便讓人不耐煩了。

一般的抱怨有三種，一種是工作上的抱怨，如抱怨上司不公平、待遇不佳、工作太多、同事不合作等；另一種是生活上的抱怨，如抱怨物價太高、小孩不乖、身體不好等；還有一種是對社會的抱怨，總是憤世嫉俗，對不公平之事極度不滿。

人都有一種正義與剛毅之氣，有一種自尊之需，因此難免會對周圍的不平之事發洩自己心中的情緒，但是你要知道：

——別人沒有聽你抱怨的義務，你的抱怨如果與聽者毫無關係，會讓對方不耐煩。如果你經常抱怨，下次他看見你便會躲得遠遠的。

——有問題才會抱怨。如果你抱怨的都是一些很小的事情，而且天天抱怨，那就會給人一種「無能」的印象。一個能幹之人如果因為愛抱怨而被人當做「無能」，那不是很冤枉嗎？

——如果你時常抱怨別人，那麼你會被認為是個不合群、人際關係有問題的人，否則為什麼別人不抱怨？

——對工作的抱怨如果言過其實或無中生有，那麼不僅聽的人不以為然，不同情你，反而會抵制你，連上司也會對你表示反感。

——抱怨也會使自己的情緒惡化，看什麼都不順眼，使自己陷入一種自己製造出來的情境之中。

——經常抱怨也會變成一種習慣，遇到壓力或不如意之事，便先抱怨一番，這是最可怕的事。

——抱怨也會影響其他人的情緒，讓不明真相的人心理產生波動，這會破壞工作場所的氣氛，而你這種行為也必將受到周圍人的指責。

因此，抱怨絕不是好事，它不會為你帶來多少正面的效益，反而讓你的心情越來越壞。要知道，出現這樣的心境不是你周邊環境的不如意，而是你的心態造成的。

在我們的人生漫長旅途中，最糟糕的境遇往往不是貧困，不是厄運，而是精神和心境處於一種疲憊狀態。本來生活得好好的，各方面的條件都不錯，然而卻常常心存厭倦，習慣抱怨一番，這種心態大多由於對生活缺少熱情，所以即使面對再精彩的生活，也會視若無睹。

人至少要給人生一點驚奇，驚奇處便在停腳處，只有停下腳步的人，才能窺見生命之美。停一停，望一望，生活的美麗便會進入你的腦海。

一個印第安男孩同他的一個朋友走在紐約市中心的街道上。突然，這個印第安男孩對他的朋友說：「我聽見一隻蟋蟀在叫！你聽到了嗎？」他朋友仔細的聽了一會後回答道：「沒有！你一定是聽錯了！」

「不，我真的聽到一隻蟋蟀叫的聲音了。真的！我肯定！」

「現在到處是熙熙攘攘的人群，吵鬧聲，汽車喇叭聲……你怎麼可能在這裡聽到一隻蟋蟀叫！」

「我肯定聽到了。」印第安男孩一邊回答，一邊屏氣凝神的搜尋這聲音的來源。他們走過一個街的轉角，再穿過一條街道，然後四處尋找。最後在一個街道的角落裡看到一小簇灌木叢，印第安男孩仔細的搜索灌木叢中的枯葉，最後在枯葉堆裡找到了那隻蟋蟀。

他的朋友驚得目瞪口呆。印第安男孩說：「不是我的耳朵比你的更敏銳，而關鍵是你在注意聽什麼。過來，讓我展示給你看。」他把手伸進自己褲口袋裡摸索了一會兒，然後掏出一把硬幣，他將這些硬幣一一撒落在地上，硬幣撞擊水泥地板時發出了清脆的響聲。街道周圍所有的人都把頭扭向了這邊。

「明白我的意思了嗎？」印第安男孩一邊解釋給他的朋友聽，一邊拾起他剛撒落的硬幣，「關鍵是你在注意聽什麼。」

是的，我們的耳朵聽慣了金錢的撞擊聲，聽慣了上級的命令聲，聽慣了下級的恭維聲……那麼它對生活本身所隱藏著的那些美妙聲音的感受力就變得無比遲鈍了。我們的眼睛戴上了有色眼鏡，所以看到的是滿眼的灰色，生活中那美麗的彩虹怎麼都無法進入到我們的視線之內。其實生活中處處有風景，只要我們肯仔細找尋，就一定能見到生活中絢麗多彩的一面。

生命的多數是平常的，多數的人生是平淡的，就在這平淡之中藏著真情，尋常裡面寓有深意。如果想體驗，你要用心才行。把目光從物質上稍稍移開，留點時間和空間給心靈和精神，為它們尋找一個家園。西方一位名人說過：「養成觀察事物好的一面，比一年賺一千鎊更重要。」

在風雪路上疾走著的你，如果遇到了一處可以取暖的房屋，這是一種多麼巨大的幸福；下班後帶著一身疲憊回到家中，如果有人能為自己備好一杯熱茶和一盤點心，自己臥在沙發上打開電視，又吃又喝又看，那是怎樣一種愜意；在街頭等朋友等得不耐煩的時候，忽然看到報欄裡一張報紙夾縫中登載的一則精妙小故事，樂得你旁若無人的大笑起來……生活中突如其來的快樂和愜意有很多，只要你有一顆隨時準備接受快樂的心。

賺不到更多的錢，在別人去商場買這買那、出門旅遊時，你就沏一杯茶在家裡享受「清淡的閒暇」，不也很舒服自在嘛！每天生活上的小事，也能成為構成快樂的要素。

其實很多時候，我們在抱怨生活，覺得生活乏味無趣，是因為我們太苛求生活了，在我們心目中總是對生活提出太高的要求，不肯接受生活真實的面目。只要我們放對心態，告訴自己生活本來就是如此，有苦有甜，那麼我們就會變得充實和樂觀起來。

人們常說「熟悉的地方無風景」，其實並不完全正確，生活中蘊藏著的景色是無窮盡的，只要我們肯去發現，就會不斷的有驚喜。人看事情本來就有兩個面，負面看人生，事事都糟糕；正面看人生，處處有生機。一個人越能理解這一點，便越能減少抱怨，越能感受到生命的寶貴和人生的快樂。

以感恩之心看天藍雲淡

在日常生活中，我們時常會被各種各樣的壞情緒包圍，會抱怨父母不理解自己的苦衷，會抱怨老公不體貼，孩子不聽話；抱怨上級不理解自己的難處，抱怨下級工作不力……周圍的一切似乎使我們不堪忍受，憤怒無處發洩。其實，這主要是因為此時的我們，太過在意自己沒有得到什麼好處，卻不曾想別人為自己付出了多少。如果一個人不能夠體會到自己擁有的，心中只能容得下私利，那麼，即使他擁有再多，也體會不到幸福和快樂。

有一個人，因為生前極度熱心的去幫助別人，所以死後升上天堂做了天使。成為天使後，他依舊時常到人間去幫助別人，希望能夠體驗到更多幸福和快樂的味道。

有一天，天使遇到一個正在耕田的農夫。農夫在田中耕地很是辛勞。他抬頭時看到了天使，便對天使說：「我家的那頭牛不久前死去了，沒有了牠，我真不知道以後該如何下田耕種。」於是天使就賜給他一頭健壯的水牛，農夫極為高興，天使最終也在他的身上感受到了幸福和快樂的味道。

又過了幾天，天使遇見了一位青年男子。男子的表情十分沮喪，看到天使，便說：「我所有的錢財在做生意的過程中，被人騙光了，現在幾乎沒有辦法回家鄉了。」於是天使就給了他一些金錢做路費，男子當即十分高興，天使同樣也得到了快樂和幸福。

隨後，天使又遇到了一位年輕的詩人。詩人極英俊、瀟灑，家裡有一位溫柔賢慧的妻子和兩個可愛的兒子，但是他每天愁眉不展，過得極不快樂。

天使就詢問他：「你為什麼看起來那麼不快樂，我能夠幫助你嗎？」

詩人就對天使說：「我什麼都不缺，只是缺一樣東西，你能夠滿足我的願望嗎？」

天使回答說：「可以，你缺少什麼呢？」

詩人充滿希望的看著天使說：「我缺少的是快樂！我的妻子雖然溫柔賢慧，但是長得醜陋，而且我們之間沒有共同語言，每天都說不上幾句話，我的兒子們太過調皮，天天鬧得我心神不寧，使我沒辦法靜下心來去創作，那些鄰居們更是有事沒事都來我家中拜訪，打擾了我的生活……總之，周圍人的任何舉動看起來都是那麼令人討厭，我感到十分不快樂。」

聽了這些，天使感到有些為難。於是停下來想了一會，說道：「我明白該怎麼幫你了。」隨後天使就將詩人周圍所有人都變不見，只剩詩人孤零零的一個人生活在人間。

一個月後，天使又回到詩人的身邊，詩人滿面淒涼，沒有了兒子的歡鬧，沒有了妻子對他的體貼，沒有了鄰居時常對他的鼓勵……他覺得自己活在世界上已經沒有任何意義了。正準備要死去的地候，天使又出現了，將他的兒子、妻子和鄰居又還給了他，然後就離去了。

半個月後，天使再去看望詩人。這次，詩人抱著兒子，摟著妻子，不停的向天使道謝，因為他現在已得到真正的幸福和快樂了。

其實，我們每個人都是生活在快樂和幸福中的，之所以會產生這樣或那樣的抱怨，是因為我們內心被太多的私利占據，不懂得珍惜自己擁有的，更不懂得去感恩。如果我們能敞開心扉，用心去體會周邊的世界、周圍人對我們的付出，我們就會很容易的發現，需要我們感恩的事情實在是太多了。如果沒有陽光雨露，就沒有明亮溫馨的日子；沒有水源，就不會有生命；沒有春夏秋冬的輪迴，我們就體會不到生命的生生不息；沒有父母，也就不會有我們；沒有親情和愛情，世界就會充滿孤寂和淒涼。這些東西都給予了我們無盡的福祉，我們要時時去用心體會自己擁有的這一切，並常常去感恩。

這是一個真實的故事，故事的主角是貧困山區的一個女孩。她有幸考上國立大學，不幸的是父親在她進校不久，遇上車禍身亡，家中無力供她上學。在她準備退學回家時，社會送來了關懷，老師和同學也慷慨捐款捐物。她將大家的贈物，藏在箱子裡，捨不得使用。每天打開箱子看看這些贈物，就想到自己周圍有那麼多的關懷、愛心，心中就不由產生出一種感激之情。這種感激之情又驅使她去戰勝困難，頑強拚搏。這個在物質上貧困的女孩，卻變成一個精神的富有者。她心懷感恩，終於讀完了大學，還以優異的成績留學美國。她說：「大家給我的一切，是我的精神財富，永遠留在我的心裡。我要努力學好本領，回報社會，回報父老鄉親。」人有了感恩之情，就像這位女孩，生命會時時得到滋潤，並時時閃爍純淨的光芒。

對生活懷有一顆感恩之心的人，即使遇上再大的災難，也能熬過去。而那些常常抱怨生活的人，即使遇上了幸福，幸福在他們那裡也會變成不如意的事情。所以，我們應該以一種「感恩」的心態去面對一切，把自己擺在別人的位置上，站在對方的立場上去看事情，站在對方的觀點上去想事情，也許這樣更容易理解對方的觀點和舉動。在大多數的時候，一旦你這樣做了，那麼你的抱怨不僅會煙消雲散，而且也不會遷怒於人。

有人說，一個會用錶的人不會把發條上得太緊，一個優秀的司機不會把車開得很快，一個善於控制自己感情的人也總是在為自己找各種各樣的理由來放鬆自己的心情。所以，怨只能生怨，煩只能添煩，怒氣衝衝只能換來衝衝怒氣，而怨天尤人的結果也只能是看誰都不滿意，嫌誰都不如自己——而這個自己，不過是個愛生氣的皮囊而已。法國大文豪羅曼．羅蘭曾經說過：「只有把抱怨別人和環境的心情，化為上進的力量，才是成功的保證」。

的確，世界之大，即便我們窮盡一生，所能看到、聽到、感知到、體會到的事物也是極其有限的。而且，人注定了一生都要和人打交道，在生活中，我們感知周圍的事物，形成我們自己獨有的觀念，做出我們的評價，以及相對的判斷、決策等等，由於每一個人成長的環境不同，形成的觀念不同，以及對事物的判斷和評價、決策不完全相同，因而，衝突是在所難免的。這就需要我們在遇到這些衝突的時候，控制好自己的情緒，少一份抱怨，多一份感恩，這樣才能處理好人與人之間的情感，否則，一個人就不可能在事業中取得成功，我們的人生也就不可能成就輝煌。

所以，別再抱怨上天的不公，它對待我們每一個人都是一樣的；別再抱怨人生的道路太曲折，如果不是因為這些曲折，你就不會有現在的堅強意志；別再抱怨那些不如意的事情，只要你放開心扉，從另一個角度去思索，會發現上天是公平的，人生的道路是通暢的，自己的命運也不是最苦的，生活同樣是精彩的……這就是感恩。因此，在抱怨的時候，每個人都應當把生活中的抱怨轉化為感恩，感恩大地哺育了生靈，感恩親人賦予了生命，感恩生活贈予了友誼和愛情。

坦然面對一切

生活中，人們總是會發出這樣的感歎：活得真累！活得真煩！活得真枯燥！在一些令自己感到不開心、不順心、不如意的日子裡，人們總是會說出這樣的話。然而，當一切不順心過去，當一切不如意也隨之過去之後，往往人們會發出這樣的感歎，生活還是多姿多彩的，為什麼自己在遇到不順心事情的時候，總是像沒有長大的孩子一樣感到焦躁、憂鬱，而不能坦然面對呢？誠然，生活並沒有偏愛於任何人，它所給予每個人的都是一樣的，可是人們之所以會產生各種各樣不愉悅的心境，就是因為人們內心深處缺少一份「坦然」。

試看，工作了幾個月之後，很多人在公司沒有拿到一點提成，每個月所得到的依然是少得可憐的薪資，但他們卻每天滿面笑容，即使吃饅頭和鹹菜，他們依然自得其樂。再看一些離婚獨自帶孩子的人，雖然他們面對工作和孩子兩者之間的種種煩心之事，他們會有無奈，會有淚水，但我們依然能看到他們在回家之後看到孩子的那份愉悅的笑臉。再如，工作了一整天的人們，每當下班之後，回到家看到自己的親人在車站或者門口等待他們的歸來，此時，一天所有的辛勞，他們都會忘記，給予家人的依然是一張溫和而幸福的笑臉……而這就是一份「坦然」。

曾經讀到過這樣一個故事。

一位老人一大早起來就帶上自己的漁具去釣魚，這種情形被鄰居看到了，鄰居譏諷的笑了笑，說：「您這一天可真清閒啊！」老人沒有說什麼，迎著清晨的朝陽出發了，老人很享受，可最終一條魚也沒有釣著。太陽漸漸落山了，老人迎著晚霞，帶上自己空空的水桶回來了。正好又遇見鄰居，鄰居看了看老人空空的桶，說：「看你，一天下來，一無所獲，連一條魚也沒有釣到。」聽了鄰居的話，老人笑道：「誰說我沒有收穫，我收穫了一天的快樂！」

看，老人多麼從容！多麼坦然！多麼淡定！的確，生活本應坦然面對。其實，人生之中的很多成敗得失並不是我們所能左右的，所以，我們不需要把那些人人都看重的結果作為自己的座右銘，每天為了一個結果而做事情，這樣自己會生活得很累。有些事情，我們所要看重的並不是結果，而是這件事的過程，在這個過程中，我們努力過，我們為之奮鬥過，我們為之拚搏過，即使最終我們沒有成功，但我們作為參與者，只要投入了，就沒有輸，生命中依然會獲得奮鬥之後的一份「坦然」，而這也就夠了，無須強求更多。

生活中，也許我們因為一件事或者一項工作而與朋友、同事發生不愉快，但這都沒有什麼，我們不需要和別人斤斤計較，或者看到其他人就將這些事情抱怨一番，我們更不需要把這些事情放在心上。正如人們常說的「女孩的心思你別猜」，同樣，別人的心思，你也不要猜，也不要奢望你做得所有事情都能讓他人滿意，這是不可能的，你所需要做得就是當你再次面對別人的時候，奉上自己的真心，調整自己的心態，求得事過境遷之後的一份「坦然」，這才是最好的也是最重要的。

生活並不能一帆風順，有成功，也有失敗；有開心，也有失落。如果我們把生活中的這些起起落落看得太重，那麼我們永遠都不會坦然，永遠都沒有歡笑。因為世界不會因為你的哭而改變，但你的人生一定會因為你的笑而改變軌跡。生命是一種經歷、一種過程，寧靜高遠的心是重要的，坦然面對人生也是重要的！選擇了坦然面對人生，選擇了坦然面對命運，那麼坦然就會成為你的一種生活態度，為你贏得幸福的人生。

世界上沒有永恆不變的事情，所以，萬事萬物也正驗證了那句話：「一切都在變化之中」。因此，每個人現在的如意或者不如意，成功或者失敗，幸福或者傷心都是短暫的，它都會由你目前的這種狀態過度到另一種狀態。既然如此，我們就無需對當前的事情耿耿於懷，我們需要做的就是保持一份坦然的心境，不斷的向前看。這才是每個人應該擁有的人生準則。

我們從四面八方走來，在前行的過程中，身上背負著昨天的故事，腳下踏著歷史的塵埃，一路的風雨帶著說不盡的艱難，一路的塵土夾雜著絲絲惆悵。在一路前行的過程中，每個人都嚮往著未來的美好，但每個清晨起來，我們卻依然如故。所以坦然面對人生，就是坦然面對自己。人生其實就是一面鏡子，任何時候，請在鏡子裡，看一看自己，即使我們擁有一切，也不過是擁有自己，即使我們一無所有，至少我們還有自己。所以，帶著一份坦然的心境面對一切，對每個人來說，更是一種超然。

突然想起這樣的一句話：「天空留不下我的痕跡，但我已飛過。」其實，這不就是對坦然最好的詮釋嗎？

人生不過如此，看透了，看穿了，人的生命就獲得了自由和解脫，人生曠達了，心智自然也就不會勞累，就不會活得那麼拘謹和辛苦。區區小事不能給他帶來懊惱，不愉快的經歷也不能使他怨天尤人。曠達的人原諒他人，理解人生。歡樂的時候能放浪形骸，遇到挫折後也順其自然，做事的時候能專心致志，忘情的時候能忘乎所以。這種人活在世上不委屈自己，不太計較得失，所以人人喜歡，人人欽佩。

抱怨生活，不如經營生活

當人們身處失意中時，最愛做的事情就是抱怨。因為，失意的自己，不僅需求得不到滿足，同時還會遇到非常多的壓力，這自然就會造成心理失衡、痛苦，導致情緒消沉萎靡。

的確，沒有人喜歡體會失意。但是，在客觀條件不能解決問題的情況下，最重要的就是調整好已經失去平衡的認知系統，積極以客觀和冷靜的頭腦分析當前的情況和原因，然後找到擺脫困境的方法。簡而言之，就是放棄抱怨。只有這樣，我們才能忘記苦惱，讓快樂重新回到身邊。

二〇〇一年八月三十日上午，十八歲的高旭正在電影院附近撿破爛，突然聽到有人叫她：「小破爛王，還不快回家呀，郵局的人把你的大學錄取通知書送到家裡了！」高旭一聽，背起塑膠袋就往家裡跑。捧著航空航太大學用特快專遞寄來的錄取通知書，高旭望了望爸爸，又望了望媽媽，眼圈突然紅了。爸爸愛憐的拍了拍她的頭：「妮呀，想哭你就哭出來吧！你靠撿破爛鋪平了一條大學路，爸知道你現在心裡在想什麼……」高旭再也忍不住眼中的淚水，喜極而泣……

高旭的爸爸高獻運原在工廠上班，媽媽解秀芳是工廠的工人，高家原本有一個幸福的小家。高旭三歲那年，爸爸失業了，不久，工廠也破產了。一家六口一下子斷了生活來源，他們只好搬回鄉下老家，靠做點小生意養家糊口。

高旭七十多歲的老奶奶，常年有病，還有一個終身未娶的年近八旬的舅公也是病痛不斷，再加上媽媽又有心臟病，光是常年看病抓藥這一項，就夠累人了。為了養家，爸爸一有空就外出去給人家做苦力。

清貧的生活像人生的一堂啟蒙課，讓高旭小小年齡就感受到了生活的重壓。一九九〇年夏天，高旭七歲了。看到哥哥高鵬成天搬個小桌子在院裡石榴樹下寫暑假作業，高旭非常羨慕。一天午餐之後，她一邊乖乖的給爸爸捶背，一邊提出了要上學的請求。爸爸望了望媽媽，輕歎一聲沒有說話。媽媽把她摟進懷裡，幽幽的說：「你都七歲了，是該上學了。可是你看看這個家，六張嘴吃飯，還有三個藥罐子，難啦！媽知道你愛漂亮書包，可家裡哪有錢給你買呀……」

那天下午，高旭沒有再去找小朋友們玩，而是一個人坐在院子裡，用雙手捧著小臉想心事。忽然，她發現外面有個戴草帽的老奶奶正在垃圾堆裡東翻西找。高旭好奇的走了過去，問老奶奶在找啥，老奶奶說在找破爛。「那些東西髒兮兮的，你撿它們做什麼？」「不做什麼，賣錢呀！」老奶奶笑嘻嘻的說。一聽說撿破爛能賣錢，小小年紀的高旭心動了：要是我也去撿破爛存點錢，不就可以上學了？這麼想著，高旭便跟在老奶奶身後，看她都撿些啥、到哪裡去賣。等把一切都看清了之後，高旭跑回家裡找了一個袋子，便跑到垃圾堆旁忙碌了起來。

八月的天，太陽火辣辣的。大人們各忙各的事，誰也沒在意高旭的舉動。她就那麼悄悄的撿了二十多天，到回收站賣了兩百多元。

當高旭又一次提出了上學的請求，並把存下兩百多元捧到大人們面前時，一家人都驚呆了，忙追問這錢是從哪裡來的。

「這是我撿破爛賺的呀！」高旭揚著小臉不無自豪的說。

一九九〇年九月一日，高旭走進了泌水二小，用自己的第一筆勞動所得，交了第一年的學費。

自己的命運自己創造，高旭靠撿破爛給自己創造了上學的機會。

剛開始時，高旭一撿破爛，身邊就圍著一群同學，像是在看什麼稀奇。有幾個調皮的高年級同學甚至一路追著她起哄。

高旭膽小，曾為此被氣哭過幾回。媽媽不忍心讓女兒在學校受委屈，就勸她別撿了，學費由家裡想辦法籌措。高旭卻說什麼也不做，她說撿破爛反正也不是丟人的事，人家議論過一陣子之後就不會再說了。

高旭的舉動也在老師中間引起了爭議。一些老師擔心她這樣會影響學業，個別老師甚至擔心讓學生撿破爛會影響學校在社會上的形象。校長卻非常喜歡高旭這個學生，非常支持她。針對老師和學生們之間的種種說法，校長乾脆組織了一場全校性的大討論。在討論會上，校長把高旭叫到了臺上，讓她說說心裡話。高旭低著頭想了半天，只說了一句話：「我是為了能上學才去撿破爛的，我覺得這不丟人！」就這一句話，竟一下子贏得了全場的掌聲。那之後不久，學業成績一直穩居全年級第一名的高旭，被同學們選為了模範生，成了全校同學學習的榜樣。

在一般人看來，一個靠撿破爛維持學業的女孩子，心裡可能多多少少有點自卑情緒，但高旭卻說她心裡一直都陽光明媚。

她性格內向，平時話不多，可話一旦出口，在同學們中間便極具號召力。從小學到國中，有不少社會上的好人或同學家長要資助她，她都一一謝絕了，就連學校商量好要減免的學雜費，她也堅持著一分不少的交了上去。班導老師曾問她為啥要這樣做，她說：「爸爸說了，家裡窮，但是不能因為窮就心安理得的要人家的救濟。我不能壞了家裡的規矩！」平常，她可以向要好的同學借書看，卻絕不接受人家的饋贈。她說，這就叫志氣！高旭比較喜歡撿舊書本、爛紙片一類的東西，因為可以從中「淘」出不少有用的東西，她的不少課外書就是從垃圾堆中撿回的。還有那些沒字的紙片，疊好壓平了可以當計算紙，用完了之後還可以拿去賣錢交學費。「一次性勞動，多重收益，有時想想還真是挺有意思的！」

天天放學撿破爛，要說一點都不影響學習，那似乎不是實話，可高旭卻能讓自己的成績始終保持在全年級前幾名。

有同學曾向她討教學習的訣竅，她的回答只有兩個字：勤奮。由於白天要撿破爛，複習時間比別人少，她便常常要熬到十一二點才睡。爸爸擔心長此以往高旭的身體會吃不消，有時乾脆強行關電源。高旭便央求說，「學習是她的最大享受，如果因為這幾道題影響了明天聽課，成績上不去，那我辛苦撿破爛還有什麼意義？」爸爸只好一邊歎息一邊替她開啟電源。

一晃十多年過去了，二〇〇一年八月三十日，大學錄取通知書寄到家裡之後，很多親友都趕到高家賀喜。鄰居們都說，「小破爛王」這下總算苦盡甘來了。

高旭自己在一陣激動之後，很快就歸於了平靜，照樣去飯店端盤子，照舊撿破爛。她說，這十多年來，她靠撿破爛鋪平的只是一條邁向大學校門的路，一切都才剛剛開始，以後要走的路還長著哩！

由此可見，不要為自己所遭到的逆境而失意，而是要看準障礙間的空隙，換個角度穿過去。條條大路通羅馬，此路不通，可以換條路試試。

處在人生的低谷，悲觀、痛苦、怨天尤人都沒有用，只會讓自己越陷越深。越是逆境，我們越應該保持清醒的頭腦和理智，放棄毫無意義的抱怨，全面認識自己的優點和不足，努力梳平自己急躁的情緒，並且不妨利用這個機會反省一下，走一條與眾不同的路，這樣你同樣能夠收穫一份快樂。

在挫折中迎接曙光

惰性是人們與生俱來的，每個人的體內都存在惰性因數，這些因數在沒有外力的情況下，很難走出人的體內。挫折是上天賜予的禮物，它可以幫助我們完成人生的華麗轉身，趕走惰性，與成功結下不解之緣。

人生在世，誰都會遇到挫折，它是對人生的挑戰和考驗。英國哲學家培根說過：「超越自然的奇蹟多是在對逆境的征服中出現的。」挫折既然在所難免，如何應對才是我們真正要思考的問題。

每個人都希望自己的一生一帆風順，沒有任何波瀾，雖然平淡，卻可以讓自己感到幸福。這是人們理想中的生活狀態，但理想與現實總是有差距的。沒有經歷過挫折的人，在困難面前，通常表現得措手不及，當慌亂等表情出現時，這個人的經歷便都寫在了臉上。挫折是一個人成長的必然過程，沒有經歷過挫折的人是很難真正長大的；挫折是打開成功大門的鑰匙，沒有它，成長的路就會變得異常緩慢。

有一個女孩，在很小的時候，父親就拋棄了她和母親。但是女孩卻有著一個柔軟、修長的身體，是一個跳舞的好苗子。對於這些母親早已看在眼裡，於是堅強剛毅的母親將女兒送進一所舞蹈學校。可是，來到舞蹈學校的第一天，便有一個難題擺在了她們的面前——高昂的學費。但這並未嚇倒母親，她準備四處去打工賺錢。

七歲的女孩看著母親忙碌疲憊的身影，常常忍不住流淚。

一天，女孩對舞蹈老師說：「我想退學。我實在不想讓母親為了我這樣操勞。」老師問：「如果你退學，你覺得母親會開心嗎？」女孩回答：「至少我可以讓她過得輕鬆些。」老師又問：「你知道母親最大的心願是什麼嗎？」女孩回答：「當然知道，她希望我成為舞蹈家。」

老師說：「記住，只有實現了願望的人才能變得輕鬆和開心。因此，你必須好好學習才能了卻母親的心願。」

女孩從母親的行動和老師的言語中得到了無窮鼓舞。她每一次參加訓練都要比別的孩子勤奮，吃的苦要比別的孩子多，但她流的淚和抱怨的話卻比別的孩子都少。幾年後，她成了全校最出色的一個學員，並開始登臺表演。

然而，正當女孩出落成亭亭玉立的少女時，身體卻出現了毛病：骨形不正，腰椎突出。這對舞蹈演員來說是致命的打擊。退縮還是堅持，女孩選擇了後者。她忍受著疼痛的折磨，在身上裝了一個矯正儀，繼續她的舞蹈生涯。

她的努力和剛強沒有白費，終於有一天國家舞蹈團招收了她，並且她很快成了領舞。以後，她的足跡遍布世界各地，她優美的舞姿傾倒了無數觀眾。她就是西班牙國家舞蹈團的長青樹，享譽世界的佛朗明哥舞皇后阿伊達·戈麥斯。

她來巡演時，有一次記者問她：「面對貧窮和不幸，面對病痛和磨難，你是如何理解人生的？」已在舞臺上奮鬥了四十餘年的阿伊達帶著美麗迷人的笑容說：「在我眼裡，除了戰爭和死亡，別的都不可能叫不幸。活著就像在舞蹈，一個有夢並願為此追求一生的人，沒有什麼東西能阻擋他。我會永遠跳下去，直到跳不動為止。」

從阿伊達·戈麥斯的故事中，我們可以看出，積極的人不會坐以待斃，他們會主動的創造條件讓自己所期待的事情發生，要知道石頭自己是不會動的，你必須推動它，才能讓這頑石離開原有的位置。的確，積極的心態有助於人們克服困難，使人看到希望，保持進取的旺盛鬥志。

人如果只看到自己當前所失去的東西，就只能沉浸在想要卻難以得到的痛苦之中。但總有兩種人：一種是積極樂觀的人，他們能珍惜現在所擁有的，所以他們可以充分享受生活帶來的快樂；另一種人是消極悲觀的，他們只看到失去的東西，所以生活美好的一面被他們忽略了，因此生活對他們來說是一種折磨。

樂觀的心態是成功的起點，是生命的陽光和雨露，是讓人的心靈成為一隻翱翔的雄鷹的不竭動力。

抱怨不如改變

我們常歎人生之累，我們常被諸多煩惱擾得心緒不寧，我們總抱怨快樂太少。其實，不是生活背叛了我們，而是我們誤讀了生活。我們遠離了平常心，所以，我們迷失了自我。快樂，不是給你多，而是計較少；幸福，不是辛苦多，而是抱怨少。

寬容的種子能夠長成幸福的大樹，結出快樂的果實；抱怨的種子只能長出病態的樹幹，結出痛苦的果實。愛嘮叨、愛抱怨的人是走不了多遠的，因為他會感到身累、心累，天天折磨自己。

當你無休止的抱怨工作、抱怨生活、抱怨感情、抱怨自己的種種不如意時，你為什麼不問一下自己：

抱怨社會不公平：世界欠你什麼了嗎？

抱怨工作不如意：到微軟你就能幹好？

抱怨客戶不理解：你工作做到位了嗎？

抱怨丈夫不浪漫：情調難道只有他造？

抱怨妻子不顧家：憑什麼要讓女主內？

抱怨老人不開通：可不可以多點理解？

抱怨孩子不聽話：你懂得他的心理嗎？

抱怨上級不識才：你是一匹千里馬嗎？

抱怨下屬不盡心：你是一個好榜樣嗎？

抱怨同事不配合：為什麼不將心比心？

我們每個人都很要強，都不想輸給別人，都想在自己的事業中做出成績。有時我們的內心會變得越來越煩躁，越來越失去平衡，我們往往覺得自己沒有得到應有的尊重。其實，不必苛求人生，抱一顆平常心，笑看得失成敗，即使平凡一生，又有何憾？做一個平凡的人，擁有一顆平常心，你會發現，人生其實不乏快樂。陽光是美好的，空氣是美好的，每一天都充滿快樂和溫馨。擁有一顆平常心，才能體會到淡泊是一種享受，淡泊是一種心境。學會享受淡泊，才能如魚得水，自由自在的欣賞這不可多得的美妙世界。

曾經有一對夫妻婚後天天意見不合，丈夫抱怨妻子不如婚前賢良淑德，妻子抱怨丈夫不如婚前體貼關懷。兩個人整天大吵不斷，小吵更是家常便飯。有一天，他們偶然遇到了大名鼎鼎的心理學家密爾頓・埃里克森，就向他講述了他們的苦惱，一邊講述一邊還互相埋怨對方對自己造成的傷害。埃里克森聽完他們的抱怨之後，只淡淡說了一句：「你們當初結婚的目的就是為了這無休無止的爭吵抱怨嗎？」夫妻倆聽後頓時啞口無言。返回家裡後，兩個人仔細分析了彼此抱怨的原因，發現並不是對方有太多的錯誤讓自己無法忍受，之所以在爭吵抱怨中痛苦的掙扎，唯一的原因就是毫無理由的抱怨，甚至有時候只是為了宣洩不滿情緒。後來他們不再抱怨對方，慢慢學會向對方說「謝謝」，稱讚對方在某件事情上所表現出來的睿智和幹練，這樣不到半年，兩個人便恩愛如初了。

你的態度決定你的選擇，你的選擇決定你的生活。夫妻倆在生活中一味的抱怨，結果只能是對對方造成了傷害，然而當他們轉變態度，不再抱怨之後，他們又回到了原來恩愛如初的時候。所以，永遠不要抱怨，即便生活中有種種的不如意，只要你改變自己的人生態度，你一樣可以收穫幸福。

而改變是需要行動和勇氣的。心態的調整決定行動的改變。所以，抱怨是心態調整的前奏。為什麼抱怨？不滿意，不滿足，不同意，不支持……唯一可以將抱怨的一切進行改變的就是行動本身。

首先作為一個社會人，我們就要看到自己與他人（老闆、同事、朋友、父母、孩子等等）在認識問題上存在的差距。

我們看，如果你是一個老闆，那麼在工作中，你一定會以公司的利益為重（當然有一些思想比較狹隘的老闆也是以自己的即得利益為重），所以，他們所追求的是經濟效益的提高，自己所得利潤的上升，公司的發展壯大。但作為一個員工，他所想到的就是自己的發展，自己的前途，自己所獲得的最大利益，自己應該得到的薪資。這樣，由於他們彼此的身分不同、位置不同，導致他們之間在認識上存在差距，進而也就產生了老闆對員工的抱怨，員工對老闆的抱怨。如果想要正視這種抱怨，那麼，作為老闆就不僅要將自己的認識著眼於公司的發展，還要將自己的認識著眼於員工本身，而員工不僅要將公司的利益著眼於自身，而且也要站在老闆的角度來思考問題。這樣彼此之間的思想發生轉變，自然抱怨就會減少，這對於一個公司的發展來說也是非常有利的。

其實生活中的很多抱怨之事都可以用這種認識上的差距來解釋，比如朋友之間、同事之間、家長與孩子之間、夫妻之間、老師與學生之間等等都可以用這種認識上的差距來解釋。

其次，不要自己放大抱怨的深度和長度。有時候，我們可能不知道為什麼使得上司對自己大吼大叫一陣，或者不知道什麼原因而與同事鬧些不愉快，此時，有些人就會把這些事情放在心上，不管有事沒事的時候都會思索是不是自己哪裡做錯了，惹老闆和同事不高興，這樣的人總是習慣性的從自己身上找毛病，總是把所有不好的事情往自己身上攬，導致自己成了唯一受到傷害的人。不知有這樣習慣的人是否想過，你這樣做、這樣想，正是在自己強化這種傷害的深度和長度。其實，有些時候，一個人不可能讓所有的人都高興，所以，一旦有一個人不高興，我們也沒有必要去思索是不是自己的錯。因為，只有懂得把不高興的事情縮小化的人才是智慧的，把不愉快的事情擴大化的人是愚蠢的。

的確，在生活中，每個人的一生都會遇到諸多不順心的事情。個性悲觀消極的人在遇到困境時，他們總是看不到前途的光明，抱怨天地的不公，甚至採取自甘墮落的態度，精神崩潰；而個性積極樂觀的人在遇到困境的時候，總是能夠泰然處之，他們認定活著就是一種幸福，無論是順境還是逆境，他們都會一樣的從容鎮定，積極尋找生活的快樂，不浪費生命的一分一秒，於黑暗之中嚮往光明，在精神上永遠不倒。所以，每個人都要認識到抱怨只是一種情緒發洩，無度的抱怨，不但不能緩解煩惱，反而放大了原來的痛苦，陷入滿腹牢騷、抱怨不休的惡性循環之中，在精神上也會陷於崩潰的邊緣，還於事無補。

第8章　做自己情緒的主人

在紛擾的世間，有太多的事，影響著我們的心態，讓我們處在焦躁不安的生活狀態當中。要想改變這種狀態，不需要太多的時間，一個呼吸的片刻足矣。因為，平淡的人生也有別樣的精彩，不要讓紛擾亂了我們的心境，保持淡定的心態，更有利於我們看清事情的本質，從而更好的對其進行判斷和理解。學會控制情緒，才能在生活中做自己的主人。

請放下你的憤怒

人的一生需要經歷許多事情，不可能所有事情都稱心如意。不順心時，每個人都可能失去理智、暴跳如雷。可是我們也知道，憤怒對自己的心理並沒有幫助。一次憤怒無妨，但是如果始終生活在憤怒的情緒當中，那麼不僅得不到本應屬於自己的快樂，甚至會讓自己變得冷漠、無情和殘酷，後果非常可怕。

如果我們想擁有一個健康的心靈，那麼就應學會克制憤怒，不讓憤怒左右我們的情緒。

亞歷山大大帝來到一家鄉鎮小客棧，為進一步了解民情，他決定徒步旅行。當他穿著沒有任何軍銜標誌的平紋布衣走到一個三岔路口時，記不清回客棧的路了。

亞歷山大無意中看見有個軍人站在一家旅館門口，於是他走上去問道：「朋友，你能告訴我去客棧的路嗎？」

那軍人叼著一支大菸斗，頭一扭，高傲的把這身著平紋布衣的旅行者上下打量一番，傲慢的答道：「朝右走！」

「謝謝！」大帝又問道，「請問離客棧還有多遠！」

「一英里。」那軍人硬生生的說，並瞥了陌生人一眼。

大帝抽身道別剛走出幾步又停住了，回來微笑著說：「請原諒，我可以再問你一個問題嗎？如果你允許我問的話，請問你的軍銜是什麼？」

軍人猛吸了一口菸說：「猜嘛。」

大帝風趣的說：「中尉？」

那菸鬼的嘴唇動了下，意思是說不止中尉。

「上尉？」

菸鬼擺出一副很了不起的樣子說：「還要高些。」

「那麼，你是少校？」

「是的！」他高傲的回答。於是，大帝敬佩的向他敬了禮。

少校轉過身來擺出對下級說話的高貴神氣，問道：「假如你不介意，請問你是什麼官？」

大帝樂呵呵的回答：「你猜！」

「中尉？」

大帝搖頭說：「不是。」

「上尉？」

「也不是！」

少校走近仔細看了看說：「那麼你也是少校？」

大帝鎮靜的說：「繼續猜！」

少校取下菸斗，那副高貴的神氣一下子消失了。他用十分尊敬的語氣低聲說：「那麼，你是部長或將軍？」

「快猜到了。」大帝說。

「殿……殿下是陸軍元帥嗎?」少校結結巴巴的說。

大帝說:「我的少校,再猜一次吧!」

「皇帝陛下!」少校的菸斗從手中一下掉到了地上,猛跪在大帝面前,忙不迭的喊道:「陛下,饒恕我!陛下,饒恕我!」

「饒你什麼?朋友。」大帝笑著說,「你沒傷害我,我向你問路,你告訴了我,我還應該謝謝你呢!」

大千世界,每個人都難免會有被人輕視的時候,這時的你是否可以做到像亞歷山大大帝那樣寬容、那樣淡定呢?

也許你並不是一個脾氣暴躁的人,也不會對所有的事情都發脾氣,可是就有一兩個人老是惹你生氣,他們可能是你的老朋友、鄰居或同學。就像你老覺得他在侮辱你一樣,不管你做什麼事,他都做得比你好,或者他會說哪個人做得比你好。你和他在一起的時候,只好開始誇耀自己,宣揚自己的成就,甚至可能誇大自己的能力。你為了報復,只好開始侮蔑他,同時越來越覺得憤怒和厭惡。你不僅無法忍受別人,你也變得不喜歡自己了。

令你最生氣的人,很可能也是你最親愛的人。即使是全副武裝的敵人,也不至於像你身邊的人那樣經常的給予你那麼猛烈的攻擊。

我們都知道誰是自己的敵人,也知道為什麼他是我們的敵人,可是對親近的人而言,我們卻常常否認彼此之間存在的困擾，而且還要為他找藉口否認真正的問題——直到下一次，怒火又上升了為止。

到底是誰惹你生氣的？你現在可能知道答案，也可能不知道。但你可以一直探究下去，知道惹你生氣的人是誰，他做了什麼事，你有什麼感覺，還有問題在哪裡。如果你老是被同一個人激怒，你可能會發現他的某些行為特別容易惹你生氣。

寬容是上帝賜予我們的最美的禮物。寬容不公是做人的美德，還是種明智的處世原則，豁達一些，寬容一些，你的視野就會變得更開闊，自己也活得很輕鬆。

不焦不躁，隨遇而安

古人的這副楹聯：寵辱不驚，看庭前花開花落；去留無意，望天上雲卷雲舒。為我們描述了一個恬淡而超然的意境，如果我們選擇出一個詞語來高度概括的話，非「隨遇而安」莫屬。詞典中對隨遇而安的解釋為：「能適應各種環境，在任何環境中都能滿足。」在做人上應該這樣理解：身處順境時，不得意忘形，趾高氣揚；身處逆境時，不怨天尤人，自暴自棄；在人生的成敗與得失的轉換之際，仍然能夠做到物我兩忘，泰然自若的處世。

現實生活中，人們通常情況下都為名所驅，為利所役，為情所困，活得非常苦非常累，於是也就更難保持住平淡謙和的心境了！因此，樹立起達觀思想、樂觀生活的隨遇而安觀念非常的必要。隨遇而安並不等同於傳統意義上的知足常樂，它包含了更為博大精深的哲學意義，是人與自然、社會和諧共處的切入點，更確切一點來說，隨遇而安是一種泰山崩於前而色不變的大氣魄，是以不變應萬變之人生中的大智慧，是順應天地之人合境界的大謀略。

然而，現代人最大的毛病是焦躁，焦躁也正是當代人的一種時尚病。我們看當今流行著這樣一些時尚字眼「別吵我，很煩」，「天生我材沒有用」，「活得好累」等等。從這裡我們可以窺見到人們的焦躁情緒。

焦躁是渙散鬥志的腐蝕劑，它會使人的注意力不集中，容易憤怒，不思進取，自暴自棄，最後一事無成。

人一焦躁，心情就會隨之浮躁，就無法深入事物的內部去仔細研究和探討事物的發展規律，無法認清事物的本質。焦躁，做事不順，差錯自然會多，無論何時何地，何種情況，都需「稍安勿躁」。

我們也許看到過交通擁擠的十字路口紅綠燈失控時的景象，整個路面成了汽車的世界，不耐煩的司機在不停的鳴笛亂喊，刺耳的喇叭聲響徹整個街道，整個交通處於癱瘓狀態，甚至還出現了司機與司機之間爭吵、廝打的局面，這正是焦躁情緒所帶來的負面效果。然而這樣並不能解決任何問題，唯有等到交警前來疏導時，問題才能解決。試想如果沒有交警的到來，最終會出現什麼樣的後果？

容易焦躁的例子還有很多，很多人在做事的時候都想暢通無阻，但無論做什麼事，我們都會或多或少的遇到一些麻煩，如果這時你的心情隨之焦躁，那麼你將注定很難成事。所以在做事的時候，我們不妨靜下心來，用你的耐性謀求事情的成功。

荀子在〈勸學〉中說，蚯蚓沒有銳利的爪牙、強壯的筋骨，但卻能夠吃到地面上的黃土，向下能夠喝到地底的泉水，這是什麼原因呢，答案其實很簡單，就是因為它不焦躁，有耐性。因此說，焦躁只會將自己埋葬於無邊的黑暗，我們只有靜下心來，澄清超載的思想，這樣才會讓你變得更樂觀，心境更平和。

那麼導致焦躁產生的原因又是什麼呢？其實焦躁的產生有深刻的時代根源，我們看近年來由於國家良好的政策導向，很多人已經擺脫了那種吃不飽、穿不暖的艱難歲月，生活問題得到了基本的保障，甚至很多人走上了致富奔小康的道路，可是在這種良好的生活環境下，很多人的心卻漸漸開始躁動不安。原因是什麼呢？就是因為當今社會整體節奏在加快、人際關係日益走向淡漠和功利化的道路，生活和工作不穩定，人生發展沒有穩定的預期，競爭激烈和天災人禍等等因素，漸漸導致人們形成了一種焦躁心理。

我們再來看當今人們談論的話題往往是：「誰又賺錢了」，「誰又買了豪宅」，「誰又買車了」，女性朋友們更是樂此不疲的談論時裝、化妝品、首飾等等。諸如此類，不絕於耳。然而在相互的比較中，人們往往會產生很大的壓力，於是急於成功、追求完美的心態漸漸產生，而這種心態一旦不能得到實現時，人的心理狀態就會與現實發生衝突和矛盾，很多人便會心生焦躁。

也正如翟恩波教授所講的：人的心理承受能力就像彈簧，也是有限度的，當面臨的心理衝突太多、心理壓力太大，超過了心理負荷，就會產生煩躁不安、緊張惶恐的焦慮心理。這也正是焦躁產生的原因。

焦躁是一種讓人感到茫然不安的情緒，是一種讓我們無法寧靜的力量，這種力量不僅是成功、幸福和快樂的最大敵人，而且是一種不健康的心態，一旦這種心態占據了你的思想，你就很難將它趕走。總之，焦躁就像夢魘一樣時時纏繞著我們，影響著我們，成為我們走向成功、走向幸福、走向快樂的最大敵人。

在這個社會中，每個人的心都處於一種焦躁的狀態中，很多人想有所作為，但又不能馬上成功，如此便會產生焦躁情緒；本以為事情做得很好，誰知忽然節外生枝，一時又無法處理，必然產生焦躁；因為他人的過錯給自己造成了一定的麻煩，心氣不順，也會產生焦躁；受上級的批評、責難，又無法解釋清楚，心中也會產生焦躁的情緒。種種焦躁的情緒使得每個人都對自己的現狀感到不滿意。我們總是在爭先恐後的前進，很少有人會停下來靜靜的欣賞一下路邊的風景，街上的行人永遠步伐匆匆，臉色嚴肅。遇事尋找心靈的寧靜，便成了我們這個焦躁時代最大的奢侈品。

人吃五穀雜糧，都有喜怒哀樂，如同每個人一定會感冒一樣，焦躁問題也一定會出現，但在這種問題出現的時候一定要懂得自我排解，忘記煩惱，忘記憂愁、忘記別人對你的傷害，忘記朋友對你的背叛……把焦躁扼殺在萌芽裡，保持一種恬淡平和的心境，只有在這種心境下，人才能得到完全的放鬆，變得安靜、怡然。因此，你不妨時時清洗一下使你心情焦躁的不好事情，同時把自己鎮定、平靜、安寧的情緒融合到你馬上要參加的活動中，這才能稱得上是對人生的大徹大悟。

內心淡然，風吹身搖而心不亂

淡然是人類的一種崇高無上的理念，一種覺悟的境界，是一種寬容、安詳的心態，一種精神上的瞬間。人類要抓住命運的手，充分享受每個精彩的瞬間，才能夠活得無憂無愁，沒有煩惱，心無罣礙。此時，你就會感悟到世間最美的表情就是淡然！

淡然是扎根的石頭，是結塊的金子。這些石頭和金子坐也好，站也罷，時間都帶不走它們，在它們面前，時光之流只能繞道而行。當走過了山山水水時，摸摸我們心靈的口袋，許多曾經的浮華和榮耀，怕都被時間的手掏走了，在我們心中佇立的，大多是這些石頭和金子了。

淡然有助於減輕快節奏生活造成的壓力，帶給你安詳平和的心境。如果你發現自己總是被家人、朋友圍繞著，耳邊充斥著各種讓人煩躁的噪音，整日忍受著繁忙的工作以及家庭瑣事的無窮折磨，致使每天的神經都綳得緊緊的，得不到一絲喘息的機會，那麼你就應該好好計畫一下，找點時間，讓自己徹底放鬆一下。

曾有一位事業有成的企業家，當他的事業達到巔峰時，他突然感覺到人生無趣，特地跑到一家遠近聞名的修道院請大師指點迷津。

大師告訴這位對人生感到毫無興趣和信心的企業家：「魚無法在陸地上生存，你也無法在世界的束縛中生活；正如魚兒必須回到大海，你也必須回歸安息。」

「難道我必須放棄自己所有的一切，進入山裡修練，才能實現自己心靈的平靜？」企業家無奈的回答。

「不！你可以繼續你的事業，但同時也要回到你的心靈深處。當回到內心世界時，你會在那裡找到企求已久的平安。除了追求事業的目標外，生命的意義更值得追尋。」大師說。

在喧鬧的人群裡，我們往往聽不見自己的腳步聲。只有遠離喧鬧的人群，學會放鬆自己，才能讓我們重新認識到自我的存在。

拋開一切事情，讓自己的心靈得到放鬆，把自己從混亂無章的感覺中解救出來，那麼你的生活將會得到很大的改善，你的心靈也就得到了澈底的淨化。

我們每個人在日常生活中都會滋生煩躁、惆悵和感傷的情緒，但無論你開心還是不開心，時間都是公平的，一天同樣只有二十四小時，所以，做人要活得瀟灑些，要學會放鬆自己。

有一首歌是這樣唱的：是非恩怨隨風付諸一笑，聚散離合本是人生難免，愛情也許會老，真心永遠年輕，有我有你有明天，人生短暫何必計較太多，不如輕輕鬆鬆過一生。

人生的道路雖然各不相同，但命運對每個人都是公平的。窗外有土也有星，有快樂也有痛苦，就看你能不能保持輕鬆的心境，心往好處想。

我們這個時代的人，總是感到生活的壓力很大，要面對來自家庭、事業、競爭、快節奏的社會發展等多方面壓力。於是，很多人在壓力面前變得眉頭緊鎖、一籌莫展。但是我們不妨仔細思索一番，其實壓力無所不在，每個時代的人都有屬於他們那個時代的壓力，誰也躲避不了。試看世間忙忙碌碌，曾經擁有的一切，到最後只能像風一樣被吹過，與其緊張沉重、身心疲憊的度過一生，不如讓眉頭舒展一點，讓呼吸從容一點，讓匆匆腳步放慢，讓壓力煙消雲散，輕鬆淡然過一生。

淡然是精神的陽光，沒有陽光，萬物都不可能生長。你在生活中，同樣也需要輕鬆，只有在輕鬆中才能觀察五彩繽紛的真實生活。一個能夠在逆境中保持淡然的人，要比面臨困苦就崩潰的人偉大得多。

我們不妨辯證的來思索一下這樣一個問題：人類給自己創造出一個世界，原本是要給自己幸福和快樂，而結果卻被這個世界所挾持，以致忘掉了人生本來的目的，這該是人類的悲哀。但人類終究是想要自然的，一顆自然的心總是有逃離世界、回歸淡然的欲望，這是人在本質上真正的需要。所以，給自己一點時間放鬆一下心靈，這才是人類自身對自己的最大慈悲。

每個人都會有心煩意亂的時候，天天靠別人來寬慰也不是長久之計，只有自己學會調節自己的心情，讓心靈平靜，才是最為明智的選擇。如果一個人能夠實現對自己的心情控制和調節，他就學會了生活，也懂得了生活。

控制情緒，遠離空虛

生活中，空虛往往會在不經意間侵襲人的心頭。有空虛感的人起床後覺得今天也不過如此，明天也不過如此，也許以後都會如此。空虛就像飄在夜空中的最後一層濃霧，不能驅散，四處彌漫。空虛沒有味道，沒有顏色，就像空氣一樣永遠存在，一深呼吸就充溢整個胸腔，使人的內心會隱隱的痛，雖不椎心刺骨，卻如同菟絲花般慢慢的讓你心神不定，無論外界怎樣刺激也無關痛癢。

小白的真情告白：「剛讀高中的時候，我還沒有什麼憂愁，可從高一下學期開始，無論何時何地我總會感到一陣陣煩躁，煩躁的原因有來自生活上的，也有來自學習上的。」

「在學習上我一直是中上水準，可後來不知怎麼搞的，大概是幾次考試失利的緣故吧，我感到學習特沒勁，成績也落後了。班導找我談了幾次，我也沒什麼變化，我對什麼都無所謂了。想來想去，覺得生活沒意思，真的沒意思。同學們都在那裡學習，可學習好了又有什麼用呢，究竟為了什麼呢？成績再好也免不了生老病死。學校有時也搞一些活動，但內容幾乎和小學生一樣，各種各樣的評獎只不過是些幼稚的活動，我真的覺得很無聊。家裡，爸爸每天出入市場，炒股票，打麻將，對我的學習一點也不關心；媽媽除了做家事，只會每天盯著我，嘮嘮叨叨說個不停，一會說我頭髮長了，一會又數落我東西沒放整齊……事無鉅細，她都要嘮叨一番，我都替她累。有時夜深，獨自坐在書桌前，望著一大堆功課，我會想很多：活著真沒勁，就這樣一天天混下去也不知有什麼結果，真想離開這個灰暗的人生，有個新的開始……」

在成長的過程中，一些年輕人會不停的追問生命（生活）的意義，其實答案是很豐富的。但是如果碰巧接觸了生活的很多陰暗面，得到的是「生命本無意義」的答案，他們往往就會感到痛苦、無聊，甚至覺得生活沒意思，相對的就會產生空虛感。我們常說，事物都有兩面性，所以即使當生活的硬幣翻到消極的一面，也要學會用積極的心態，用另一副「眼鏡」看世界。

從心理學的角度看，空虛是一種消極情緒。這是它最重要的一個特點。被空虛所乘機侵襲的人，無一例外的是那些對理想和前途失去信心，對生命的意義沒有正確認識的人。他們或是消極失望，以冷漠的態度對待生活，或是毫無朝氣，遇人遇事便搖頭。為了擺脫空虛，他們或抽菸喝酒，打架鬥毆，或無目的的遊蕩、閒逛，沉醉於某種遊戲，之後卻仍是一片茫然，無謂的消磨了大好時光。空虛帶給人的，只有百害而無一利。

那麼，我們在生活中該怎樣擺脫空虛感呢？從下面的寓言中我們或許能感悟到真諦：

神孜孜不倦的造人，一個一個的造出來又一個一個的被魔吃掉。有一天，魔終於忍不住了，暴怒的對神吼道：「你不要再造人了，再造人，我連你也一起吃了！」神的眼裡淌出了淚，說：「可是我總得有事做呀！否則我會很寂寞的。」魔沮喪的垂下了頭，低聲說：「我也是。」

我們每天重複的做著許多事其實就是為了逃避空虛。

空虛是無盡的黑暗，是糾纏的恐怖，是沒有血肉的空空袍袖，是理也不清、斷也不斷的蛛絲鉸接的網。為了要逃離空虛，有人一圈圈孤獨的散步，有人拖著滑鼠在網路裡遊蕩……

那現實生活中，應該如何擺脫空虛感呢？

1 調整需求目標

空虛心態往往是在兩種情況下出現的。一是胸無大志；二是目標不切實際，使自己困難以實現目標而失去動力。因此，擺脫空虛必須根據自己的實際情況，及時調整生活目標，從而調動自己的潛力，充實生活內容。

2　求得社會支持

當一個人失意或徘徊時，特別需要有人給以力量和支持，予以同情和理解。只有獲得社會支持，才不會感到空虛和寂寞。

3　博覽群書

讀書是填補空虛的良方。讀書能使人找到解決問題的鑰匙，使人從寂寞與空虛中解脫出來。讀書越多，知識越豐富，生活也就越充實。

4　忘我的工作

勞動是擺脫空虛極好的措施。當一個人集中精力、全身心投入工作時，就會忘卻空虛帶來的痛苦與煩惱，並從工作中看到自身的社會價值，使人生充滿希望。

5　目標轉移

當某一種目標受到阻礙難以實現時，不妨進行目標轉移，比如在學習或工作以外培養自己的業餘愛好（繪畫、書法、打球等），使心情平靜下來。當一個人有了新的樂趣之後，就會產生新的追求，有了新的追求就會逐漸使生活內容得到調整，進而從空虛狀態中解脫出來，迎接豐富多彩的新生活。

當你和空虛頑強鬥爭的時候，請記住普希金的這句詩：「生活不會使我厭倦。」

面對刁難，泰然自若

面對各種刁難，我們常常會失去理性。有時候，我們很難控制自己的情緒，從而表現出某種神經質。

神經質的心理症狀是較為輕度的一種，它與人的情感智商（EQ）有一定的相關性。神經質的主要表現為責任心淡薄，對批評反應強烈，甚至有時發生暴力行為，缺乏理智，有時說謊、易怒，以自我為中心等。其性格類型表現為常跟人衝突，有顯示自己力量的大膽舉動，傾向於惡意的解釋各種社會現象，以反抗的態度來顯示自己的傾向性。神經質過高的人應注意積極的調整自己的情緒，用理智的力量來控制、轉移和調整自己的心態。

一九六〇年代早期的美國，有一位很有才華、曾經做過大學校長的人，出來競選美國中西部某州的議會議員。此人資歷很高，又精明能幹、博學多識，看起來很有希望贏得選舉的勝利。但是在選舉的中期，有一個很小的謠言散布開來：三四年前，在該州首府舉行的一次教育大會中，他跟一位年輕女教師「有那麼一點曖昧的行為」。這實在是一個彌天大謊，這位候選人對此感到非常憤怒，並盡力想要為自己辯解。由於按捺不住對這一惡毒謠言的怒火，在以後的每一次集會中，他都要站起來極力澄清事實，證明自己的清白。其實，大部分選民根本沒有聽到過這件事，但是，現在人們卻越來越相信有那麼一回事，真是越抹越黑。大眾們振振有辭的反問：「如果你真是無辜的，為什麼要百般為自己狡辯呢？」如此火上加油，使這位候選人的情緒變得更壞，也更加氣急敗壞、聲嘶力竭的在各種場合為自己洗刷，譴責謠言的傳播。然而，這卻更使人們對謠言信以為真。最悲哀的是，連他的太太也開始轉而相信謠言，夫妻之間的親密關係被破壞殆盡。最後他失敗了，從此一蹶不振。

人們在生活中有時會遇到惡意的指控、陷害，更經常會遇到種種不如意。有的人會因此大動肝火，結果把事情搞得越來越糟。而有的人則能很好的控制住自己的情緒，泰然自若的面對各種刁難和不如意，在生活中立於不敗之地。

因此，缺乏自我控制能力的人想必已經明白，你是生活在社會中，為了更好的適應社會、取得成功，你有必要控制自己的情緒情感，理智的、客觀的處理問題。但是控制並不等於壓抑，積極的情感可以激勵你進取上進，加強你與他人之間的交流與合作。如果你把自己的許多能量消耗在抑制自己的情感上，不僅容易生病，而且將沒有足夠的能量對外界作出強有力的反應。因而一個高情商的人應是一個能成熟的調控自己情緒情感的人。那麼，如何正確的調整自己的情緒呢？你必須有正確的人生態度。在現實生活中，我們經常可以看到，面對同樣的環境和遭遇，人的情緒反應有很大的差異。正確的人生態度，能幫助我們調整看問題的角度，幫助我們想通許多問題，緩解不良情緒，培養積極、健康的情緒。具有寬廣的胸懷和豁達的心胸是保持積極、樂觀情緒的基本條件。那些在情緒上容易大起大落，經常陷入不良情緒狀態的人，幾乎都是心胸狹隘的人。

如果能擴大自己的生活面和知識面，在精神上充實自己，為豐富多彩的生活所吸引，不計較眼前得失，心胸自然就會豁達起來，情緒也不會如此波動了。要熱愛生活，學會調節人際關係。對生活缺乏情趣的人，或是人際關係不良的人，精神上沒有寄託，思想不安定，情緒就不穩定，容易產生神經質。反之，一個熱愛生活並具有良好人際關係的人，就會在自己的身邊形成一個比較和諧、融洽的氛圍。這種氛圍反過來從客觀上又促進了自己，使自己心情舒暢、身心健康。

下面是一些有效的克服神經質、調節自我情緒的方法：

第一，正確的認識危機。人生中諸如疾病、死亡、破產等很難意料的事件，常影響人的心理。雖然人們完全有能力處理這類事情，但這需要時間，過度的焦急不僅於事無補，還會把事情辦壞。

第二，當預感到緊張會出現時，你可在頭腦中設想一下如何處理它，回想一下過去是怎樣對付它的，回想一下你所尊敬的人是如何處理的，就可以減少焦慮，避免碰釘子。

第三，平時多注意休息，可以減少你的緊張感與神經質。獲得足夠的休息對身體極為有益，它能使你振作精神，恢復精力。

第四，當你試圖掩蓋某一件事情時，常常帶來緊張情緒。但當你抱著不迴避的心態，坦然面對時，壓力無形之中就會減輕，緊張感就會減少。

第五，當你發現自己的情緒無法控制時，不妨用下列方法盡快從這種情境中擺脫出來：脫身離開那裡；想一想別人在這種情境中會扮演怎樣的角色；向有同情心的人傾訴自己的想法。

把煩惱寫在沙灘上

傷心、悲痛、消沉、心碎、煩惱、憤怒、仇恨、嫉妒、羨慕……這些詞語，都可以總稱為煩惱。看看身邊的人，有的為沒錢煩，有的為工作煩，有的為學習煩，有的為得不到提升而煩，有的為家庭關係出現緊張而煩，有的為得不到愛情而煩，有的為不能跟喜歡的人在一起而煩，有的為身體出現了疾病而煩……任何人都有煩惱，所不同的是煩惱的對象有所不同罷了。

對於煩惱，有的人會自我調節。他們或找人傾訴，或外出遊玩，或拚命工作，總之把注意力轉移到別的地方，這樣隨著時間的推移，煩惱也會逐漸淡化下去。但是也有一些人，隨著煩惱的累積，他們的心理會被摧毀，會做出傷人或自傷的事情，嚴重者甚至結束自己的生命。

潮漲潮落、日出日落、月圓月缺、燕去燕來、花開花謝、春種秋收，這些現象或許都是自然界情緒色彩變化的一種表現。人，也是自然界物體的一個組成部分，所以，我們的情緒也會像潮水一樣的漲漲跌落。

每天早上，我們從床上醒過來的時候，情緒就與昨天不同，這大概是自然的奧祕之一，沒有人會了解它。昨天的歡樂，也許會成為今天的悲傷；而今天的悲傷或許又會成為明天的歡喜。在我們的心裡似乎有一個輪子，不斷的從歡喜轉到悲傷，從狂喜又轉到沮喪，從快樂轉到憂鬱，就像花朵一樣從怒放到枯萎。

毫無疑問，沒有好的心情，你要想成就一番事業，可能性幾乎等於零。當一個人心情愉快時，會激發無限的創造力，而心情沮喪時大腦卻會一片空白。也許你對此並未細心考慮過，但可以肯定你一定有過心緒煩亂，甚至心灰意冷的時候，這就是心情的癥結。

所謂「人比人氣死人，比上不足比下有餘」，如果你有一輛普通汽車，你不要與寶馬比，你要與只能騎自行車的人比，你的心態自然就平了。這個道理大家都懂。了卻煩惱的智慧，就是要清楚辨知煩惱的緣起，面對它、接受它、處理它、放下它。

人生在世不可能事事盡如人意，遇到困難和煩心的事就要自己化解，時刻擁有樂觀的心態和快樂的心境。在生命中碰到煩惱事，不妨學說三句話，這對自身健康大有好處。

第一句話是「算了吧」。生活中有許多事，可能你經過再多的努力都無法達到，因為一個人的能力必定有限，要受各種條件的限制，只要自己努力過、爭取過，其實結果已經不重要了。

第二句話是「不要緊」。不管發生什麼事，都要對自己說「不要緊」。因為積極樂觀的態度是解決和戰勝任何困難的第一步。上天對每個人都是公平的，它在關上一扇門的同時，必定會打開一扇窗。

第三句話是「會過去的」。不管雨下得多大，連續下幾天，總有晴天的時候。所以無論遇到什麼困難，都要以積極的心態去面對，堅信總有雨過天晴的時候。

如果以上三句話還不能使你心情好起來，不妨利用以下方法及時進行自我心理調節：

1 宣洩心中的壓抑。憂鬱往往是因某種情緒、情感被壓抑而引起的，找親朋好友傾訴一番，有助於憂鬱的消除。

2　換個角度看問題。有句詩寫得好：「憂愁的眼睛到處看見淒涼，歡笑的眼睛到處看見光明。」當背向太陽的時候，只能看到自己的影子，這時不妨試試轉過身來，面向太陽，便會看到一個金光燦爛的世界。一個人總抱著否定或主觀臆斷的態度去思考問題，必然會陷入困境。世上沒有完完全全如意的事。人總可以從許多事情上找出不滿意之處而自尋煩惱的，所以，改變這一生活態度也很重要。

3　進行體育鍛鍊。調查發現，體育活動可透過大腦左右半球的活動轉換來排憂生樂，振奮精神。不運動者患憂鬱症的危險大大高於體育鍛鍊者。這是因為人的憂鬱、煩惱等不良情緒通常來自大腦左半球，而產生愉快情緒的區域在大腦右半球。在所有自我控制情緒的手段中，戶外運動是最有效的一種。因為運動可以促進人體內生物化學反應變化，能提高心跳頻率，促進血液循環。常見的運動方式有：散步、慢跑、游泳、騎自行車等，每週進行三四次，每次二十分鐘便可以見效。

4　聽聽音樂。工作一天後，常常感到神經緊張、心情煩躁，聽聽音樂會使人感到輕鬆、心情愉悅。但是，聽音樂也應加以選擇，應選擇一些適合自己心境的曲子，這樣才能排除緊張、煩躁的心理。

5　多參加社交活動。孤獨，常常是憂鬱症的早期症狀。有意識的多參加各種社會活動，盡量多交幾個朋友並與之來往，這種治療憂鬱的方法常常勝過藥物。

6　培養幽默感。你要讓自己變成開朗的人，培養自己的好人緣，多看看笑話、幽默小說，一個善於給別人帶去笑聲的人，自己也會陽光起來。幽默的人總能成為人氣王。

給自己的心靈放個假吧！讓疲憊的你充分放鬆，不要再讓名利、物欲的枷鎖牽絆你，你會驚喜的發現，你神奇般的恢復了全身的力量，你對前進的道路充滿了信心。

只有自己才能束縛自己的心，也只有自己才能解開心靈上的枷鎖。解鈴還需繫鈴人，心病還得心藥醫。不論是高官還是平民，不論是富豪還是窮人，不論是社會名流還是無名之輩，都超越不了「有得必有失」的辯證邏輯。即使你不去自找煩惱，但還是少不了煩惱，因為人是現實的，不是超脫凡俗的聖人，既然這樣，我們就要學會善於淡化煩惱，化解煩惱。

先調節心情，再處理事情

如果你無法控制自己的情緒，你的一生也將會因不時的情緒衝動而受到傷害。相反，情緒若能被我們妥善運用，就可以使我們的人生變得更美好。只是，運用的前提是我們必須先使它臣服，受你駕馭。

然而，許多時候，我們總是會為了各種瑣事而煩躁，而事情也往往會隨著這些雜亂的負面情緒變得一團糟。因此，一些處理不來自己脾氣的人，一遇到事，尤其是遇到比較危急或不太如意的事情時，就會變得情緒化，然後以一種消極的態度去處理。這樣一來，人就很容易將事情搞砸，甚至鑽進牛角尖逼自己走上極端。

一般而言，人們處理事情的成熟程度與情緒化的程度成反比。當我們擁有了良好情緒時，不但能防止我們因為情緒化而採取不理智的行動，而且能使我們把事情處理得更有成效、更漂亮。例如：我們有時在街上會看到兩輛自行車相撞。有一些人認為全都是對方的錯，抬頭就開始抱怨，結果雙方便吵了起來；而另一些人卻會覺得對方並不是故意的，同樣也是受害者，當他們從地上爬起來時，反而會安撫對方，結果自然是相安無事；更有一些人認為，兩車相撞都是因為自己不小心，並對此很過意不去，執意要幫助對方修車，從而感動了對方，結果一次事故交了一個朋友。同樣是撞車卻有著不同的結局，這就是不同的情緒反應所帶來的不同結果。

對於每一個人來講，「外面」發生什麼並不重要，重要的是你如何看待它，持一種什麼樣的心情。正是由於每個人對事件所持的態度和看法不同，所產生的情緒和行為也各不相同，自然導致的結果也就完全不同了。

美國心理學家艾理斯說：是我們內心的想法或者說心態決定了我們的情緒。所以，不要把你的一切情緒都歸於現在的事件、現在的人、現在的關係。表面上這些因素決定了你的愛恨情仇以及種種情緒，事實上，導致你負面情緒的罪魁禍首是你內心對事情的想法和觀點，而這是完全可以用積極的心態去改變的。從這個意義上說，我們完全有能力左右自己的心情。心情變了，事情的結果也就變了。

有一位著名的國畫家喻仲林，擅長畫牡丹。

有一次，某人慕名要了一幅他親手所繪的牡丹，回去以後，高興的掛在客廳裡。

有一天，此人的一位朋友看到了，大呼不吉利，因為這朵牡丹沒有畫完全，缺了一部分，而牡丹代表富貴，缺了一角，豈不是「富貴不全」嗎？

此人一看也大為吃驚，認為牡丹缺了一邊確實不妥，於是拿回去準備請喻仲林重畫一幅。喻仲林聽了他的理由，靈機一動，告訴買主：「既然牡丹代表富貴，那麼缺一邊，不就是『富貴無邊』嗎？」

那人聽了他的解釋，覺得也很有道理，便又高高興興的捧著畫回去了。同一幅畫，因為人的心情不同，便產生了不同的結果。其實道理很簡單，畫家如果想讓自己的畫贏得他人的賞識，只是一味的吹噓自己畫畫的本事是不夠的，更重要的是調整他人的心情。

雖然這是個簡單的道理，但卻常常被我們忽略。想想看，我們所有的工作內容是不是都在和人打交道，而在打交道的過程中，心情是不是又占一個很重要的位置呢？回答一定是肯定的。可是，在做事的過程中我們卻往往把這一點忘了，只是一味的針對事情處理問題，結果把做事人的心情忘得一乾二淨，往往招來失敗。

心情如同吹來的風，虛無飄渺，卻無處不在，無時無刻的影響著你的一切。心情如同你不小心打的一個噴嚏，它會傳染，傳染給你身邊的每一個人，傳染到你身邊的每一件事。不知你是否有過這樣的感覺，很多時候，你都感到自己做一件事會失敗，其實，這並不是因為你技不如人，也不是因為我們不具備成功的實力，而是因為在很多時候，你在心理上預設了一種固定不變的看法，這種看法往往會讓你覺得自己根本就不可能實現某個目標，它在基本上禁錮了人的思維，顛覆了人美好的心情。還有很多時候，因為心情作怪，我們身邊的很多事情都似乎變了味，所以說心情是一個人真正的主人，它決定著生命是由你來駕馭還是你被生命駕馭。

俗話說：「人生不如意之事有八九。」在每個人的一生當中根本就不可能永遠風平浪靜。人生在世，會遇到各種各樣的問題，而人生也正是不斷的面對問題、解決問題的過程，面對問題、解決問題的態度決定著我們的生活品質、我們的心情。我們不能改變已發生的事情，但可以選擇對待事情的心情。心情改變，許多看問題的角度和解決事情的方法也會改變。

比爾蓋茲說：「生活是不公平的，你要去適應它。」的確，學會駕馭心情，才能改變命運，做生活的主人！才能統籌事情的發展！

一個人不管有多聰明、多能幹，背景條件有多好，如果不懂得左右心情，那麼他最終的結局肯定是走向失敗。所以在任何時候，人都不應該做自己心情的奴隸，不應該使一切行動都受制於自己的心情，而應該恰當的駕馭心情。

一個人只有左右了自己的心情，才能左右事情，我們不是沒有辦法，也不是不能取得成功，而是我們自己的心情阻礙了我們取得成功。

第9章　笑對繁華落盡

花開花謝，既是大自然的規律，也是它的神韻所在。當你見到了那些情景，並感悟到了那份神韻，所有的嘈雜紛爭、所有的憂鬱怨忿、所有的煩惱不安、所有心比天高的種種欲望，全都會悄然退去，寧靜、祥和、平淡會在你心靈深處蕩起。

給生活一個笑臉

這一張張綻放的笑臉給人們帶來了希望，喚醒了人們對美好未來的憧憬。然而，現實生活中，由於工作壓力的加大、人才擁擠等等原因，導致人們臉上的笑容越來越少。在此刻，我想大聲疾呼：綻放笑臉吧！讓笑臉為你帶來一份坦然，讓笑臉伴你走過一切艱難險阻，讓笑臉鼓勵你勇往直前。

經常聽到人們這樣說：「生活是一面鏡子，你對它笑，它就笑，你對它哭，它就哭。」那麼我們為什麼不讓它笑呢？

有這樣兩個女人，一個女人天生麗質，人見人愛，所有的人甚至包括她自己都認為將來她的人生一定很美，但不幸的是，她的父母較早的離開了人世，狠心的哥嫂把她嫁給了一個貧苦不堪的農民。自此之後，她總是抱怨命運的不公，常常蓬頭垢面的坐在家裡，怨天怨地、罵雞罵狗罵家人，整天愁眉不展。

另一個女人長得一點也不漂亮，也嫁給了一個貧苦不堪的農民，很不幸的是，在他們剛結婚不久，就被剛過門的弟媳婦趕出了家門。在舉家沒有棲息之所的困境之下，夫妻倆只能籌錢蓋房，於是兩口子更加努力的賺錢。丈夫出外工作，女人在家裡做務農。為了減少家裡的一些花費，女人又開墾了幾畝荒地。七月炙熱的太陽火辣辣的照射在人們身上，女人不顧炎熱，一有時間，就去地裡工作。夫妻倆省吃儉用，家裡蓋起了新房。一家人終於有了棲身之所。然而，天有不測風雲，剛剛蓋起的新房由於地震變成危樓，只能把房子拆掉。看著新蓋的房子被拆掉，站在一旁的孩子流著淚說：「媽，我們又沒地方住了。」女人咬了咬牙，說：「不怕，我們把房子往後挪，重新蓋房，我們會有房子住的！」就這樣，艱難的日子輾轉了好多年。在這種日子裡，女人從未抱怨過，也從未沮喪過，她常常說的一句話就是：「哭也是一天，笑也是一天，為什麼不高高興興過日子呢？」如今，她和一家人都搬進了城市裡。她年紀大了，可是現在的她反而比年輕時看起來更加美麗。

當有一天她們親親密密坐在一起，才發現歲月分別給予了她們什麼：一張是笑臉，一張是哭臉。第一個女人一生雖然風平浪靜，但是總不滿意，不快樂，一張臉蒼老疲憊，皺紋縱橫交錯。第二個女人的一生跌宕起伏，但因凡事都笑臉相迎，寬大的心胸讓她越老越添風韻，成了一個魅力十足的慈祥老人。

可見，你用什麼樣的態度對待你的生活，生活就會以什麼樣的態度來對待你。你消極，生活會更暗淡；你積極向上，生活就會給你許多快樂；你用微笑面對生活，同樣生活也會對你微笑。

颱風襲來，隨著暴風驟雨而來的土石流狂瀉而下，迅速流向坐落在山腳下不遠處的一個小村莊。農舍、良田、樹木，一切的一切都沒有躲過被毀的劫難。滾滾而來的土石流驚醒了睡夢中的一位十四歲的小女孩。流進屋內的土石流已上升到她的頸部。小女孩只露出雙臂、頸和頭部。及時趕到的營救人員圍著她一籌莫展。因為對於遍體鱗傷的她來講，每一次拉扯無疑是一種更大的肉體傷害。此刻房屋早已倒塌，她的雙親也被土石流奪去了生命，她是村裡為數不多的倖存者之一。當記者把攝影機對準她時，她始終沒叫一個「痛」字，而是咬著牙微笑著，不停的向營救人員揮手致謝，兩手臂做出表示勝利的「V」字形。她堅信政府派來的救援部隊一定能救她。可是營救人員最終也沒能從固若金湯的土石流中救出她。而她卻始終微笑著揮著手，直到一點一點的被土石流所淹沒。

在生命的最後一刻，她臉上沒有一點痛苦失望的表情，反而洋溢著微笑，而且手臂一直保持著「V」字形狀。那一刻彷彿延伸一個世紀，在場的人含淚目睹了這莊嚴而又悲慘的一幕，心裡都充滿了悲傷。世界靜極，只見靈魂獨舞。

死神可以奪去人的生命，卻永遠奪不去在生死關頭那個「V」字所蘊含的精神。在人生的道路上，挫折、困難、甚至絕境都是避免不了的，最重要的是要坦然面對，自信自強，讓靈魂始終微笑，高舉那面叫做自信的勝利之旗。因為穿透靈魂的微笑常常在生命邊緣蘊含著震撼世界的力量，讓人生所有的苦難如輕煙一般飄散。

一旦你學會了陽光燦爛的微笑，有了這種積極樂觀的心態，你就會發現，你的生活從此會變得更加輕鬆。

百貨店裡，一個窮苦的婦人，帶著一個約四歲的男孩在轉圈子。走到一架快照攝影機旁，孩子拉著媽媽的手說：「媽媽，讓我照一張相吧。」媽媽彎下腰，把孩子額前的頭髮攏在一旁，很慈祥的說：「不要照了，你的衣服太舊了。」孩子沉默了片刻，抬起頭來說：「可是，媽媽，我會面帶微笑的。」每想起這則故事，我們的心就會被那個小男孩所感動。

面對著親人，你的一個微笑能夠使他們體會到，在這個世界上還有另外一個人和他們心心相連；面對著朋友，你的微笑能夠使他們體會出世界上除了親情，還有同樣溫暖的友情，讓他們感受到，你是重要的，必不可少的。走遍世界，微笑是通用的護照；走遍全球，陽光雨露般的微笑是你暢行無阻的通行證。

所以，不論你現在從事什麼工作，在什麼地方，也不論你目前遇到了多麼嚴重的困境，甚至你的人生遭遇了前所未有的打擊，用你的微笑去面對它們，面對一切，那麼，一切都會在你的微笑面前低頭。

微笑，永遠是我們生活中的陽光雨露。沒有什麼東西能比一個陽光燦爛的微笑更能打動人的了。微笑具有神奇的魔力，蘊含著震撼人心的力量，她能夠化解人與人之間的堅冰。微笑也是你身心健康和家庭幸福的標誌。只要你臉上常掛著微笑，你就不會吃虧，相反，還會使你擁有更好的人緣，更廣闊的人脈平臺。

最後，也是最為重要的一點：微笑不僅僅是為了別人，更是為了自己。

心情再壞，也要保持微笑

平時的我們沒少將樂觀放在嘴邊，但真正不順心的時候，沮喪的情緒還是占主導地位。由此可見，心態的鍛鍊也是需要時間和持續性的，一點一滴的累積，才能讓我們無論順境還是逆境都能保持一個樂觀豁達的心態。

夏天和冬天是四季中兩個比較極端的季節，這種季節對人的身體會產生影響。同樣，心態也分四季。一個樂觀平和的心態是春天，給人以溫暖和生機；一顆平常心是秋天，讓人在生活中獲得收穫；大悲是冬天，冰冷刺骨於健康無益；大喜如夏天，炎熱難耐，讓人昏昏沉沉。

在這四個季節中，樂觀和平常心是最能讓人感到舒適的。因此，樂觀面對生活才是我們生活的主旋律。

「二戰」期間，一位名叫伊莉莎白・唐娜的女士，在慶祝盟軍在北非獲勝的那一天，收到了一封從戰爭前線發來的電報——她的獨生子已犧牲在戰場上。

兒子是她唯一的親人，也是她最愛的人，那是她的命！她當即感覺自己的天都要塌了，唯一的精神依靠沒有了。她開始心灰意冷，痛不欲生，決定放棄自己的工作，遠離家鄉，找一個無人的地方了卻自己的餘生。

然而，當她在臨行前清理自己行裝的時候，忽然發現了一封還未拆啟的信件，那是她兒子在剛剛到達前線後寫給她的。她激動的拆開信，看到了這樣的話：「請媽媽放心，我永遠不會忘記您對我的教導。不論我在哪裡，也不論遇到怎樣的災難，我都要勇敢面對眼前的生活，像真正的男子漢那樣，用微笑去承擔一切的不幸和痛苦。我將會永遠以您為榜樣，心中永遠保留著您的微笑。」她讀完信後，頓時熱淚盈眶，於是就將這封信讀了一遍又一遍，似乎看到兒子就在自己的身邊，並用那雙熾熱的眼睛望著她，並關切的問道：「親愛的媽媽，您為何不按照您教導我的那樣去做呢？」

此時，伊莉莎白．唐娜心中猛然一驚，就此打消了離鄉背井的念頭，一再對自己說：「告別過去的痛苦只能由自己來揮動，我應該像兒子所說的那樣，用微笑來掩埋痛苦，繼續快樂的生活下去！我雖然沒有起死回生的能力，但是我可以選擇快樂的生活下去！」

後來，伊莉莎白．唐娜就打起精神，開始寫作，最終成為一位頗有影響的作家。

是的，人不能陷在痛苦的泥淖裡不能自拔。遇到可能改變的現實，我們要向最好處努力，才能無悔於以後的生命；遇到不可能改變的現實，不管有多麼的痛苦不堪，我們也要勇敢去面對，用微笑將痛苦埋葬，才能看到希望的陽光。在很多時候，快樂的生活比死亡需要更大的勇氣和魄力。

林美妲不同於正常人，因為她一個人單獨地生活在美國一座山丘上的一間特殊的房子裡。這座房子完全是用自然物質搭建而成的，裡面不含任何有毒物質，裡面的空氣都是人工灌注氧氣。林美妲生活在其中，只能靠傳真與外界進行聯絡。為何林美妲會這樣生活呢？

在二十年前的一天，林美妲在拿起家中的殺蟲劑滅蚜蟲的時候，突然感到全身一陣痙攣。她原以為那只是暫時的症狀，卻不曾料到殺蟲劑內的化學物質破壞了她全身的免疫系統。從此，她就對一切有氣味的東西（如香水、洗髮精等）過敏，連空氣也可能會導致她患上支氣管炎。這種多重化學物質過敏症是一種慢性病，目前國際上是無藥可醫的。

在患病的前幾年中，林美妲睡覺時常常流口水，尿液也漸漸的變成了綠色，身上的汗水與其他排泄物還會不斷的刺激她的背部，最終形成疤痕。在那段時光，林美姮承受的痛苦是常人難以想像的。但是，為了繼續生存下去，她的丈夫以鋼和玻璃為材料，為她蓋起了一個無毒的空間，一個足以逃避所有外界有味物質威脅的「世外桃源」。林美姮日常所有吃的、喝的都要經過仔細的選擇和處理，她平時只能喝蒸餾水，並且吃的食物中也不能含有任何化學成分。

在那個「世外桃源」中生活了八年，她再沒有見過一棵花草，沒聽到過悠揚的聲音，更感覺不到陽光、流水。她只能躲在無任何飾品的小屋裡，飽受孤獨之苦。她還不能放聲大哭，因為她的眼淚也和她的汗水一樣，隨時都有可能成為威脅她的毒素。

「不能痛哭，那就選擇微笑吧！」堅強的林美姮這樣對自己說。事已至此，自暴自棄和痛苦只能毀滅自己，生活在這個寂靜的無毒世界裡，林美姮卻感到很充實。因為她不僅要與自己的精神抗爭，還要與外界的一切有氣味的物質抗爭。因為她不能流淚，所以她選擇了微笑。

十年後，林美姮在孤獨中創立了環境接觸研究網，主要致力於化學物質過敏症病變的研究。隨後，她又與另一個組織合作，另創化學傷害資訊網，主要是宣導人們避免威脅。目前，這一家資訊網已經有五千多名來自三十多個國家的會員，不僅每月都發行刊物，而且得到了美國國會、歐盟及聯合國的大力支持。

不能流淚就選擇微笑，看似是林美姮無奈的表白，實則是她在歷經磨難後的坦然。人生不可能一帆風順，我們不要過於抱怨生活對自己的苛刻，而是努力調整好自己的心態，用積極的心態去對待人生，時刻保持一顆喜悅心，隨時改變不良的注意力和不良的思維方式，建立正見和正念，這樣會使我們的生命以更堅韌的姿態去面對苦難和挑戰，最終迎來一片新的天地。

不幸是一種財富

英國哲學家培根說過：「超越自然的奇蹟多是在對逆境的征服中出現的。」巴爾札克也曾說過：「挫折和不幸，是天才的進身之階，信徒的洗禮之水、能人的無價之寶，弱者的無底深淵。」這包含了一個共同的道理，那就是不幸也是具有一定積極意義的，它可以使人的能力和實力得到不斷的提升，它是人生的一種幸福，一種財富。

普希金在一首詩中寫道：「假如生活欺騙了你，不要煩惱，不要心焦，陰鬱的日子裡要心平氣和，想念吧，那快樂的時光就要來到……」在人生的旅途中，我們不要一味的抱怨命運多舛，天意弄人，而是要千磨萬擊還堅韌。在這種不幸中培養毅力，累積經驗，把這種經歷當做自己人生的一筆財富。正如哈代所說：「人生裡最有價值的事，並不是人生的美麗，而是人生的酸苦！」

不幸對於每個人來說都是最好的歷練，也是人生不可或缺的一種教育歷程。

還記得在由二十一個聾啞演員表演的《千手觀音》嗎？我想誰都不會忘記那震撼心靈的一刻。無論是現場觀眾還是廣大網友，都對這近乎完美的舞蹈作出「震撼、激動、流淚」的評價。

在晚會紅男綠女們、大腕小腕們，或技巧萬千、或華麗光彩、或調侃造作的打扮和誇張的聲音中，她們在一片無盡的寂寞中完成了其藝術乃至生命的交流。沒有什麼比無聲的感悟更能夠打動人們的心靈。舞者們的一顰一笑，一舉一動都在流露著真誠、渴望。與其說是在欣賞，不如說是一種內心的共鳴，無言的震撼。

從一般意義上來講，音樂和舞臺是不可分割的，旋律、節奏、肢體是一個舞蹈的基本元素，而心靈則是這些元素的總調度。雖然上帝剝奪了他們聽的權利，只給她們留下眼睛和心靈，但她們卻不向現實妥協，而是扼住命運的咽喉。

臺上五分鐘，臺下十年功。臺上五分五十四秒的舞蹈，在臺下被她們千萬遍的重複著。每次排練之前的節奏課上，她們把耳朵貼到音箱上，用手掌去觸摸地板，感受音樂節奏的震動。為了用她們殘存的聽力，更清晰的體會到音樂的節奏，她們一次次把助聽器的音量開到最大，脆弱的耳膜因為強烈的刺激流出了血，發炎化了膿，但她們忍住疼痛，仍然充滿渴望的趴在音箱上「聽」著那對於她們來說遙遠的聲音。

為了熱愛的藝術，她們每天六點半起床，全天排練十二個小時以上，直到深夜。如果演員出錯了，指導老師就要在手指上劃一道，讓她們記住。從一開始排練到最後節目成型，手上劃的道加起來也有幾百條了。如果一個人練不好，大家都會一直等著她練好為止，沒有怨言。那些美輪美奐的舞出了心靈顫動的纖手所演繹的每一個手勢都是經過無數次的一點一滴「拿捏」出來的。她們憑藉舞臺四個角的指導老師的簡單手勢，把內心對美的渴望和理解，全部表達在手、足、腰、頭的整齊劃一的動作上，在對她們來說是絕對無聲的世界上，竟然表演得如此完美。

在共同經歷過的災難，共同無法抹去的殘缺與痛苦之中，昇華為共同擁有的美好，哪怕是如此短暫的美好。這種美好的精華在於，可能不會給她們的將來有什麼實質性的補益，卻實實在在的把一個美麗的瞬間留給了比她們至少在身體上要「健全」的我們。

人生處處都能遇到不幸。不幸是把雙刃劍，它既能使人堅強，又會使人脆弱，而那些能夠戰勝和突破不幸並站立起來的人，會成為生命的強者；相反，那些在逆境面前總是看到自己所遭受的損失，後悔、怨天尤人的人，注定會成為生命的弱者。

人生一世，必須經常接受命運的挑戰，你要相信，真正的成功永遠都屬於那些學會面對人生挑戰，並能把不幸中的求勝經驗傳送給自己的人。那些承認人生失利，因而畫地自限的人，永遠只能擔當失敗者的角色。當然你更要相信，命運對每個人來說，永遠是公平的，因為命運在給予人一份不幸的同時也添給人一份財富。

在與不幸相遇時，我們應該樂觀面對，就像有人說的那樣：「偉大的胸懷，應該表現出這樣的氣概——用笑臉迎接悲慘的厄運，用百倍的勇氣來應付一切的不幸。」是的，不幸是每個人都無法迴避的，但它又彷彿是生活中的一劑調味料，一旦缺少了它，我們的生活也會索然無味。

蘇軾在一首詞中寫到：「人有悲歡離合，月有陰晴圓缺，此事古難全。」從這句話中，我們可以了解到不幸在基本上並不是個人所能左右的。蘇軾在九百多年前就能把這些事情看透，我想今天的我們更應該以一種平和的心態去看待這些，因此，只要我們樂觀接受不幸，終會品嘗到生命的盛宴。

不幸，誰都不想擁有，幸福，大家都在追求，但不經歷不幸，又何談幸福呢？不經歷風雨，怎麼見彩虹？在苦難、挫折中成長，生命才會美麗燦爛。

給心靈洗個澡

記得有一則《蝸牛散步》的寓言，講的是上帝給了人一個任務，叫人牽著一隻蝸牛去散步。蝸牛已經在盡力爬了，但每次只能挪動一點點。人拉牠，催牠，嚇唬牠，責備牠，甚至踢牠，蝸牛仍然不緊不慢的往前爬。人在極端疲憊、懊惱之餘，開始向上帝抱怨，為什麼叫我牽一隻蝸牛去散步？「上帝啊！為什麼？」人朝著天喊，天一片安靜。人沒有辦法了，只得任蝸牛慢慢往前爬。此時，人忽然聞到沁人心脾的花香，聽到鳥鳴，看到晶瑩的露珠在樹葉和草莖上閃爍，人困惑了——路邊原來有這樣美麗的花園，為什麼我以前沒有看到？莫非是蝸牛在帶著我散步？

可是現實生活中的我們面對堵塞的馬路，匆忙的腳步，四周蔓延的緊張氣氛，就會不由自主的快一拍，感到緊張、心慌、頭暈，常覺得自己活得很累，可是又不由自主的加快生活的步調，就怕趕不上別人。這使得越來越多的人變得只重視一件事情的最終結果，而忽視好好的享受與體會人生那豐富的過程，就像一個匆忙中嚥下的三明治，沒有細細品味它的味道，就已經離我們越來越遠。很多時候，我們彷彿只在活著，而不是在生活。

如果我們能掌控生活的速度，知道什麼時候可以放下，什麼時候要加快腳步，什麼時候必須駐足，什麼時候又該躍起，我們就不會因為一路快跑追趕而忽略了道路兩旁美麗的風景和本該細細品嘗的生活滋味，也不會因為忘了停下腳步而錯過身旁關懷的目光和暖人的愛意。

人人都渴望成功，但是否為了成功就一定要把自己弄得如此緊張呢？其實不然，每個人在生活中都可以適當的放鬆自己，多留一些私人時間去欣賞、享受生活的樂趣，這樣人生就會減少許多的遺憾。

一個青年背著個大包裹千里迢迢跑來找無際大師，他說：「大師，我是那樣的孤獨、痛苦和寂寞，長期的跋涉使我疲倦到極點。我的鞋子破了，荊棘割破雙腳；手也受傷了，流血不止；嗓子因為長久的呼喊而暗啞……為什麼我還不能找到心中的陽光？」

大師問：「你的大包裹裡裝的是什麼？」青年說：「它對我可重要了。裡面裝的是我每一次跌倒時的痛苦，每一次受傷後的哭泣，每一次孤寂時的煩惱……靠著它，我才能走到您這來。」

於是，無際大師帶青年來到河邊，他們坐船過了河。上岸後，大師說：「你扛著船趕路吧！」「什麼，扛著船趕路？」青年很驚訝，「它那麼沉，我扛得動嗎？」「是的，孩子，你扛不動它。」大師微微一笑，說：「過河時，船是有用的。但過了河，我們就要放下船趕路，否則，它會變成我們的包袱。痛苦、孤獨、寂寞、災難、眼淚，這些對人生都是有用的，它能使生命得到昇華，但須臾不忘，就成了人生的包袱。放下它吧！孩子，生命不能太負重。」

青年放下包袱，繼續趕路，他發覺自己輕鬆而愉悅，速度比以前快得多。

原來，生命是可以不必如此沉重的。能夠放棄是一種超越，學會適當放棄，就能改變命運。上天是公平的，它給予每一個人成功的機會都是一樣多的。有些人之所以活得暗淡無光，不是因為他的命運不佳，而是內心的「塵垢」擋住了他走向成功的腳步。因此，我們要學會清洗自己的心靈，讓自己活得更瀟脫、更精彩。

我們應該保持心靜如水、樂觀豁達的態度，讓一切隨風而來，又隨風而去。如果一個人胸襟開闊，積極向上，那麼他的人生之路就會走得更瀟灑。因此，常常「打掃」心房，該扔的扔，該留的留，方能保持心境清新寬敞。心靈經常「洗洗」，才能保持心靜如水、樂觀豁達，走起路來才會更輕鬆。而要達到這樣一個層次和高度是不容易的，必須經過多層次的修練。

1·感恩生活中的一切

感恩是一種生活態度，是一種處世哲學，是用善良的眼神審視這個溫暖的世界。

有一個年輕人，從小父母雙亡，由他大哥大嫂撫養。大哥大嫂沒什麼學歷，只能靠自己晚睡早起擺水果攤賺點辛苦錢維持一家的生計，供他讀大學。大哥大嫂常在午夜收攤後，在路邊的垃圾箱裡翻撿空瓶廢紙之類的東西拿到資源回收站去換錢。雖然生活如此艱辛，但只要談起弟弟，他們還是滿面春風，說自己的弟弟考上大學了，真爭氣，再苦再累也值。弟弟終於大學畢業參加工作了，之後談戀愛結婚，大哥大嫂知道他剛工作不久，沒什麼錢，還借錢為他舉辦婚禮。一開始，弟弟還常回家看望哥嫂，可自從結婚後，弟弟總說工作忙，沒時間來看他們。

其實真正的原因是，弟弟經過幾年的奮鬥，在公司裡已是主管，怕同事、朋友知道自己還有這樣的大哥大嫂，臉上無光。大哥大嫂似乎也意識到了什麼，這幾年來就從沒到過他家。最近，大哥住院做手術，急需用錢，到處去借，最後實在無奈了，大嫂開口向他要五萬元。他推脫自己工作忙，沒有去看望大哥，只匯了兩萬五千元過去。大哥得的是肝癌，他們怕他擔心，瞞著他只說是一般的手術。直到兩個月後，大哥去世了，他才回家，才知道原來自己還不如鄰居！大哥住院，鄰居們還為他捐款呢。而自己……事後，這位青年每天都在深深的後悔、自責中度日，在他的內心深處背負著一本自己永遠也無法還清的心靈帳單。

由於所處環境的不同以及個人能力的限制，讓人們有了不同的物質生活，但是所有人的靈魂都是平等的，並沒有高低貴賤之分。我們不能因為一些外在的東西，或自己內心的認可就去否定生命存在的意義。感恩你生命中出現過的人吧，無論他曾幫助過還是傷害過你，都懷著一顆感恩的心去善待他，這樣我們就會少許多心靈上的「帳單」。

2・淡泊使人平和

淡泊是一種崇高的心態和境界，是人生追求深層次上的定位。一個淡泊的人，不會隨波逐流，追逐名利，不會對身外之物大喜大悲，更不會對他人牢騷滿腹、比較嫉妒。淡泊的心態使人始終處於平和的狀態，保持一顆平常心，一切有損身心健康的因素，都將被擊退。淡泊不僅給予了我們一雙瀟灑和洞穿世事的眼睛，同時也會讓我們擁有一個坦然充實的人生。

3・知足才能常樂

知足是一種樂觀的生活態度，是一種看待事物發展的美好心境，是一種大度，更是一種寬容。知足並不是要我們安於現狀不知進取，而是要我們達到最理想的境地，同時懂得自己該處於什麼位置是最好的。它讓我們微笑著面對眼前的生活。

苦中也有歡樂

憂鬱、陰沉、頹廢的人在社會上永遠不會受到重視，沒有人願意同他待在一起，每個人見了他，都只是看看他，然後就會離開他。我們不喜歡那些憂鬱、陰沉的人，正像我們不喜歡給予我們以不調和印象的畫一樣。我們會本能的趨向於那些和藹可親、趣味盎然的人。我們要使別人喜歡我們，首先要使自己變得和藹可親和樂於助人。

人不應該把自己降為感情的奴隸。更不應把全盤的生命計畫、重要的生命問題，都去同感情商量。無論你遭遇的事情是怎樣的不順利，你都應努力支配你的環境，把自己從不幸中解脫出來。

如果你背向黑暗，面對光明，陰影就會留在你的後面！一切學問中的學問，就是在探討怎樣去肅清我們心中的敵人——平安、快樂和成功的敵人。時時學習著去集中我們心靈中的美而不是醜，真而不是偽，和諧而不是混亂，生而不是死，健康而不是疾患——這是人生必修的一門功課。

假如你能夠絕對拒絕那些奪去你快樂的魔鬼；假如你能緊閉你的心扉，而不讓它們闖入；假如你能明白，這些魔鬼的存在，只是你自己為它們提供了方便，那麼它們就不會再光顧你了。努力培養一種愉快的心境！假如你本來沒有這種心情，只要你能努力，不久就會具有這種美德的。

把憂鬱在數分鐘之內驅逐出心境，這對於一個精神良好的人是完全可以做到的。但多數人的缺點就是不肯敞開心扉，讓愉快、希望、樂觀的陽光照進來，相反卻緊閉心扉想以內在的能力驅除黑暗。他們不知道外面注入的一縷陽光會立刻消除黑暗，驅逐出那些只能在黑暗中生存的心魔！

笑是精神的陽光，沒有陽光，萬物都不可能生長。你在生活中，同樣需要笑容，在笑容中觀察五彩繽紛的真實的生活。一個能夠在逆境中微笑的人，要比一個面臨艱難困苦就會崩潰的人偉大得多。一個能夠在一切事情與他的願望相悖時微笑的人，是勝利的候選者，因為這種心態，更能夠感動人心。

在亞利桑那州的沙漠過第一個夏天時，斯蒂芬想自己會被熱死的。四十五度的高溫快把人烤熟了。

第二年四月，斯蒂芬就開始為過夏天擔憂，三個月的地獄生活又要來了。有一天，當他在一個加油站給車加油時，和希普森先生聊起這裡可怕的夏天。

「哈哈，你不能這樣為夏天擔憂，」希普森先生善意的責備斯蒂芬，「對炎熱的害怕只能使夏天開始得更早，結束得更晚。」

當斯蒂芬付錢時，他意識到希普森先生說對了。在自己的感覺中，夏天不是已經來了嗎？

開始了它為期五個月的肆虐。

「像迎接一個驚人的喜訊那樣對待酷暑的來臨，」希普森先生說著找給斯蒂芬零錢，「千萬別錯過夏天帶給我們的最美好的禮物，而夏天的種種不適躲在裝有空調的房間裡就過去了。」

「夏天還有最美好的禮物？」斯蒂芬急切的問。

「你從不在清晨五六點起床？我發誓，六月的黎明，整個天際掛著漂亮的玫瑰紅，就像少女羞紅的臉。八月的夜晚，滿天繁星就像深藍色的海洋裡漂浮的海星。一個人只有當他在四十五度的高溫裡跳進水裡，他才能真正體會到游泳的樂趣！」

當希普森先生去給另一輛車加油時，站在一旁的一位加油工輕聲的對斯蒂芬說：「好啊！你得到了希普森的特別服務——免費傳授他的人生哲學。」

使斯蒂芬驚奇的是，希普森先生的話果然有效。他不怕夏天了，四月和五月也就自動與炎炎夏季區分開了。當高溫天氣真的到來時，清晨，斯蒂芬在天堂般的涼爽中修剪玫瑰花；下午，他和孩子們舒舒服服的在家裡睡覺；晚上，他們在院子裡玩棒球遊戲，做冰淇淋吃，痛快極了。整個夏天，他還欣賞了沙漠日出特有的壯觀景象。

幾年之後，斯蒂芬一家搬到北部的克來蘭德，不到九月，鄰居們就為冬天擔憂了。當十二月的大雪真的落下時，他們的孩子，十歲的大衛和十二歲的唐真是興奮極了，他們忙著滾雪球，鄰居們都站在一旁盯著看這兩個沒見過雪的愣頭愣腦的沙漠小子。

後來孩子們坐著雪橇上山滑雪、去湖面滑冰，回來以後，大人、小孩都圍坐在斯蒂芬家的壁爐旁，津津有味的吃熱巧克力。

一天下午，一位中年鄰居感慨的說：「多年來，雪只是我們剷除的對象，我都忘了它還能給我們這麼多快樂呢！」

幾年之後，他們又搬回沙漠。斯蒂芬開車到加油站，新主人告訴他希普森先生因年事已高把加油站賣了，在不遠處又經營了一個小型加油站。

斯蒂芬開車到那，拜訪希普森先生，並讓他給自己加油。他更瘦了，滿頭銀髮，但是他那愉快的笑容依舊。斯蒂芬問他感覺怎麼樣。

「我一點也不擔心變老，」他說著從車篷下走出來，「在這裡欣賞生活的美都欣賞不過來呢！」

他邊擦手邊說：「我們有三棵果實累累的桃樹，臥室窗外還有一個蜂鳥窩，想想還沒有我指頭大的美麗的小鳥，看上去真像一隻小企鵝。」

他開著發票，繼續說：「黃昏時，長耳大野兔奔跑跳躍；月亮升起來時，小狼在山坡上成群出現。我從來沒有看到有這麼多野生動物在春天活動。」斯蒂芬開車離開時，他向斯蒂芬喊到：「去觀賞吧！」

回家的路上，希普森這位可愛的老人的幸福祕訣一直迴盪在斯蒂芬的腦海。

其實快樂生活很簡單，簡單得就好像露出笑容一樣。為笑而笑，這就是笑的最好理由。生活中最廉價也最為珍貴的禮物便是笑，因為它讓你的生活充滿陽光。

只有善待失敗，才能善待人生

在失敗面前，至少有三種人：一種人，遭受了失敗的打擊，從此一蹶不振，成為讓失敗打垮的懦夫，此為無勇也無智者；另一種人，遭受失敗的打擊，並不反省自己、總結經驗，而是憑一腔熱血，勇往直前，這種人，往往事倍功半，即使成功，也常如曇花一現，此為有勇而無智者；第三種人，遭受失敗的打擊，能夠極快的審時度勢，調整自身，在時機與實力兼備的情況下再度出擊，捲土重來，這種人堪稱智勇雙全，成功常常蒞臨在他們頭上。

人人都渴望成功，但並不能代表渴望成功就一定能順利成功，成功的道路並不是一片平坦，在通往成功的道路上，只有經歷一次又一次的失敗，磨礪意志，正確的總結得失，最終才能贏得成功。要想實現成功需要很多先決條件，其中包括你所擁有的資金、經驗、能力以及你對成功的不懈追求。因此，渴望成功就能順利成功的願望是不實際的。

其實失敗本身並不可怕，可怕的是我們對失敗所持的態度。對失敗持錯誤的態度，根本無助於問題的解決，而對失敗持正確的態度就能助你取得成功。

其實，失敗是人生的一筆十分重要的財富。善待失敗的人，他們不是消極的接受失敗的結果，而是把對失敗的總結體會作為一種財富來享有。他們善於從失敗的教訓中得到啟發，冷靜的處理失敗得失，分析失敗的原因，找出問題的癥結所在，以避免下一次再次出現類似的錯誤，從而獲得事業的成功。

科技發展總公司張董事長，恐怕對此的體會最為深刻：她以優異的成績考入了國立大學，但是當她讀到大三時，卻因為三年前她曾考上了某大學，卻不去報到，而於翌年又來投考國立大學一事而被註銷了學籍。無奈，她只好堅持著修完了全部大學課程卻拿不到畢業證書。

離開校門後的她鼓勵自己說：沒有工作也許會更有前途，因為自己面對的機會會更多。之後，她與後來成為她丈夫的在一間從農民那裡租來的小屋中開始了她的創業之路。但是，兩個書生對於經商真是澈底的門外漢。他們在商海中做著一次次的嘗試：做文化產業、開餐廳、開舞廳等，還去大城市發展過兩年，但都不是很成功。失敗中，張璨一次次的找原因，總結教訓，卻從沒氣餒過。

「上天要愛一個人，不是給他美貌和財富，而是給他考驗和磨難，同時又一定會給他留一個縫隙，關鍵是看他有沒有運氣和能力找到這個縫隙。」在經歷了十幾年的打拚後，她在一次次的失敗中建立起了現在的公司，並且榮登了富豪排行榜。

我們應該明白，世界上其實並沒有所謂的失敗，除非你自己如此認為。每當我們做出嘗試但沒有成功時，不必太在意，至少我們可以從中學到一些東西，而這又有助於我們完成最終的目標。

在一些經濟發達的西方國家，他們的家庭非常富裕，但大人對孩子卻經常進行危機教育，讓孩子從小就樹立危機意識，而不是嬌生慣養。比如大清早，家長騎著車子去上班，孩子背著大書包在後面拚命的跑；冬天在幼兒園裡，一些三四歲的小孩子穿著單薄衣服，在冰天雪地裡跑步、玩樂，在孩子玩樂時，摔了跟頭，老師不去扶，鼓勵孩子自己站起來；去超市購物時，家長一手拉著孩子，或大人在前面大步走，孩子在後面緊追，不管孩子累不累，就是不背不抱。但這並非父母不疼愛孩子，也不是他們懶惰，更不是他們工作繁忙，顧不上照看孩子，而是意在培養孩子的自主、自強和自我生存能力，以適應將來生存和發展的需要。

西方媽媽的教子方法更讓我們大開眼界。有個孩子，抓起一隻生餛飩就往嘴裡塞。房東想制止，其母卻說：「別管他，這樣他才知道生的不能吃。」小孩吃了一口，果然皺著眉頭吐了。有個小孩摔了一跤，先是哭著求助，後見無人相幫，只好自己爬了起來。房東「看不懂」，西方媽媽說：「讓孩子嘗試失敗，才能獲得成功。」

西方媽媽為何要對孩子進行「失敗教育」呢？一位學者解釋說：任何事情都要靠自己的努力，讓孩子努力，對孩子進行失敗教育，使他們在失敗中學會本領，將來才能自食其力。父母憑著這種緊迫感教育自己的子女，使孩子從小就養成不怕挫折、勇於競爭、敢於拚搏的頑強性格。由此可見，西方人的眼光可謂遠矣！

面對人生中的失敗，要做到理智和冷靜，同時還要能夠做到堅持。在失敗的時候，需要理智冷靜。「堅持就是勝利」，只有做到堅持，才能夠逐步接近乃至取得成功，所以堅韌的意志也是不可缺少的。

如今的社會，競爭加劇，人們的生存空間在外來重荷下逐漸縮小，心靈所能承受的只有成功，哪怕成功的花環上點綴了少許的失敗，也揮之不去。就這樣，失敗的時候後悔自己，成功時苛求自己，最後使自己身心疲憊。

「成者為王，敗者為寇」似乎是個千古不變的真理，而發展到今天，卻有些行不通了。有人曾經說過：「我每次看運動會時，常常這樣想，優勝者固然可敬，但那雖然落後而仍非跑至終點不止的競技者，和見了這樣競技者而肅然不笑的看客，乃正是將來的脊梁。」所以，可以說沒有永恆的成功，也沒有永恆的失敗。

人生路上，失敗是難免的，很多英雄都可以一笑置之，你為什麼不能笑一笑呢？不要活在失敗的陰影裡，有勇氣站起來，就一定能成功。就像一歌中唱道：「心若在夢就在，天地之間還有真愛，看成敗人生豪邁，只不過是從頭再來。」

如何對待失敗挫折，不同的人往往持有截然不同的態度。善於利用失敗的人，往往能夠從失敗中汲取有益的教訓，將失敗改造成一筆對自己有用的財富，從而在日後的工作中，趨吉避凶，贏得各方面的成功；而另一些人，他們對失敗存在一種錯誤的認識，這樣的人，失敗對他們來說猶如一記悶棍，失敗了從此便一蹶不振。

將失敗看作傷害的人在現實生活當中就常常會出現如下行為：他們經常牢騷滿腹，抱怨上天對自己不公，抱怨自己的學校不好，抱怨自己的專業不好，抱怨自己的老爸沒有本事，抱怨自己的工作條件差，收入水準低，抱怨自己沒有碰到好運氣等等。不論怎樣，掛在他們嘴邊經常說的一句話是：「為什麼受傷的總是我？」面對失敗，他們往往不能冷靜的處理，找出失敗的原因，導致經歷一次兩次失敗的打擊，他們就變得心灰意冷，整天消沉於失敗的陰影之中，致使所面臨的問題得不到及時的解決。

俗話說得好：「吃一塹，長一智。」亡羊補牢還為時不晚，要能做到經常對失敗進行分析總結。對待失敗我們應該有泰然處之的態度，及時總結失敗得失，吸取經驗教訓，針對失敗的原因，做有效的補救措施，只有做到經常分析總結，那麼亡羊補牢還是十分有效的。

古今中外，由於善待失敗，從而成功的範例不勝枚舉。但是自古以來，沒有一個人從開始就祈禱自己失敗。可是失敗總是在每個人的前進路上，扮演著生命中必然的角色。善待失敗，也就成為我們前行途中必經的驛站。

善待失敗，就是要從失敗中進行冷靜、公正的回顧，找出失敗真正的緣由。說服自己，找出自信並以此來增強信心。對人的一生來說，如果能夠做到真正的面對失敗，那麼還有什麼不能夠面對的呢？找回自信，是善待失敗的根本。

善待失敗，就是要從失敗的緣由當中，心平氣和的、客觀的分析失敗的經驗教訓，規範行為。並從多方面針對具體情況擬定相對的措施，並加以模擬或運用。人生經驗就是從這樣每一次的決策中得出來的。

善待失敗，雖然說不能夠忘掉深刻的教訓，但是絕對不能夠沉湎於失敗的陰影之中。只有走出陰霾，才能迎來燦爛的陽光。每一個黎明都是新的，每一個前行的步履都是通向成功的方向。擁有對征服的嚮往，並不停的跋涉，才會擁有翻山越嶺的快樂。

沒有不快樂的生活，只有不快樂的心

美國心理學家馬斯洛說得好：「心若改變，你的態度就會跟著改變；態度改變，你的習慣就會跟著改變；習慣改變，你的性格就會跟著改變；性格改變，你的人生就會跟著改變。如是看來，一個人的人生快樂與否又何嘗不是自己心念所牽呢？」誠然，在順境中感恩，在逆境中依舊心存快樂，遠離焦躁、憤怒，認真快樂的做好每一件事，這樣你的人生才會收穫成功，才會有更大的快樂。

德山禪師在尚未得道之時曾跟著龍潭大師學習，日復一日的誦經苦讀，讓德山有些忍耐不住。

一天，他跑來問師父：「我就是師父翼下正在孵化的一隻小雞，真希望師父能從外面盡快的啄破蛋殼，讓我早一天破殼而出啊！」

龍潭笑著說：「被別人剝開蛋殼而出來的小雞，沒有一個能活下來的。母雞的羽翼只能提供讓小雞成熟和有破殼力量的環境，你突破不了自我，最後只能胎死腹中。不要指望師父能給你什麼幫助。」

德山聽後，滿臉迷惑，龍潭看了看他，說：「天已經黑了，回去休息吧。」但當德山走出去時，他看到外面非常黑，就說：「師父，天太黑了。」於是龍潭給了他一支點燃的蠟燭，然而，他剛接過來，龍潭就把蠟燭吹滅了，並對德山說：「如果你心頭一片黑暗，那麼，什麼樣的蠟燭也無法將其照亮！即使我不把蠟燭吹滅，也許當你走出去的時候，風也會把它吹滅。但如果你心中點亮了一盞心燈，那麼天地之間自然會一片光明。」

德山聽後，如夢初醒，後來果然青出於藍，成了一代大師。

芸芸眾生，茫茫人海，我們常常在尋找快樂的答案，其實，快樂是一個多元化的命題，我們在追求著快樂，快樂也時刻伴隨著我們。只不過，很多時候，我們身處快樂之中，在遠近高度的不同角度看到的總是別人的快樂，往往沒有細心感受自己所擁有的快樂。因此說，快樂並沒有與自己相距甚遠，很多人之所以沒有感受到快樂，是因為他們缺少方寸之間的平和。

勞倫斯在他一首詩中這樣寫道：「有一樣東西我會矢志不渝，拚死力爭，這就是內心那點安寧，方寸之間的和平。」有一首禪詩也曾說：「身如菩提樹，心似明鏡臺，時時勤拂拭，莫使惹塵埃。」人常常受外界環境影響而使自己的心靈遭受了物化。所以，在物化的情況下，我們要懂得清洗自己的心靈，時時勤拂拭，找到方寸之間的平和，這樣才能擁有一個快樂的心境。

少年時的華羅庚因生活拮据，求學時經常僅以一碗麵條來充飢，別的同學問他：「一碗麵條怎麼夠吃呢？」華羅庚笑著說：「這哪是一碗麵條，這是幾百根麵條呢！」

凡事只需換一個角度，我們的生活就會永遠充滿陽光。

一碗麵條可以等同幾百根麵條，那些苦差事、累事、煩心事，難道沒有美好的另一面嗎？沒有嚴冬，如何能體會夏季的美麗？沒有小人，我們的品行有何誇耀之處？妻子不耍小脾氣，如何展現男人的大度？總是盯著事物的負面，等於將陽光關在心靈的窗外。永遠相信和理解生活中美好的東西，永遠保持充沛的活力和樂觀的情緒，那麼快樂就會永遠圍繞著你。

快樂並不是遙不可及的東西，重要的是在你的心裡留給快樂一塊田地。每一個人都可以透過改變思想去改變自己的情緒和行為，從而改變自己的人生。我們每天遇到的事物，都包含成功快樂的因素，取捨全由個人決定。因為在所有的事情和經驗裡面，正面和負面的意義同時存在，把事情和經驗轉為絆腳石還是踏腳石，完全由你自己決定。

人生沒有過不去的坎

人生不可能一帆風順，疾病、災難、不幸難免會猝不及防的降臨到我們面前，尤其是我們開始自我攻擊或自我厭惡的時候，更應該正視失敗，這樣才有助於我們保持心態的平衡。在疾病、災難、不幸面前總結經驗教訓，多看積極的一面，而不只盯著消極的一面，這樣在我們「失去」的同時也一定會有「新收穫」！就像俄國著名小說家契科夫說的那樣：「要是火柴在你的口袋著了火，那你應當高興，感謝上蒼，多虧你的口袋不是火藥庫；要是手指紮了一根刺，那你應當高興，挺好，多虧這根刺不是紮在眼睛裡！要是有一顆牙痛起來，那你應該高興，幸虧不是滿口的牙都痛；要是你挨了一頓樺木棍子的打，那就該蹦蹦跳跳，叫道：我多運氣，幸虧不是狼牙棒！要是你的妻子對你變了心，那就更該高興，多虧她背叛的是你，不是國家。」

生活就是這樣，從沒有真正的絕境。無論遭受多少艱辛，無論經歷多少苦難，只要你心中還懷著一顆信念的種子，那麼總有一天，你就能走出困境，讓生命重新開花結果。

保羅．蓋爾文是愛爾蘭的一名農家子弟，但是他從小就充滿了進取精神。

十三歲那年，他看到別的小孩子在火車站月臺上賣爆米花賺錢，他不由得被這個行當吸引了，也跟著去做。但是他不知道，那是一個已經被霸占的地盤。那些孩子們並不歡迎有人來競爭，為了教訓這個不知天高地厚的小子，他們搶走了他的爆米花，並把它們全部倒在街上，還用腳肆意的踐踏。

第一次世界大戰結束後，保羅．高爾文復員回家，在威斯康星辦起了一家電池公司。可是，無論他怎麼努力，都無法打開銷路。有一天，他出去吃飯，等他回來的時候，發現自己的公司大門已經上了鎖。原來他的公司被查封了，保羅．高爾文甚至不能再進去取出他掛在衣架上的大衣。

一九二六年，他又跟人合夥做起收音機生意來，但是無線電發展得非常迅速，估計當時全美國有三千臺，預計兩年後將擴大一百倍。於是，他和他的合夥人發明了一種燈絲電源整流器來代替電池。想法本來不錯，但是令人遺憾的是，產品還是打不開市場，他又一次面臨著停業關門的危險。

然而，就在這個時候。高爾文透過郵購銷售的方法招攬了大批客戶。手裡有了錢之後，他就辦起了專門製造整流器和交流電真空管收音機的公司。可是不出三年，高爾文依然破產了。

那個時候，他已陷入絕境，但是他並沒有一蹶不振，而是想起把收音機裝到汽車上，但有許多技術上的困難有待克服。到一九三〇年底，他的製造廠帳面上淨欠三百七十四萬美元。

在一個週末的晚上，他回到家中，妻子正等著他拿錢來買食物、繳房租，可他摸遍全身只有二十四塊錢，而且全是借來的。

儘管如此，高爾文還是沒有放棄自己辛苦打拚出來的事業，經過多年的不懈努力，高爾文終於取得了成功。如今的保羅・高爾文早已成為了腰纏萬貫的超級富翁，最值得關注的是他蓋起的豪宅，就是用他的第一部汽車收音機的牌子命名的。

生活就是如此。如果你是一個積極而樂觀的人，面對困難，反而會激發你潛藏的韌性、解決問題的智慧和增強心態的信念，別人不給你機會，你更該自己創造機會；沒有人疼惜，自己更應該疼惜自己，千萬不要讓自己處在風聲鶴唳當中，你顧影自憐、自怨自艾，那只能加速讓自己出局的時間。所以，讓逆境摧折你，還是你來轉變逆境，祕訣其實一直就掌握在你自己的手中。而你在困境中的心態如何，將是決定是否啟用它的直接引因。

當身處困境而感覺憂鬱、失望時，應當努力改變環境。無論遭遇怎樣的困難，不要總想到自己的不幸，不要多想目前使你痛苦的事情。應該養成一個不允許任何可能引起不快的想法或暗示侵入你心中的習慣，因為那些想法與暗示，會給你帶來不良的影響。

試著走進有趣的社交圈中，尋求一些可以使你發笑、使你高興的娛樂，這是一種精神的更新。這種精神的更新，有時能在與孩子玩樂時找到，有時能在戲院中找到，有時能在有趣的對話中找到，有時能在埋頭於一本有趣的書本中找到，有時能在睡眠中找到。

另外，盡快而積極的提升自我的能力。趁著這一段被壓抑的時光好好學習，用強勁的實力去證明自己的價值與尊嚴，把危機當成是自己的轉機。成功者之所以成功，所憑藉的無非是在困境時擁有萬全的準備。人在順境的時候，較容易畫地自限，在逆境中，反而較能激發潛能，再加上平時積極充實多方面的知識，多培養專業技能，凡事盡其所能，做最壞的打算，做最好的準備。機遇永遠是留給有準備的人。

寵辱不驚是一道精神防線

《幽窗小記》當中有這麼一副對聯：「寵辱不驚，看庭前花開花落；去留無意，望天空雲卷雲舒。」一副寥寥數語的對聯，卻深刻的道出了人生對事對物、對名對利所應該持有的態度：得之不喜、失之不憂、寵辱不驚、去留無意。做到了如此才能夠心境平和、淡泊自然。一個「看庭前」三字，大有躲進小樓成一統，管他春夏與秋冬之意，而「望天空」三字則又顯示了放大眼光，不與他人一般見識的博大情懷。一句雲卷雲舒則更有大丈夫能屈能伸的崇高境界。與范仲淹的不以物喜，不以己悲，實在是有異曲同工之妙，更表現出了古人的曠達風流。

寵辱不驚，可謂是一門人類生活當中的藝術，同時更是一種明智的處世智慧。人生在世，生活當中有褒有貶，有毀有譽，有榮有辱，這是人生的尋常際遇，不足為奇。古人云：「君子坦蕩蕩。」為君子者，無妨寵亦坦然，辱亦坦然，豁達大度，一笑置之。得人寵信時勿輕狂，千萬不要忘記「賀者在門，吊者在閭」；受人侮辱的時候切忌激憤，猶記「吊者在門，賀者在閭」。如此清醒的去面對，就不難達到「不以物喜，不以己悲」的思想境界。做到這樣境界的人就能夠從容面對生活和視野的重重考驗與磨難，就一定會實現人生的理想。古往今來萬千事實證明，對於所有那些有所成就的人們沒有一個不具有「寵辱不驚」這種極其可貴的品格。

日本有個白隱禪師，他的故事在世界各地廣為流傳。其中作家林新居撰寫的《就是這樣嗎？》頗為感人。

有一對夫婦，在住處的附近開了一家食品店，家裡有一個漂亮的女兒。無意間，夫婦倆發現女兒的肚子無緣無故的大起來。這種見不得人的事，使得她的父母震怒異常！在父母的一再逼問下，她終於吞吞吐吐的說出「白隱」兩字。

她的父母怒不可遏的去找白隱理論，但這位大師不置可否，只若無其事的答道：「就是這樣嗎？」孩子生下來後，就被送給白隱。此時，他的名譽雖已掃地，但他並不以為然，只是非常細心的照顧孩子——他向鄰居乞求嬰兒所需的奶水和其他用品，雖不免橫遭白眼，或是冷嘲熱諷，但他總是處之泰然，彷彿他是受託撫養別人的孩子一般。

事隔一年後，這位沒有結婚的媽媽，終於不忍心再欺瞞下去了。她老老實實的向父母吐露真情：孩子的生父是在魚市工作的一名青年。

她的父母立即將她帶到白隱那裡，向他道歉，請他原諒，並將孩子帶回。

白隱仍然是淡然如水，他只是在交回孩子的時候，輕聲說道：「就是這樣嗎？」彷彿不曾發生過什麼事，即使有，也只像微風吹過耳畔，霎時即逝！

白隱為了給鄰居的女兒以生存的機會和空間，代人受過，犧牲了為自己洗刷清白的機會，受到人們的冷嘲熱諷。但是他始終處之泰然，「就是這樣嗎？」這平平淡淡的一句話，就是對「榮辱不驚」最好的解釋，反映了白隱的修養之高，道德之美。

十九世紀中葉美國有個叫菲爾德的實業家，率領工程人員，要用海底電纜把「歐美兩個大陸連接起來」。為此，他成為美國當時最受尊敬的人，被譽為「兩個世界的統一者」。在舉行盛大的接通典禮上，剛被接通的電纜傳送信號突然中斷，人們的歡呼聲暫態變為憤怒狂濤，都罵他是「騙子」、「白痴」。可是菲爾德對於這些毀譽只是淡淡一笑。他不作解釋，只管埋頭苦幹，經過六年的努力，最終透過海底電纜架起了歐美大陸之橋。在慶典會上，他沒上貴賓臺，只遠遠的站在人群中觀看。

菲爾德不僅是「兩個世界的統一者」，而且是一個理性的戰勝者。當他遇到難以忍受的厄運時，透過自我心理調節，然後作出正確的選擇，從而在實際行為上顯示出強烈的意志力和自持力，這就是一種理性的自我完善。

世上有許多事情的確是難以預料的，成功常常與失敗相伴。人的一生，有如簇簇繁花，既有紅火耀眼之時，也有暗淡蕭條之日。面對成功或榮譽，要像菲爾德那樣，不要狂喜，也不要盛氣凌人，把功名利祿看輕些，看淡些，這樣面對挫折或失敗，也就不會像《儒林外史》裡的范進，中了舉卻惹出禍端。

人要有經受成功、戰勝失敗的精神防線。成功了要時時記住，世上的任何一樣成功或榮譽，都依賴周圍的其他因素，決非你一個人的功勞。失敗了不要一蹶不振，只要奮鬥了，拚搏了，就可以無愧的對自己說：「天空不留下我的痕跡，但我已飛過。」這樣就會贏得一個廣闊的心靈空間，得而不喜，失而不憂，把握自我，超越自己。

得意時淡然，失意時坦然

得意和失意是人生的兩種狀態，而且是兩種極端的狀態。伴隨著這兩種極端的人生狀態的往往是兩種極端的個人的情緒，一個是大喜，一個是大悲。殊不知，這正是人生的大戒。人生本就是一個自然的狀態，失意和得意不過是人生的兩種狀態，我們不必為此改變自己的情緒。要用一顆平常心，淡然面對得意，坦然面對失意。

湯姆與大衛都是射擊運動員，而且是從小一起長大，並一起訓練的好朋友。他們之間無話不談，要是誰獲得了好成績也互相祝賀，共同慶祝。在一次大型運動會上，他們兩人參加同一個項目。在平時訓練中，湯姆的成績比大衛好，所以隊長、教練都對湯姆抱有很大的期望，並希望他能奪冠。比賽中，倒數第二槍時，湯姆還領先對手很多，冠軍眼看著就要到手了，可是由於壓力過大，最後一槍竟出現了失誤，對此他感到非常失落。

而大衛因為有湯姆在，所以沒有什麼大的壓力，最後竟反敗為勝奪得了冠軍。得到冠軍後大衛抱著湯姆就大肆的慶祝起來，高興得忘了自己的夥伴正處於傷心難過之中。

比賽結束回國後大衛受到官員、教練的嘉獎和國人的熱烈歡迎，他簡直受寵若驚，非常得意。於是，他經常在湯姆面前大談隊長、教練對他的讚美之語，以及報平面媒體體的追捧之詞。湯姆越聽越反感，心想，不就是撿了一個冠軍嘛！有什麼好宣揚的，漸漸的湯姆越看他越不順眼，彼此間的關係也疏遠了。

做人要有平和的心態，冷靜的頭腦，時時處於以不變應萬變的狀態中，還要有勝不驕，敗不餒的氣度，因為生活中沒有誰是永遠的贏家，一如沒有誰是永遠的敗者。所以，做人要不急不躁，不存僥倖，勝利時保持淡然，失敗時保持坦然，扎扎實實走好人生的每一步，這樣才是一個真正玩家所應具備的心態。

然而，生活中，誰都會有因得意而驕狂的機會：功成名就，我們可以得意；晉升加薪，我們可以得意；被同事稱讚，我們可以得意……驕狂的結果可能會給自己引來不必要的災禍。因為得意驕狂的人都會喪失警惕，飄飄然忘乎所以，忽視敵人對手的存在，並將你的弱點暴露無遺。這時候，你可能會落得十分可悲的下場。所以，當遇到得意之事時，不如將它看淡一點，再淡一點，如此這樣才能使自己向更高峰攀登。

有人說：「要活得淡泊一點，踏實做人，才能取得一定的成就。現在少數人搞學術腐敗，就是功利心、享樂心太重，急功近利，弄虛作假，到頭來害人害己，只有踏踏實實的做人、做事，才能使心靈獲得真正的滿足。」精神上豐富一點，物質上和生活上看淡一點，因為一個人的時間與精力是有限的，如果內心總想著名利，哪有心思搞科研？在吃方面以清淡和乾淨就好，在穿方面只要樸素大方就行了。如此這樣才能保持身心健康，心情也才能夠愉快，事業也才能取得更大的成就。

第10章　享受寂寞的樂趣

人生中，寂寞是難以擺脫的，它如同喜怒哀樂一樣，時刻伴隨著我們。尤其是在現今這個紛雜喧囂、物欲橫流的社會，要想耐得住寂寞很不容易，更何況是要享受寂寞呢！但是一個人要想生活在快樂和幸福之中，就要學會享受寂寞，擁有一份淡定。唯有淡定，才能讓你的內心安靜下來，細細品味生活的萬千滋味。當然，這裡所說的淡定並不是平庸，它是一種生活態度，一種人生境界，是智慧的不爭，是寵辱不驚，是對簡單生活的一種追求。

耐得住寂寞，苦盡甘來

說起寂寞，絕大多數的人都會搖搖頭，因為，寂寞往往都是與空虛、孤獨等心境相關聯的。可是，寂寞真的這麼「萬惡不赦」麼？真的讓你痛苦得無法自拔麼？

真正的寂寞，既不是空虛，也絕非無聊，在它的深處，同時還展現著人生的另一種美麗。你看，飛舞的蝴蝶是美麗的，那種美麗是因為曾經在厚厚的繭殼中，蛹在黑暗與無助的寂寞中默默的等待著掙扎著，才為自己迎來了這份自由燦爛的美麗；鮮豔的花朵是美麗的，那是因為泥土中的種子在寂寞的時光中悄然的舒展著生命，等待著溫柔的春風與細雨，讓它有了重生的希望。

所以，面對寂寞，我們不必顧影自憐，要知道，生活中的美麗與希望，從來沒有離我們遠去。

李嘉誠雖然身為老闆，但仍是當初做推銷員時的那種老作風，每天工作十六個六個小時。他記得父親多次講述過王安石的《傷仲永》的故事，這個故事他時刻銘記在心。這是一個不努力的天才最終淪為平常人的故事。李嘉誠謹記這個教訓，認為自己並不聰明，所以更要加倍勤勉。

剛剛創業時，李嘉誠每天大清晨就外出推銷或採購。由於交通不便，等他趕到做事的地方，別人正好上班。

他從不打計程車，距離遠就乘公共巴士，路途近就雙腳行走。他是那種溫和沉穩、不急不躁之人，但走起路來卻快步如風。他的時間太緊了，既要省計程車費、又要講究效率，所以只好疾步如飛，這都是讓環境給逼出來的，更可貴的是李嘉誠把這種快速走路的習慣一直保持至今。

中午時，李嘉誠急急忙忙的趕回筲箕灣，先檢查工人上午的工作，然後跟工人一道吃簡單的工作餐。沒有餐桌，大家都是蹲在地上，或七零八落找地方坐。

第一批招聘的工人全是門外漢，過半還是洗腳上田的農民。唯一懂行的塑膠師傅就是老闆李嘉誠。機器安裝、調試，直到出產品，都是李嘉誠帶領工人一道完成的。

第一次看到產品從壓塑機模型中取出來時，李嘉誠如中年得子一樣興奮。勤儉節約的李嘉誠破例奢侈了一番，帶工人一道到小酒館聚餐慶賀。

創業之初，資金有限。李嘉誠採用自力更生的方法，自行研究、自行製造，終於贏得了時間、贏得了效益，為剛剛創辦的長江塑膠廠注入了資金，也注入了活力。

當時，外國的最新塑膠雜誌在香港看的人並不多。但李嘉誠卻堅持學習對自己有益的東西。他認為，一個人憑自己的經驗得出了結論當然是好，但這就要浪費大量的時間，如果能夠將書本知識和實際工作結合起來，那才是最好的。

創業之初，最值得信賴的是自己的勤奮，因為這時候，除了依靠自己外，沒有多少人可以依靠。

當時的長江廠，各種雜事千頭萬緒。李嘉誠身為老闆，同時又是操作工、技師、設計師、推銷員、採購員、會計師、出納員。草創階段，什麼事都是他一手操持。

晚上，李嘉誠仍有做不完的事：他要做帳；要記錄推銷的情況，規劃產品市場區域；要設計新產品的模型圖，安排第二天的生產。

李嘉誠曾做過塑膠公司的總經理，但兩者畢竟有很大的區別。他當總經理時，那個塑膠公司的產銷已步入正軌，而他現在是白手起家，完全從零做起。李嘉誠是以小學生的態度來做這一切的。

儘管如此忙碌，李嘉誠依然不忘業餘自學。李嘉誠的心中有危機感：塑膠業的發展日新月異，新原料、新設備、新製品、新款式源源不斷的被開發出來，如果不盡快補充新知識，將會被時代所拋棄。李嘉誠既要忙廠裡的事務，又要抽時間學習新知識，他總覺得時間不夠用。

為節省時間，李嘉誠吃在廠裡、住在廠裡，一星期回家一次看望母親和弟妹。待到工廠規模稍大一點之後，他在新蒲崗租了一幢破舊的小閣樓，那裡既是長江廠的寫字間，又是成品倉庫，還是他的棲身之處。那時的李嘉誠，心裡只剩下廠子了，早已把自己「埋進」了長江廠。

李嘉誠就這樣事必躬親，不僅節省了許多不必要的開支，也使他對全廠每一個環節的情況都瞭若指掌，管理得十分細緻。此外，做老闆的這般拚命，也給全廠員工達到了率先垂範的榜樣作用。

樣品生產出來後，李嘉誠親自出馬推銷，這對他來說是輕車熟路，效果也很明顯。隨著第一批產品順利的銷出去，一批又一批訂單紛至遝來。

寂寞是一種難得的感覺，在感到寂寞時輕輕的合上門和窗，隔去外面喧鬧的世界，默默的坐在書架前，用粗糙的手掌愛撫的拂去書本上的灰塵，翻著書頁嗅覺立刻又觸到了久違的紙墨清香。

寂寞像一覺醒來孩子吵鬧著尋找甘甜的乳汁，低語著一夜朦朧的夢。長長街道上有琳琅滿目的商品和熙熙攘攘的人群，而我們自己是摻雜其間的一名小販，不知不覺已由一個風華正茂的少年變成了風燭殘年的老叟，掙扎著叫喊著「還我青春」。猛然打翻了那長長的書架，書架兒一股腦兒擁到我們的懷裡。

寂寞是一種享受，是一種清福，在這喧囂的塵世中，我們要保持心靈的清靜。

生命不止，寂寞不歇

我們都曾經寂寞過，寂寞是自己的影子，籠罩著往事，如煙如水，亦喜亦憂。寂寞是靜美的念想，可以對人、對事、對情，對一切讓自己擁有孤單的感覺。寂寞，是清淚成河，流在心上，生命不止，寂寞不歇。

「如何讓你遇見我，在我最美麗的時刻。為這，我已在佛前求了五百年。求佛讓我們結一段塵緣，佛於是把我化做一棵樹，長在你必經的路旁。陽光下，慎重的開滿了花，朵朵都是我前世的盼望。當你走近，請你細聽，那顫抖的葉是我等待的熱情。而當你終於無視的走過，在你身後落了一地的，朋友啊，那不是花瓣，那是我凋零的心。」這是席慕蓉的寂寞。靈魂不得綻放，落下的只餘孤芳自賞。

「在沒有人與人交接的場合，我充滿了生命的歡悅。可是我一天不能克服這種咬嚙性的小煩惱，生命是一襲華美的袍，爬滿了蚤子。」這是張愛玲的寂寞。笑，全世界便與你同笑；哭，你便獨自哭。

「失了欲，來了心，大夢初醒，那人卻是歸彼大荒去也。」這是三毛的寂寞。情無所寄，如孤墳千里，無處話淒涼。

「一個人的心原是世上最寂寞的地方，每個人都渴望被愛，如果沒有人愛別人，則沒有人會被愛。」這是亦舒的寂寞。需以我心，換你心，始知相憶深。

「世上最遙遠的距離，不是生與死的距離，不是天各一方，而是我就站在你面前，你卻不知道我愛你。」這是張小嫻的寂寞。落花有意流水無情，咫尺亦天涯。

「說是寂寞的秋的清愁，說是遼遠的海的相思。假如有人問我的煩憂，我不敢說出你的名字。我不敢說出你的名字，假如有人問我的煩憂。說是遼遠的海的相思，說是寂寞的秋的清愁。」這是戴望舒的寂寞。近鄉情更怯，大愛反無聲。

「好男人離去留下寂寞，壞男人留下的是更寂寞。」這是李碧華的寂寞。她以為是愛情，而他給的只是一夜情。

「如兩岸——只因我們之間恆流著一條莽莽蒼蒼的河。我們太愛那條河，太愛太愛，以致竟然把自己站成了岸。」這是張曉風的寂寞。我們老夢想著天邊奇妙的玫瑰園，卻偏偏忘了欣賞今天就開放在視窗的玫瑰。

「世人多半寂寞，這世界願意傾聽、習慣沉默的人，難得幾個。我再也不想對別人提起自己的過往，那些掙扎在夢魘中的寂寞、荒蕪，還是交給時間，慢慢淡漠。」這是幾米的寂寞。和愛情無關，與孤獨有染。

「感情有時候只是一個人的事情，和任何人無關。愛，或者不愛，只能自行了斷。」這是安妮寶貝的寂寞。有悲愴之聲，但不乏勇敢之意。

「寂寞的人總是會用心的記住他生命中出現過的每一個人，於是我總是意猶未盡的想起你。」這是郭敬明的寂寞。情似繞梁之音，弦停曲未盡。

可見，世上之人難逃寂寞之擾，但有人用寂寞譜寫了華麗的人生，有人卻以寂寞為藉口，理直氣壯的沉淪。

獨剪西窗燭，一夜不眠到天明，這是對她最好的寫照。她是個怕黑的女孩，可是卻不得不一個人面對無數個黑夜。曾經她幻想著一個有力的臂彎能擁著她入眠，讓黑夜中的她不再寂寞，也不再孤單害怕。可是每一次，當她深陷愛的漩渦之中，以為終於有了依靠，可看到的卻是轉身離去的背影以及自己孤獨的身影。

傷害太多，幻想也被一點點粉碎。於是她不再相信愛情，可是那顆寂寞的心卻需要撫慰，即便是虛假，即便是謊言於她而言已無所謂。

於是，她的生命開始在黑夜綻放，她穿梭於燈紅酒綠的夜街，出入於各大夜店，聽著震耳欲聾的音樂，看著搖晃的人頭擺動的身體，黑暗變得不再恐懼，寂寞亦不再可怕。

可是對於男人而言，夜店裡的任何一個女人都是他們的獵物，尤其是像她這樣長相出眾的女孩更是引得無數男人蠢蠢欲動。而她也不會拒絕那些來搭訕的男子，此時此刻的她已不再有愛，隨便哪個男人，只要能撫慰她那顆寂寞的心就行。就這樣，她遊走在那些如虎狼般的男人堆裡，帶著虛假的笑讓自己一點點的墮落，直至深淵無法自拔。她本以為這樣一來，寂寞即便不會消失，也會變少，卻不知等到夢醒，等到天明，她卻變得更為寂寞。

女人寂寞是因為愛，男人的寂寞關乎性。在這物欲化的時代裡，有太多的寂寞女人，女人其實也明白，自己的寂寞是想尋找一份愛，也清楚男人拿不出什麼來交換自己的寂寞，但是有許多人卻仍舊選擇了沉淪。

其實，寂寞與人終生為伴，如影隨形，我們不應該拿寂寞當成所做錯事的擋箭牌，寂寞也不是你做錯事的真正理由。當你選擇找別人填補寂寞，就很難找到回頭的路。可謂是「一失足千古恨，再回頭已是百年身。」所以人生要耐得住寂寞才好。

耐得住寂寞，我們才能拋開迷人眼的亂花，抵禦擾人心的誘惑。生命旅程中，任何生命個體都不可能擺脫寂寞。寂寞使空虛的人孤苦，寂寞使淺薄的人浮躁，寂寞使睿智的人深刻。

孟子曰：「天將降大任於斯人也，必先苦其心志，勞其筋骨，餓其體膚，空乏其身。」不在寂寞中奮鬥，在寂寞中累積，何來一鳴驚人的資本？不專情凝注，心無旁騖，堅持不懈的朝著目標走下去，最終怎會有所收穫？緣此，對於一個有理想有抱負的人來說，耐得住寂寞方顯不寂寞。

世界上成功的人大都是能耐得住寂寞的人，他們有自己的理想和信念，能忍受常人不能忍受的艱難痛苦。

大畫家齊白石說：「畫者，寂寞之道。」他衰年變法，十載關門，聲言「餓死京華，公等勿憐」，成為國畫之巨擘。

數學家陳景潤，屈居於以廁所改成的窄房之內，沉浸於哥德巴赫猜想這枯燥的公式計算之中，冥思苦索，竭精殫力，計算用的草紙就裝了幾麻袋，如果沒有對事業的執著追求，能夠耐住這樣的寂寞嗎？

當年達摩禪師，寓止於嵩山少林寺，面壁而坐，終日默然，十載冬暑，終成正果。

蘇武出使匈奴，被放逐北海牧羊，渴飲雪，飢吞氈，不能見妻子兒女，不能回故國神州，唯見長天雁去雁回，平川草黃草青，獨往獨來，寥無儔侶。這種寂寞，豈是汲汲功名，貪圖榮華富貴者所能耐受得了？

二十三歲就獲得哲學碩士學位的黑格爾，躲在偏僻的伯恩當了六年家庭教師，於緘默中摘抄了大量卡片，寫了大量筆記，終於成為集德國古典哲學大成的偉大思想家和哲學家。

偉大的物理學家愛因斯坦喜歡獨思，獨思使愛因斯坦創造了科學奇蹟，因為獨思需要耐得住孤獨寂寞，唯有耐得住孤獨寂寞才能更有效的獨思。

耐得住寂寞，方能內心平靜，寵辱不驚，有所作為。耐得住寂寞，才能不為外物所誘，拋開私心雜念，不浮躁，不盲從，保持正確的人生態度和價值取向；才能對真正所愛好的事情專情凝注，心無旁騖，不怨天尤人，不妄自菲薄，不見異思遷，向著既定的目標堅持不懈的走下去，最終有所收穫。

偉大是「熬」出來的

「十年寒窗無人問，一舉成名天下知。」這句話是用來形容古代讀書人為了考上進士、獲得一官半職就必須經受寂寞的洗禮，熬出一番成就。其實，人生在世，誰都難免被寂寞所困，如果不在寂寞中消亡，就在寂寞中爆發。

看來，一個人要想有所作為，就必須要學會熬。為什麼要熬呢？因為人生有很多時候都是前進不得倒退不得，就待在那兒。比如在你遇到特別糾結困難的時候，像大學畢業應聘到一家大企業，職位卻只是跑腿的。現在你是另謀高就呢？還是繼續待在這裡，然後熬到一個高位呢？其實，按現今的就業形勢，大學一畢業就能得到重用的很少，很大一部分人都是從低位上做起，然後一步步熬到高位的，畢竟理論知識只是「紙上談兵」，而實踐經驗才是真本事。所以在此時選擇熬就顯得比較明智，若你能在低位上熬住了，那麼等到你的經驗得到了提高，不升遷怕是也難。

所以，對於一個人而言，「熬」其實非常重要。人生中進進退退是尋常事，關鍵是能夠「熬」得住。就像《三國演義》中的劉備，就是因為「熬」得住，最後才成就了大業。

當時劉備被呂布擊敗，不得已投奔曹操。曹操「挾天子以令諸侯」，掌握朝廷的生殺大權，漢獻帝實際上是傀儡。為了不引起曹操的注意，劉備每天在自己住處的後園中種菜澆水，鋤地鬆土，以示「胸無大志」，甚至將他的結義兄弟關羽和張飛都瞞住了。關、張二人曾說：「兄不留心天下大事，而學小人之事，何也？」

其實劉備是很識時務的，知道此時必須「熬」得住才能求日後的發展。因為劉備知道曹操是一世奸雄，不能容忍能與他競爭的英雄存在，只有表現出胸無大志的樣子，才不會引起曹操的殺意。

當然，曹操也不是好騙的，像劉備這樣志向遠大的英雄突然種起菜來，一定有原因。於是他派許褚、張遼引數十人入園中將劉備請至丞相府，「盤置青梅，一樽煮酒，二人對坐，開懷暢飲」，一段膾炙人口的歷史戲劇就此開場。

當時，曹操幾乎明知故問，要劉備承認自己本懷英雄之志。劉備則故意拉扯旁人，先抬出最讓人看不起的袁術，曹操斥之為塚中枯骨，劉備又舉出袁紹、劉表、劉策、劉璋等人，唯獨不提參加了董承為首的討曹聯盟的馬騰和他自己。

曹操自然不滿意，乾脆直言相告：「今天下英雄，唯使君與操耳！」劉備所擔心的是討曹聯盟之事暴露，聽到曹操稱自己為「英雄」，以為事情已經暴露，手中匙勺也掉在地上。為避免曹操進一步懷疑自己，只好推說是害怕雷聲所致。

果然不出所料，曹操想，這樣一個連雷聲都害怕的人，也許根本不是什麼「英雄」，於是將疑心放下。為劉備後來借討伐袁術為名領兵出發，「撞破鐵籠逃虎豹，頓開金鎖走蛟龍」，奠定了成大事的基礎。

能成大事的人往往是懂得見機行事，在自己力量尚無法達到自己追求的目標時，為防止別人的干擾和破壞，以低頭示弱來保護自己，用熬來儲蓄力量，為以後的發展找好起跳板。雖然人生在大歷史中只是白駒過隙的一瞬，但對於我們的個體生命來說還是漫長極了，在這個漫長的過程中自然少不了諸多的誘惑，因為眼前的誘惑太誘人，太實在，熬得住太難，所以許多人便迫不及待的跳進去，結果不是陷阱，就是成功極小甚至是一無所獲。我們有時候要像龜兔賽跑的那隻烏龜，未必跑得快，但「熬」得住，就能笑在最後；「熬」得住，才能在人生的馬拉松中贏得輝煌。所以，做人做事一定要熬得住。

那麼，對於現今社會的我們，該怎樣熬呢？

1・靜

所謂「靜」是指心靜。面對誘惑，很多人都會蠢蠢欲動，都會變得急躁和衝動，但是善於忍耐的人不會這樣，即使這個欲望對他很有誘惑力，但是他的心還是靜的，如此我們才能正確的分析整個局勢，從而對此有準確把握，等到時機成熟才顯露自己。

2・退

有句話說得好：以退為進。這其中的退就是一種忍耐的表現和過程，目標還是那個目標，終點還是那個終點，只不過在行進途中稍微改變了一下方向而已，並且很多時候這個方向是非改不可的。就像水在前進的途中遇到了阻礙，既然無法穿阻而過，那何不繞阻而前進呢？

3·弱

一個聰明的人在別人面前會適當的示弱，這種示弱不僅僅是表現自己的無能，而且還表現自己的缺點。一個完美的人和一個有缺點的人在一起，人們總是會選擇有缺點的人做自己的朋友，而不會選擇完美的人。原因很簡單，完美對於任何人來說都是一種負擔，無論是老闆還是同事，因此，適當的顯露一些缺點反而能拉近人和人之間的距離，這也是熬的一種重要表現。

4·隱

所謂隱就是隱忍個人的才能，不至於讓自己在別人面前猶如一張白紙。人總是會有嫉妒心理，有的人看到別人強過自己，就會想方設法的去陷害別人。作為弱者的一方，總是希望看到強大的對手遭遇挫折，所以對強者來說，最好能適當的保留自己的實力，正如花開半露是最佳的狀態，或者在某些場合，某些時候假裝「丟臉」一次，以減少自己的鋒芒，也給別人一個心理平衡。隱忍是為了更好的保護自己免受傷害。

總之，成功並不是一蹴而就的事情，它需要一段漫長的過程，而在這個過程中，熬住就是一切。

愛，要經得起平淡

每個人都想經歷一場轟轟烈烈的愛情，覺得那才是真正意義上的愛情，於是少男少女憧憬著，過來人回味著，當局者瘋狂著，遺憾者用其他方式補償著。

平淡的婚姻沒有錯，錯的是我們，以為平淡了就是不再愛了。可等到失去了才知道，平淡才是真正的生活。婚姻生活，最重要的是知道怎麼樣長相廝守，知道怎麼樣守住自己的寂寞。

作為家裡的長子，高中畢業後他就到一個工廠裡上班。而她作為養女寄養在別人家裡，帶弟妹，做務農。男人不苟言笑，沉默而嚴肅；女人樂觀開朗，天真淳樸。

第一次見面時，女人二十歲，男人二十五歲。男人比女人大五歲，在女人眼裡，男人就像個大哥哥。很快，女人便成了男人的新娘。

婚後的日子充實而平淡。男人早出晚歸，很少說話。女人在一家木材廠裡幫傭，閒暇的時候也種些菜。他們之間依舊保持著婚前的拘束和生澀。男人從來沒有對女人笑過，也從來沒和女人說過話，甚至沒牽過女人的手。

一年又一年過去了，女人為男人生了四個孩子。然而，男人依舊過著早出晚歸的日子。他和女人之間似乎沒有更多的話語，除了生活還是生活。

與男人生活的十多年裡，女人褪去了少女的羞澀，練就了女人的沉默。女人不再幻想男人的溫柔，男人的深情，還有男人從未說出口的愛。

時間如梭。轉眼間，孩子們都長大了，男人也退休了。然而男人還是很少笑，很少對女人笑。女人也早已習慣了男人的冷漠。

多年的勞作使男人落下了中風的毛病。倔強的男人不甘做個廢人，時常拄著拐杖，哆嗦著上街。更為不幸的事還是降臨在男人身上，一輛急馳而過的汽車將男人撞倒在地。從此，男人永遠的癱在了床上，不能動彈。

女人默默的守在男人身邊，一步也未曾離開過。

漸漸的，男人的大腦機能開始喪失，幾乎忘記了所有的事，甚至不能說話。女人再也聽不見男人的聲音了，男人再也無法和女人說話了。男人就這樣躺在床上，一天二十四小時，一年三百六十五天。男人整整躺了七年，儘管寂寞無奈，卻努力的生存著，絲毫未曾放棄過。男人所忍受的是一種怎樣的痛苦，沒有人知道，也沒有人知道是怎樣的一種力量支持著男人。而女人，就這樣陪伴了男人七年，照顧了七年……

男人走得突然，沒絲毫的預兆。除了那一雙噙滿淚水的眼睛，他緊緊的盯著女人，淚水布滿了整個臉龐。他的眼神，那麼的溫柔，那麼的深情，又是那麼的無奈，那麼的歉疚……當最後一滴淚水滑落的時候，男人停止了呼吸。女人終於懂得了：男人的堅持是一種愛的守護。男人的愛是一份默契的堅持。半個世紀來，男人第一次落淚，為女人，卻也是最後一次。女人號啕大哭，她抱著男人，淚如雨下，淚水順著女人的臉頰落在男人的臉上，與男人的淚水融為一體……

女人能耐得住寂寞，在寂寞中伴隨愛人，在寂寞中堅守著那份愛，在寂寞中等待男人對她的愛。等待的心是女人的專屬。等待是一架天平，左邊放著希望，右邊放著失望。

真正的愛情，需要兩個人用一生固守。滾滾紅塵中，兩顆心互動、磨合，從最初的靈犀一動到最後的渾然一體，這也是兩個靈魂不斷糾纏於吸引和排斥、疏離和親近的過程。這是一個非但不輕鬆而且可以說非常艱辛、漫長的過程。畢竟兩個人的世界裡，意見相左，爭執是很難避免的，也許當對方凶著臉罵你的時候你會懷疑愛情，懷疑他對你的愛。我理解你的迷茫，但是朋友，這世上不存在完美無瑕的愛情，也不會存在沒有爭吵的夫妻，所以，你在聽著他的怒罵時，也請你試著去感受那份蘊藏著的愛。

玲和超經人介紹，相互交往了半年之後就踏進了婚姻的殿堂。但是婚後的生活卻不是想像中的熱情四射，而是平淡得出奇，這讓玲感到異常煩悶。

一天下班，玲下樓時一腳踩空，跌坐在樓梯上。咬著牙撐到家，才發現坐也不是，躺也不是，只好給超打電話。聽到玲摔傷的事，超氣急敗壞的罵道：「跟你說過多少次了，小心點，小心點，你怎麼就是不聽，摔傷的腿還沒好呢，你又摔傷了屁股，我看你直接改上幼兒園算了。」玲一邊哭一邊聽他訓，一邊還聽到他招呼公司的司機，「快快快，開車送我一下，我老婆摔倒了。」

超回到家裡，看見哭喪著臉的玲，又是一陣痛罵：「我工作都忙不過來，你還給我添麻煩。人家娶個老婆是為了省心，我卻把你這個讓人操心的給娶進了門，真是家門不幸啊！」說著便把老婆往身上一背，一路小跑趕往醫院。

每次受傷之後，玲都會受到老公怒氣衝衝的指責。玲對於老公的訓斥和責罵，是十分厭煩的。每次聽到老公的指責都感到氣憤，她多次提出抗議，但老公卻置若罔聞，於是她只好採取沉默策略。可是靜下心來聽著超的罵，玲感到不生氣了，反而生出一種幸福感來。因為她發現，老公的罵中包含著對她濃濃的愛：去醫院、照X光、換藥、檢查、背著上下樓。從頂樓下來，一百級臺階，平時單人上還有點微喘，何況還要背著一個大活人呢？而且玲受傷的那段時間，超儘管罵不離口，但是從早餐到晚餐，都是超做好了之後，端到床邊，等玲吃完，然後再收拾乾淨。怕玲一個人在家無聊，盡量不加班，吃完飯後還會背著玲去樓下的小花園吹吹風。聽著超粗重的喘息聲，玲的心沉浸在幸福之中。

等到傷好的那天，當玲雙腳落地，她說：「原來能站著走路也是一件很幸福的事啊！」這次超沒有罵她，而是用一本正經的口氣說：「你在我的罵聲中成長也是一種幸福。等到哪天我不再罵你了，說明我已經不在乎你了。」

在愛情生活中，並非甜言蜜語、海誓山盟就是愛的表達，有時候一句關切的罵語，一個體貼的動作，那種融入生活的關懷才是真正的愛。只要他是愛你的，只要他的心在你那裡，那麼何必去計較愛情是否偉大，是否轟轟烈烈呢！

婚姻中要耐得住寂寞

私奔，這個字眼因為年近半百的王功權而成為最流行的網路詞彙。為何暮秋之年的他會發表私奔宣言，引得萬眾圍觀。想像得出，還是寂寞惹的禍，讓王功權那顆壓抑的、害怕寂寞的心，在感到女人的慰貼時，就如孩子般的放縱。

其實，寂寞在每個人的生命中如影隨形，不論是一個人還是兩個人，因為我們的情感需要會隨著年齡的成長而日漸強烈，而別人也不可能時時刻刻都注意和理解你的需要。只是，對於成熟男女來說，情感強烈的表現是深刻與從容，像靜水般深流，而不是熱情與華麗，像玫瑰花的花期。對於不成熟的男女來說，強烈的需要常會伴隨著霸道的占有與任性的胡為，有時候傷痛也難免，誰跌到真痛了，誰才會知道失去的滋味有多難過。

可以說，不愛會寂寞，但愛不得法會更寂寞。不是愛情在維繫婚姻，而是婚姻在堅持愛情，如果想要愛情永遠在兩個人之間，你就得有勇氣和耐心去經營一場平淡又凡俗的婚姻。但若我們因為害怕寂寞，就把希望完全寄託在愛情和婚姻上，那結果注定是失落。寂寞，說白了，就是我們自己的事，如果連你自己都解決不了，就更怨不得別人。如果婚姻中的我們能耐得住寂寞，寂寞中也會呈現一片美麗的風景。

都說婚姻有七年之癢，可是小彤和我結婚才六年，我就已對這平淡的婚姻生活有些厭倦。小彤是個喜靜的人，只要給她一本書，她就可以一動不動的坐上半天，對大多數女人永不生倦的逛街於她卻沒有任何的吸引力，除非必要，否則她很少逛街。

可是我卻喜歡熱情，我喜歡充滿挑戰的生活。於是，當辦公室裡那個性感的女人帶著曖昧的眼神看向我時，我儘管覺得有些對不住小彤，但還是毫不遲疑的回應了她。於是一次帶有目的性的晚餐後，借著昏黑的燈光，我們的關係從同事變成了情人。

剛開始面對小彤時，我有些許的負罪感，看著她不染纖塵的眼神我覺得自己可惡之極。可是偷情所帶來的刺激，讓我帶著些許的僥倖心理不願自拔。我安慰自己說：每個男人都是這樣，我只是在做所有男人都會做的事情而已。再說我愛的仍舊是小彤，我只是給自己的寂寞生活增加點樂趣而已。

我繼續在這種僥倖與偷情的刺激中享受著樂趣，可是天下沒有不透風的牆，小彤終究還是知曉了我對她的背叛。我以為她會大哭或是大鬧，卻不曾想她只是一臉的平靜。當小彤說出我們離婚時，我想解釋些什麼，也想到了挽回，可是抬頭對著小彤冷下去的眼神，我終究還是說了句「好」。

因為我們沒有孩子，一紙離婚書也好像剪斷了彼此之間所有的關係。於是，手機裡儘管存著她的號碼，但始終沒有撥通過。而她也好像存心跟我斷了所有的聯繫，沒有打過一次電話，沒有發過一個簡訊，即便是節慶日，朋友、同事的祝福簡訊一個接著一個，唯獨沒有她的。

卸去了婚姻的責任，我像一條快活的魚兒，游走於各類女人之間，享受著生活的美好。我以為自己會一直在這種沒有任何責任，但卻可隨時享受女人溫情的「快意」生活中走下去。可是當我暈倒在地，診斷為癌症晚期，躺在一片白色的病房時回想著過往的種種，卻發現自己最快樂的時候竟然是和小彤在一起的時間。儘管沒有過多的語言，但是不管什麼時候，只要一說話就能聽到回答，一轉身就能看到那雙滿是愛的眼神。

我在回憶中靜靜等待死亡的到來，可是死神還沒到來，哭紅了眼睛的小彤卻出現了。於是很順其自然的，小彤照顧我吃飯，扶著我去醫院的花園裡散步，陪著我一起做化療。雖然每天的對話只是「累嗎」、「難受嗎」、「吃飽了嗎」、「多睡一會」等瑣碎的小事，可是我的心卻被幸福裝得滿滿的。以前的我總覺得幸福就是每天說著甜言蜜語，讓浪漫滿屋，卻不曾想一句平淡的問候，一個眼神同樣可以很幸福。

人生要耐得住寂寞，婚姻中的我們更應耐得住寂寞。如若耐不住寂寞，那麼寂寞就會「蠶食」掉婚內男女最後的道德底線，做出來的事情就演變成了荒唐傷害。背叛婚姻是一件很嚴重的事情，無論肉體還是精神，哪怕時過境遷也會隱隱痛到一別經年。人類的情感總是容易傷又不容易好的，所以人生一路，你要記得保護自己，也要保護善待那些曾經愛過你的人。雖然無法體會「十年修得同船渡，百年修得共枕眠」是怎樣的一種漫長，但我相信：愛，不僅需要苦尋，更需要守候，有愛便是天堂。

成功屬於耐得住寂寞的人

人在內心寧靜的狀態下能更深入的思考問題。一個人能耐得住寂寞，他的人生境界就會不斷提高，他的生命就有高度、有厚度。

法國著名作家雨果成名以後社會應酬多了，嚴重影響到了他的創作，雨果為此很煩惱。為了避免來自外界的干擾，雨果剃光了自己的頭，然後躲進閣樓進行創作。因為剃光了頭，自己就無法在社會上拋頭露面了，同時也避免了人們的非議，雨果用這種方法謝絕了社會上的各種宴請，專心致志的進行自己的創作。一個月以後，當他的頭髮長長的時候，他的又一部作品問世了。一個月的寂寞，一部巨著的成功，這僅僅是雨果人生中的一個片斷。在雨果輝煌成就的背後，是一個耐得住寂寞的身影。

像這樣的例子還有很多：

曹雪芹是清代小說家。他的先祖受到清統治者的器重、皇室的寵信，當時曹氏家族權勢顯赫，康熙年間是曹家鼎盛時期。少年時期的曹雪芹過的是錦衣玉食的生活，他天資聰穎，又受到了很好的文化薰陶。

不料清雍正、乾隆年間，曹家淪落到了貧賤的社會階層，連基本的生活也難以維持。

此時的曹雪芹，居無定所，曾在北京的什剎海的後海住過，又在宗學裡做過事，還在北京西郊開過小酒店……他在極度貧困的時候，流離失所，無處棲身，曾住在某王府的馬廄裡面，生活陷入窘境。

西元一七四〇年代，曹雪芹為生活所迫，移居到了西郊的山村，並在這裡開始寫作《紅樓夢》。由於沒有固定的經濟來源，生活得不到保障，曹雪芹時常受到斷炊之苦。有時候，生活實在支持不下去了，他便中斷寫作，以賣畫維持生計。郭誠在詩中有記錄：「尋詩人去留僧舍，賣畫錢來付酒家。」

冬天到了，北京的天氣特別寒冷，長夜漫漫。曹雪芹既沒有充足的食物，也沒有取暖的火爐，雖然飢寒交迫，但他經常寫作到深夜，實在疲倦了，才裹衣就寢。等到被凍醒了，又繼續寫作。

貧困的生活雖然損害了曹雪芹的身體，但並沒有消磨他的意志，他始終保持著瀟灑、爽朗的性格，傲世的風度。「蓬牖茅椽，繩床瓦灶」的窮苦生活，不僅沒有阻礙他「批閱十載，增刪五次」的頑強的寫作之心，反而滋潤了他的「筆墨」。最終他寫出了《紅樓夢》這一巨作。

《紅樓夢》的出現，標誌著古典小說的創作達到了高峰，它除具有進步的思想內容外，還具有高度的藝術成就。有人在《中國小說的歷史的變遷》中說道：「自有《紅樓夢》出來以後，傳統的思想和寫法都打破了。」《紅樓夢》是珍貴的文化遺產，已被譯成多種文字，傳播到世界各國，成為世界共同的精神財富。

耐得住寂寞，是一種困境的體驗，是人生走向成熟的里程碑。「求人不如求己」，人生在世，路靠自己走，在命運的行程中，無疑每個人都是獨行者，有的一帆風順，有的坎坎坷坷。

坎坷多舛者，如攀山行棧，一息尚存，壯志不移，一路芳卉異草，奇險風景，自有難得的人生體驗，這是磨礪，是財富。

耐得住寂寞，是一種情愫、一種享受。寂寞的時候，面對真實的自我，寂寞中有恬靜，悲涼中有溫馨，即使人聲喧囂，也可以關上自己的心窗，給自己營造一片空間，獨自感受生命的鮮活。

寂寞的分分秒秒更可以和自己傾心的交談，細細內省一下自己，靜靜的撫慰自己、解脫自己。只有耐得住寂寞，才會擁有平淡如水的心境，將紛亂的生活作一番調整，更好的面對每一天，人生便具有了超凡脫俗、至善至真的內蘊。

不要期待無所事事的日子

心靈空虛就是一個人的精神世界一片空白，沒有信仰、沒有理想、沒有追求、沒有寄託，整日百無聊賴。有的人甚至沉溺於賭博、打麻將、舞廳、酒吧、夜店，整天醉生夢死，如同行屍走肉。

曾看過這樣一個故事：

有一天，一個人死後在去見閻王的路上，路過一座金碧輝煌的宮殿。

這時，宮殿的主人便請他留下來居住。這個人說：「我在人世間辛辛苦苦的忙碌了一輩子，我現在只想吃，只想睡，我討厭工作。」

宮殿主人答道：「若是這樣，那麼世界上再也沒有比我這裡更適合你居住的了。我這裡有山珍海味，你想吃什麼就吃什麼，不會有人來阻止你；我這裡有舒適的床鋪，你想睡多久就睡多久，不會有人來打擾你；而且，我保證沒有任何事需要你做。」

於是，這個人便住了下來。

開始的一段日子，這個人吃了睡，睡了吃，感到非常快樂。漸漸的，他覺得有點寂寞和空虛，於是他就去見宮殿的主人，抱怨道：「這種每天吃吃睡睡的日子過久了一點意思都沒有。我現在是滿肚肥腸了，對這種生活已經提不起一點興趣了。你能否給我找一份工作？」

宮殿的主人答道：「對不起，我們這裡從來就不曾有過工作。」

又過了幾個月，這個人實在受不了了，又去見宮殿的主人：「這種日子我實在受不了了。如果你不給我工作，我寧可去下地獄，也不要住在這裡了。」

宮殿的主人輕蔑的笑了：「你以為這裡是天堂嗎？這裡本來就是地獄啊！」

可見，安逸的生活原來也是一種地獄！它雖然沒有刀山可上，沒有火海可下，沒有油鍋可赴，可它能漸漸的毀滅你的理想，腐蝕你的心靈，甚至可以讓你變成一具行屍走肉。

有一個女人，自從結婚之後，她就辭去了工作，在家做起了全職太太。可是沒兩年，人們發現以前那個自信靚麗的她不見了，取而代之的是抱怨不斷、整天為了一些小事而斤斤計較的家庭主婦。而且她也沒什麼朋友，因為沒有誰喜歡浪費大把的時間去聽她抱怨那些雞毛蒜皮的小事。她的生活所需全部依賴老公，她每天除了煮飯洗衣外，閒來無事不是到街上閒逛就是跟一群退休在家的老太太說說東家長西家短的。

也許是因為生活沒有重心，沒有目標，也缺乏刺激，這讓她的談話內容變得非常瑣碎、無聊。哪一家超市的衛生紙比較便宜，她可以談個五分鐘。她可以用一整個下午的時間，告訴你她如何為了省錢，四處搜集優惠券。而且她也不會察言觀色，不知道別人根本不想聽她說的話，甚至覺得聽她說話其實是一種折磨。也是因為這樣，她的朋友漸漸的與她疏遠，聯繫的越來越少。

在工作煩惱的人看來，閒來無事的生活最為愜意，卻不知是一種折磨，一種讓人空虛到無所適從的折磨。從心理學的角度看，空虛就是一種無所事事的消極情緒。被空虛所趁機侵襲的人，無一例外的都是那些對理想和前途失去信心，對生命的意義沒有正確認識的人。他們或是消極失望，以冷漠的態度對待生活，或是毫無朝氣，遇人遇事便搖頭。為了擺脫空虛，他們或抽菸喝酒，打架鬥毆，或無目的的遊蕩、閒逛，沉迷於某種遊戲，之後卻仍是一片茫然，無謂的消磨了大好時光。

據某報導，有一天晚上警察接到群眾舉報，稱該房屋內有人在賭博。於是，警察立即組織了人員，一到現場便抓獲賭徒十七人，並查獲賭資十五萬餘元，甚至還有一本記載著五六十萬元輸贏金額的帳冊。據賭場主人交代，他們這裡的人經常打麻將，每次下注金額最少一百元，高的則達五千元。來這裡賭博的大都是自己開工廠開店的個體或私人企業老闆，其中女性占大多數。

經審訊，一落網的女老闆也道出她內心的實情，她說：「這幾年雖然生活富裕了，但人卻感到精神空虛了，所以為了尋找刺激，便約上姐妹每天晚上聚在一起」

空虛是在無所事事中誕生的，給自己一個奮鬥的目標，給自己一件事做，空虛也就悄悄的離你而去了。

面對空虛，最重要的是要有理想。俗話說「治病先治本」。因為空虛的產生主要源於對理想、信仰及追求的迷失，所以樹立崇高的理想、建立明確的人生目標是消除空虛最有力的武器。當然，這個過程並不是一蹴而就的，但當你堅定的向著自己的人生目標努力前進時，空虛就會悄悄的離你而去。

面對空虛，要培養對生活的熱情。我們常說，生活是美好的，就看你以怎樣的態度去對待它。一樣的藍天白雲，一樣的高山大海，你可以積極的去從中感受到大自然的美麗；或者認認真真的學點本領，幫他人做點好事，從他人的感謝中得到歡愉。當你用有意義的事去培養自己對生活的熱情，去填補生活中的空白時，那你還能有心情和閒暇去空虛嗎？

面對空虛，要提高自己的心態。有時候，生活在同一環境中，但由於心態不同，有人遇到一點挫折便偃旗息鼓而輕易為空虛所困擾，有人卻能面對困難毫不畏縮而始終愉快充實。因此，有意識的加強自我心態的訓練，能夠將空虛及時消滅在萌芽狀態而不給它以進一步侵襲的機會。

清心中孕育著快樂

人生要有一種寧靜致遠的追求。清閒自在，喜歡坐就坐，喜歡躺就躺，隨心所欲，在這種狀態下，雖然穿的是粗衣，吃的是淡飯，但仍然會覺得心情平靜，不會為一些日常凡俗之事而牽掛；相反，那些患得患失、憂患和煩惱纏身的人，成天奔波著一些煩憂之事，這些人雖然穿的是華麗的衣服，吃的是山珍海味，但也會覺得心中痛苦萬狀。

清閒自在，坐臥隨心，也就是「清心」。從心理學上說，清心就是一種沒有心機的心理狀態。它是與「有心」的生活態度相對的。清心就是不動情緒，不執著，恬淡而自得，根據自己的本真去為人處世。

因此，清心從一定意義上說，又是一種生活之道。如果用老子所說的「失道而後德，失德而後仁，失仁而後義」的觀點來衡量，清心的人格層次遠在德、仁、義之上。它是人生修練達到神聖功化以後，在生活之道上的反映。清心中孕育著童真，清心中孕育著活力，清心中孕育著快樂。

《菜根譚》中云：「此身常放在閒處，榮辱得失誰能差遣我；此心常安在靜中，是非利害誰能瞞昧我。」意思是說：只要自己的身心處於安閒的環境中，對榮華富貴與成敗得失就不會在意；只要自己的心靈保持安寧和平靜，人世的是非與曲直都不能瞞過你。

老子主張「無知無欲」，「為無為，則無不治」。世人也常把「無為」掛在嘴邊，實際上是做不到的，但一個人處在忙碌之時，置身功名富貴之中，的確需要靜下心來修省一番，閒下身子安逸一下。這時如果能達到佛家所謂「六根清淨、四大皆空」的境界，就會把人間的榮辱得失、是非利害視同烏有。這利於幫助自我調節，防止陷入功名富貴的迷潭。在洪應明看來，佛家所謂的「六根清淨、四大皆空」，也就是指人生要豁達淡泊，降低欲望，這樣就會把生活中的是非利害與榮辱得失看得輕一些，而生活的快樂則會體驗得多一些。洪應明也多次提到，人需要靜觀世事，做到身在局中，心在局外，這樣就會客觀的對待生活，這樣才能不為外物所累，人間的種種現象也才能盡收眼底。

有一對年輕的美國夫婦，利用假期出外旅遊。他們從紐約南行，來到一處幽靜的丘陵地帶，發現在這人煙稀少的小山旁邊，有一個小木屋。

夫妻二人走到小木屋前，看見門前坐著一位老人。年輕丈夫上前一步問道：「老人家，你住在這人跡罕至的地方不覺得孤單嗎？」

「你說孤單？不！絕不孤單！」老人回答道。停頓了一會，老人接著說：「我凝望那邊的青山時，青山給予我力量；我凝望山谷時，那一片片植物的葉子，包藏著生命的無數祕密；我凝望藍色的天空，看見那雲彩變化成各式各樣的城堡；我聽到溪水的淙淙聲，就像有人在向我作心靈的傾訴；我的狗把頭靠在我的膝上，我從牠的眼神裡看到了淳樸的忠誠。每當夕陽西下的時候，我看見孩子們回到家中，儘管他們的衣服很髒，頭髮也是蓬亂的，但是，他們的嘴角卻掛著微笑。此時，當孩子們親切的叫我一聲『爸爸』，我的心就會像喝了甘泉一樣甜美。當我閉目養神的時候，我會覺得有一雙溫柔的手放在我的肩頭，那是我太太的手。碰到困難和憂愁的時候，這雙手總是支持著我。我知道，上帝總是仁慈的。」

老人見年輕夫婦沒有作聲，於是，又強調了一句：「你說孤單？不，不孤單！」

這位老人的生活看起來是平淡的。然而，在我們這個世界上，每個人都可以說是凡夫俗子，我們總期盼著過一些平淡的日子。平淡，不是沒有欲望。屬於我的，自然要取；不屬於我的，即使是千金、萬金也不為所動。這就是平淡。安於平淡的生活，並能以平淡的態度對待生活中的繁華和誘惑，讓自己的靈魂安然自處，這樣的人，於自己，就像雲彩一樣飄逸；於他人，就像湖泊一樣寧靜。這就是一種清心的境界。

其實，這位老人正是達到了清心的境界，因此，他能清閒自在、坐臥隨心，從平凡的生活之中，體悟到了生活的情趣，領略到了生活的快樂。

電子書購買

爽讀 APP

國家圖書館出版品預行編目資料

寧靜的力量：社會太冷漠、內心好空虛、生活很無趣？孤獨與人終生為伴，淡定才能找到答案 / 憶雲，馬銀春 著 . -- 第一版 . -- 臺北市：沐燁文化事業有限公司 , 2024.07

面；　公分

POD 版

ISBN 978-626-7372-75-3(平裝)

1.CST: 人生哲學 2.CST: 自我實現

191.9　　113009200

寧靜的力量：社會太冷漠、內心好空虛、生活很無趣？孤獨與人終生為伴，淡定才能找到答案

臉書

作　　者：憶雲，馬銀春
發 行 人：黃振庭
出 版 者：沐燁文化事業有限公司
發 行 者：沐燁文化事業有限公司
E-mail：sonbookservice@gmail.com
粉 絲 頁：https://www.facebook.com/sonbookss/
網　　址：https://sonbook.net/
地　　址：台北市中正區重慶南路一段 61 號 8 樓
8F., No.61, Sec. 1, Chongqing S. Rd., Zhongzheng Dist., Taipei City 100, Taiwan
電　　話：(02) 2370-3310　　　傳　　真：(02) 2388-1990
印　　刷：京峯數位服務有限公司
律師顧問：廣華律師事務所 張珮琦律師

定　　價：399 元
發行日期：2024 年 07 月第一版
◎本書以 POD 印製